독서활동,
활동보고서

명문대가 뽑아주는

독서활동,
활동보고서

박종석 · 민재식 지음

이담
Books

머리말

　점차 늘어나는 현행 수시 입시에 도움이 될 것이라는 확신으로 기획, 출판했던 〈명문대가 뽑아주는 입시 시리즈〉(총 3권)에 대해 좋은 평가를 주신 분들에게 감사를 드린다. 3권 모두 복잡한 진학 제도에 꼭 필요한 자료이자 입시 지도에서 얻어진 실제적인 수험생의 자료와 함께 집필 교사 모두 현장에서 얻는 구체적인 입시 정보를 다루었다는 점에서 다른 자료와는 차별화된다고 생각한다. 그래서 이 시대의 입시 제도에서 가치 있는 자료라고 생각하여 강하게 추천하는 것이다. 이는 교사의 책무와 함께 자부심이기도 하다.

　특히 수시의 학생부종합전형의 경우, 내신 못지않게 학생부의 기록과 자기소개서, 추천서의 역할이 중요하다. 물론 면접의 경우까지 포함한다면, 면접의 중요성 또한 의미가 크다. 면접이 없다면 학생부와 자기소개서의 의미는 더 크게 작용할 것이다. 이 책에서는 학생부와 자기소개서에 기재되어야 할 독서활동과 활동보고서에 초점(焦點)을 맞추어, 이와 관련한 모든 활동을 상세하게 소개할 작정이다. 특히 독서와 보고서는 학생의 학업능력뿐 아니라 학생의 자기주도적 학업능력과 함께 전공적합성의 탐구심과 집중력, 열성까지 보여주는 자료이기 때문에 대학 진학의 중요한 요소로 작용한다.

이 2가지 자료는 학생부종합전형에서 보여주는 교과우수상보다 더 중요한 의미를 가질 수 있다. 교과우수상은 입학사정관들에게 이미 학교 내신으로 충분하게 파악이 되어 학생의 잠재적인 학업능력을 판단하기에 어려움이 있을 것이다. 그러나 독서와 보고서는 학생의 학업과 관련한 잠재능력을 보여줄 수 있기에 관심을 가져야 한다. 독서 기록과 보고서 작성에 관한 부족한 정보를 소상하게 안내하여 명문대 진학에 의욕과 열의가 있는 학생들에게, 또 자녀 진학에 관심이 많은 학부모, 진학 지도 교사들에게까지 도움이 되었으면 한다.

이번에 출간하는 책은 기 출간된 『대학을 사로잡는 자기소개서, 추천서』와 『명문대가 뽑아주는 대입자기소개서, 추천서』에 소개된 자료 가운데 독서와 관련한 4, 5번 항목이 현행 입시에서 요구하는 자기소개서 공통 양식과는 다소 달라져 있다. 그래서 4, 5번 항목 가운데 독서와 관련한 내용을 새롭게 정리하여 이번 시리즈에 끼워 넣었다. 그리고 보고서 관련 내용은 원고를 작성하여 현실감 있게 정리했다.

보고서는 인문과 자연 영역으로 나누어, 실제 사례를 중심으로 정리하였다. 특히 활동보고서는 많은 자료가 가지는 특징을 볼 수 있다는 점과 보고서 작성 과정을 이해할 수 있다는 점에서 이 책을 펼쳐보아야 할 것이다.

끝으로 이번에 출간하는 시리즈에 자료 제공과 도움을 주신 모든 분들께 고마움을 전한다.

2015년 10월 10일
울산에서 서울의 입시 풍향계를 보며
박종석, 민재식

/ **목차** /

머리말 · 5

Part 1
명문대가 뽑아주는 독서활동

01 명문대가 독서활동에 관심 가지는 이유 · 12

02 학생부의 독서활동을 위한 4단계 계획 · 14

03 학생부의 독서활동과 자기소개서 · 16
1) 독서활동과 2 : 7 : 1 계획 · 18
2) 독서활동과 면접 · 27

04 우수 독서활동 사례 · 32

Part 2

명문대가 뽑아주는 활동보고서

01 명문대가 활동보고서에 관심 가지는 이유 · 46

　1) 인문 영역 · 46

　2) 자연 영역 · 47

02 활동보고서의 유형과 작성법 · 56

　1) 활동보고서 유형 · 56

　2) 활동보고서 작성법 · 94

03 대학입시에서의 활동보고서 활용법 · 105

　1) 학생생활기록부에서의 활용법 · 105

　2) 자기소개서와 면접 활용법 · 110

04 보고서 관련 대회 · 113

05 우수 활동보고서 사례 · 144

　1) 인문 영역 · 144

　2) 자연 영역 · 193

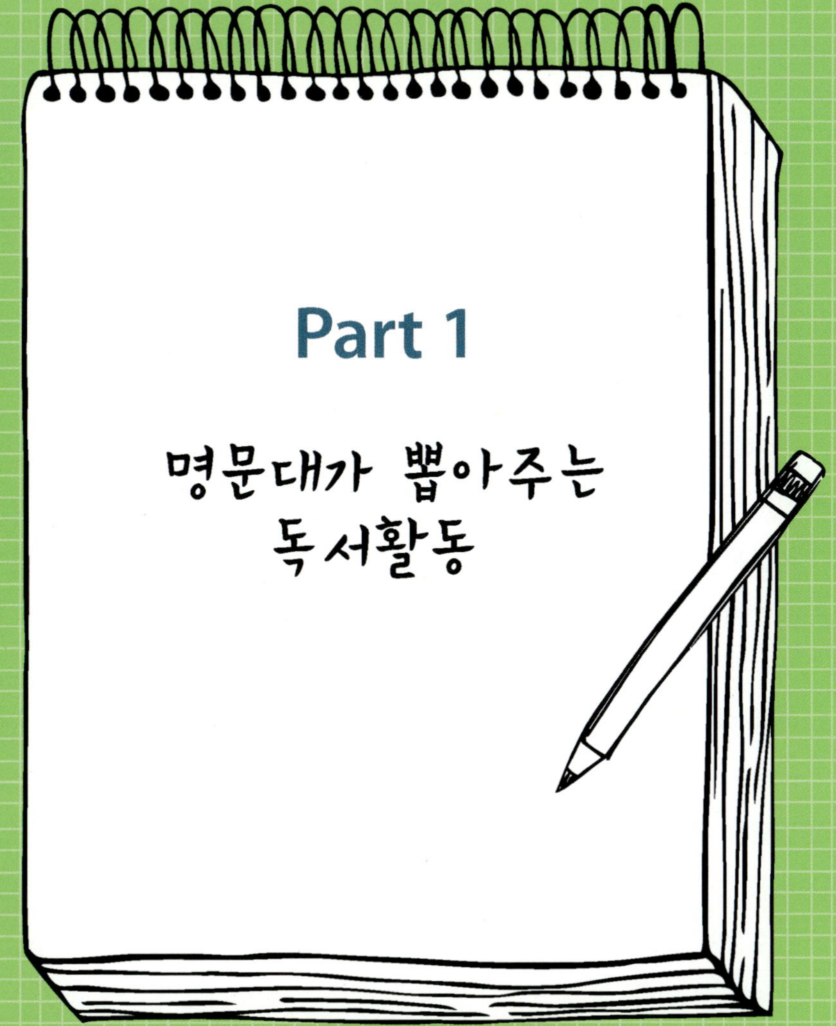

Part 1
명문대가 뽑아주는
독서활동

01 명문대가 독서활동에 관심 가지는 이유

한국대학교육협의회에 따르면, "심리학과에 지원할 때 심리학이라는 용어에 갇히려 하지 말고 보다 폭넓은 영역에 두루 관심을 갖는 것"이 중요하다고 강조한다. 보다 폭넓은 영역에 두루 관심을 갖는 것 가운데 독서만 한 것이 없다는 점에서 이 글은 출발한다. 그래서 학생부종합전형에서 중요한 비중을 독서 영역에다, 특히 점차 늘어나는 수시입학 전형에 맞추어 준비하는 고등학교 3학년 학생들을 중심에 놓고 이에 대한 준비 과정을 정리한 것이다.

학생의 학업에 대한 우수성은 내신 성적의 결과로 나타난다. 하지만 학생의 학업적 능력과 인성, 그리고 자기주도적인 학업 태도와 함께 전공교과에 대한 전문성은 독서를 통해 드러낼 수 있다. 독서활동은 학문에 대한 기본적인 능력이다. 독서 능력과 수준이 학교생활기록부나 자기소개서에 나타날 때, 대학으로부터 긍정적인 반응을 얻을 수 있다. 물론 단순히 학교생활기록부에 나타난다고 해서 좋은 점수를 받는 것은 아니다. 독서활동이 내적으로 성숙한 모습으로 반영되어 학생생활기록부와 자기소개서에 드러났을 때, 대학으로부터 좋은 점수를 받을 수 있는 것이다. 두 서류에 필요한 독서를 어떻게 할 것인가도 중요하다.

다음은 독서를 통해 주식과 경제의 흐름을 파악하여 주식 고수가 된 신문 기사의 일부이다. 신문 기사에서는 독서의 중요성을 언급한 부분만을 볼 수 있다.

대구에 첫 대학생 아너소사이어티(1억 원 이상 고액 기부자 모임) 회원이 탄생했다.

경북대 정치외교학과 4학년 박철상 씨(30)는 9일 대구사회복지공동모금회에 5년간 3억 6,000만 원을 기부하기로 해 대구지역 '48호 아너소사이어티 회원'이 됐다. 기부금은 경북여고와 서부고의 장학기금으로 조성돼 2019년까지 360명에게 학비가 지원된다. 앞서 박 씨는 지난해 이들 학교에 1억여 원을 냈으며 최근까지 100명이 장학금을 받았다. 집안 형편이 넉넉하지 않았던 박 씨는 20대 때 과외와 아르바이트를 하며 모은 돈 1,000여만 원으로 주식 투자를 시작해 수백억 원의 자산가가 됐다.

그는 "경영 경제뿐 아니라 인문, 철학, 국제시장 등 많은 분야의 책을 보면서 통찰력을 길렀다"[독서의 힘]고 말했다. 이어 "경제가 침체하기 전에 현금화했고 적당한 흐름에 다시 주식을 샀다. 글로벌 경제위기 때 수익률이 더 높았던 것 같다"고 덧붙였다. 박 씨는 6년 전 제대 이후 보육원에서 봉사활동을 하며 조금씩 기부를 시작했고 투자 수익이 늘면서 매년 3~4억 원을 복지단체 등에 기부하고 있다. 올해 2월에는 경북대에 5년간 매년 9,000만 원씩 4억 5,000만 원의 장학금을 내기로 약속했다[봉사]. 지난해와 올해 초에는 대구지역 고교 2곳에 5년간 매년 5,000만 원씩 2억 5,000만 원을 기탁하기로 약정했다[독서의 힘].

투자 사업을 하느라 내년 2월 졸업하는 박 씨는 미국, 독일에서 경영학과 철학을 공부하면서 실력을 쌓을 계획이다. 그는 "학생들에게 꿈을 펼칠 수 있는 기회와 환경을 만들어주는 일은 마땅히 해야 할 도리라고 생각한다. 5년 약정은 수익률 주기를 생각해서 정한 것이고 여건이 되면 기부를 늘릴 계획"이라고 말했다.

장영훈 기자(동아일보, 2015년 7월 10일)

위 기사 내용 중 눈에 들어오는 것은 "경영 경제뿐 아니라 인문, 철학, 국제시장 등 많은 분야의 책을 보면서 통찰력을 길렀다"는 대목이다. 이는 '독서의 힘'을 증명하는 하나의 사례라고 할 수 있다. 특히 독서의 융합화라는 측면을 고려해서 보아야 한다. 전공뿐만 아니라, 다양한 독서의 이력들이 문제에 대한 해결책으로 시야를 넓혀준다는 면에서 이 신문 기사를 읽는 이유이다.

2016학년도부터는 대교협에서 학교마다 교육과정과 교육계획서, 특히 학교마다 특색 있는 교육계획을 공시한다. 그리고 각종 경시대회 수상자 숫자까지를 요구하고 있다. 그래서 독서 관련 경시대회나 과학 관련 경시대회나 보고서 작성 경시대회는 중요한 자리를 차지하게 되었다. 다만 학교마다 이러한 활동을 중시하다 보니, 일반고가 특목고 혹은 자사고 수준까지의 독서 경시대회나 보고서 작성의 수준이 높아지면서 동일화된다는 점이다. 그래서 학교마다 차별화하면서 수준을 고급화하는 쪽으로 방향을 잡아야 한다.

이런 입시 방향의 한 축을 이해하는 데 이 책은 방향을 잡아줄 것이다.

02 학생부의 독서활동을 위한 4단계 계획

학생부종합전형에서 중요한 내신과 함께 비교과 활동의 중요성이 더욱 부각되는 현실이다. 그래서 일선 학교에서는 과거 특목고나 자사고에서 준비하는 비교과 활동의 영역을 중시하는 경향으로, 이제는 일반고 비교과 활동에 대한 역량이 높아져 차이를 줄이려는 경향이 뚜렷해졌다. 물론 일반고와의 학력 격차는 유효하다.

비교과 활동이 점차 평준화되는 현상이 나타나고 있다. 이러한 현상에 대해 정리한 기사를 인용하면 다음과 같다.

교육평가전문기관 유웨이중앙교육이 유웨이닷컴의 '자기소개서 유사도 검사 서비스'에 등록된 2015학년도 대입 자기소개서 9,582건을 분석한 결과, 학생들이 많이 활용하는 소재(중복허용)는 △1위 '동아리'(78.1%) △2위 '학생회 임원'(46.9%) △3위 '봉사'(38.1%) △4위 '토론'(37.7%) △5위 '멘토링'(28.1%) △6위 '축제'(27.4%) △7위 '우수한 성적'(26%) △8위 '독서'(21.2%) △9위 '교내경시대회'(19.5%) △10위 '캠프'(15.5%) △11위 '논문'(11.2%) △12위 '체육대회'(10%) 순으로 나타났다.

자신이 입시에 활용하려는 내용이 △반장, 동아리 부장, 학생회 임원 등을 하며 리더십을 발휘한 내용이거나 △치매노인, 장애인, 저소득층 학생이나 어려움을 겪는 친구를 돕는 등 사회적 약자나 소외계층을 위해 봉사한 경험이거나 △1등급인 과목을 언급하며 1등급이 되기까지 노력한 공부 과정을 담은 내용이거나 △자연계열 학생으로 과학 동아리활동을 하며 실험을 하고 보고서를 쓴 내용인가? 그렇다면 다른 지원자도 대부분 이런 소재를 사용한다는 사실을 기억해야 한다.

이태윤 기자 wolf@donga.com(동아일보, 2015년 7월 28일)

  이러한 상황에서 독서 영역의 깊이와 역량을 차별화하는 4가지 방법을 소개한
다 진학하려는 학과(또는 학부)의 전공적합성과 열정, 그리고 자기주도적 학업 잠
재력을 보여주려고 한다면, 독서의 영역을 다양화하면서 수준을 높일 필요가 있다.
예를 들어, 생물과를 진학하려고 한다면 '1'은 생물, '알파'는 과학교양, '베타'는 인
문교양을 읽고 독서 기록을 하는 것이 좋다는 의미이다. 그리고 제곱은 학기와 학
년이 올라갈수록 수준을 높이라는 의미이다.

  이를 정리하면,
  1. (1+알파+베타)제곱의 법칙,
  2. 다양화(융합화)=문과 계열+자연계열 독서를 다양하게 읽어라,
  3. 지속화(단일화)=전공과 관련하여 1, 2, 3학년까지 지속적으로 독서를 하라는
     의미이다.
  4. 상승화=독서 수준을 점차 높이라는 의미이다.

  위의 4단계가 개별적이라기보다는 연관성과 함께 연쇄적으로 결합되어 있기 때
문에 동시에 고려해서 독서 활동을 학생부에 기재해야 할 필요성이 있다.

 학생부의 독서활동과 자기소개서

독서량보다는 본인의 관심 분야뿐만 아니라 다양한 독서를 하는 것이 학생의 학업잠재력의 측면을 부각할 수 있다. 합격에 대한 욕심 때문에 자신이 이해하기 어려운 수준이 높은 독서 내용을 기록할 경우, 이 또한 학교생활기록부에 기록될 수는 있지만 면접에서 충분히 걸러진다는 사실을 인지하고, 자신의 수준과 전공을 고려해서 독서활동을 하는 것이 좋다.

'독서활동상황'은 학생부의 '9. 독서활동상황'란에 기재하는데, 교육부에서 발간한 『2015 학교생활기록부 기재 요령』(106~115쪽)을 참고하여 필요한 내용만 정리하였다.

[해설]

1. 독서활동은 교과목별로 해당 교과 관련 독서활동을 교과담당교사가 입력하되, 특정 교과에 해당하지 않을 경우 학급담임교사가 공통으로 입력할 수 있다.
   ※ 2014학년도부터 학급담임교사가 입력하던 '인문', '사회', '과학', '체육 · 예술' 등 4개 영역을 '공통'으로 단일화하여 서식을 간소화함.
2. 독서기록장, 독서 포트폴리오 등의 증빙자료는 학생 개인이 보관한다.

3. '독서활동상황'란에는 독서 관심 분야, 읽은 책, 특이사항 등 독서성향 및 이력을 사실 위주로 간략하게 입력한다.

[기재 요령]

1. '과목 또는 영역'란에는 과목담당교사가 입력하는 경우 해당 과목명이, 학급담임교사가 입력하는 경우 '공통'이 자동으로 입력된다.
   ※ 교과담당교사는 교육정보시스템의 [성적]–[성적처리]–[과목별독서활동]에서, 학급담임교사는 [학생생활]–[독서활동상황]–[독서활동상황기록]에서 입력함.
2. '독서활동상황'란에는 독서성향(독서 관심 분야)과 읽은 책의 제목과 저자를 '도서명(저자)' 형식의 독서 이력을 사실 위주로 입력하고 독서 특이사항이 있는 경우 이를 입력할 수 있다.

독서활동상황은 독서기록장, 독서 포트폴리오, 독서교육종합지원시스템의 증빙 자료를 근거로 입력함.

[고등학교 교과담당교사 입력 예시]
[기재 예시]

국사–(1학기) 우리 궁궐과 영역별 궁궐의 기능과 역사에 관심이 많음. '우리 궁궐 이야기(홍순민)', '마음으로 읽는 궁궐 이야기(윤돌)', '조선 국왕 이야기(임용한)', '궁녀(신명호)', 등을 통해 그 궁궐에 살았던 사람들의 삶과 시대적 상황을 이해하고자 함.

사회–(1학기) 사회문제인 인권 보장에 관심을 갖고 '길에서 만난 세상(오수연, 전성태, 박영희)', '내가 만드는 복지국가(고은정, 고현종, 기현주, 김영미, 김영순)'를 읽고 사회적 약자들의 권리 및 복지에 대해 깊이 사고함.

(1학기) 역사 분야에 관심이 많으며, '조선상고사(신채호)', '역사(헤로도토스)', '한국통사(박은식)', '신학문의 원리(비코)'를 읽음.

(1학기) 자신의 꿈인 교사와 관련된 목적 있는 독서를 실천함. '창가의 토토(구로야나기 테츠코)', '죽은 시인의 사회(N. H. 클라인바움)', '가장 낮은 데서 피는 꽃(이지성)'을 읽고 참된 가르침과 올바른 교사상에 대해 고민하는 시간을 가짐.

(1학기) 동양철학에 관심이 많아 이 분야의 책을 주로 읽음. '강의(신영복)', '동양철학에세이(김교빈, 이현구)', '공자·노자·석가(모로하시 데쓰지)', '사기열전(사마천)' 등을 읽고 동양철학 간의 차이점과 형성 배경, 발전 과정에 대해 자기주도적 탐구학습을 함.

(1학기) 기업 경영인의 성공전략과 기업정신을 담은 책들을 탐독함. '스티브 잡스(월터아이작슨)', '스타벅스 커피 한잔에 담긴 성공신화(하워드 슐츠)'를 읽고 자신의 꿈인 전문 경영인이 되기 위한 경영 철학을 배움.

위의 기재 예시를 보면, 학생의 독서 관련 관심 영역 기술+도서명(저자명)+독서 후에 얻은 결과, 즉 내적 성숙 과정을 기술한다. 실제 자기소개서에서도 이러한 과정을 상세하게 대략 500자 정도로 기술한다.

1) 독서활동과 2 : 7 : 1 계획

학생부에 기록된 독서 기록을 바탕으로 하여 자기소개서에 상세하게 기록하면 된다. 가령 1번 항목에서 요구하는 학습 경험과 학습 노력을 독서와 관련하여 기술하는 것도 자기소개서 작성의 한 방법이다.

2학년 때의 일입니다. 〈생명과학〉 수업시간이었고 그날 배울 내용은 사람의 유전에 관한 내용이었습니다. 내용 자체가 어렵다는 것을 알고 있었기 때문에 부담을 가진 상태로 수업은 시작되었습니다. 도통 무슨 말인지를 이해할 수가 없었습니다. 어렵다고 무작정 손을 놓을 수만은 없었기 때문에 따로 공부를 시작하였습니다.

처음은 생명과학 관련 책을 통해 공부를 하였습니다. 『인간 유전 100가지』라는 책으로 DNA와 염색체 등을 비롯하여 유전자까지 학교에서 배울 수 있는 내용이 쉽게 정리돼 있었습니다. 이 책을 통해 난해한 내용과 수업시간에 배울 수 없었던 새로운 사실들까지 쉽게 이해할 수 있었습니다.

다음은 독서와 관련한 자기소개서의 예시들이다.

[사례 1]

직접거래보다 인터넷거래를 이용하는 사람들이 더 많은 요즘 신용카드 보안 문제는 날이 갈수록 중요성이 더욱 커지고 있습니다. 중학교 때부터 어머니의 카드로 인터넷에서 물건들을 사온 저는 어려운 카드 결제 방법에 큰 불편함을 느꼈습니다. 카드의 보안도 중요하지만 이렇게 복잡한 방법이라면 나이가 많으신 분들은 이용하시기가 어려울 것이라 생각했습니다. 축제준비와 진로직업행사를 통해 시스템 엔지니어가 되고 싶어진 제게 복잡한 카드결제 방법은 꼭 해결하고 싶은 문제였습니다. 하지만 학생이란 제 신분으로서는 카드보안과 결제 프로그램에 관한 많은 정보를 얻을 수 없었습니다. 그래서 『프로그래머, 열정을 말하다』라는 책을 읽음으로써 관련 정보를 얻었습니다. 또한 컴퓨터 관련 종사자가 컴퓨터 프로그램 한 가지만을 다루는 것은 사회의 요구와 부합하지 않는다는 것을 배웠습니다. 융합적 인재의 필요성을 깨달음으로써 급변하는 사회에 적응할 수 있는 컴퓨터 공학도의 자세를 미리 준비했습니다.

컴퓨터 공학에서는 자신의 실무능력이 가장 중요하다고 생각합니다. 따라서 깊이 있는 학문에 대한 탐구가 필요할 것이고 이를 위해 동국대학교의 창조적 지식인 양성을 목적으로 하는 체계적인 정보통신학 교육이 필요하다고 생각합니다. 졸업 후 ○○대학교의 해외 자매 대학 University of California, Los Angeles의 컴퓨터 네트워크 관련 교육과정을 이수하여 석사 학위를 취득할 것입니다.

이후 MS나 Cisco와 같은 세계적인 컴퓨터 관련 기업에 취업하여 글로벌 인재로서의 자질과 실무능력을 키워나갈 것입니다. 현재 MS는 국내 지점에는 마케팅 부서만이 존재할 뿐 개발이나 관리부서는 창설되어 있지 않습니다. 그래서 MS Korea에 마케팅 부서뿐만 아니라 개발 팀, 네트워크 보안 팀을 만드는 역할을 하고 싶습니다. 또한 울산이 무역항을 끼고 있는 공업도시라는 점을 이용하여 체계적인 컴퓨터시스템과 네트워크와의 융합을 유도하여 울산에 국내 유일의 컴퓨터 단지를 만드는 데 일조하고 싶습니다.

[사례 2]

중학교 방학 때, 저는 창호 사업을 하시는 작은삼촌을 따라 직업체험을 한 경험이 있습니다. 삼촌을 따라 주택이나 빌딩, 건물들을 짓고 있는 이곳저곳을 다니며 삼촌의 보조 역할을 했습니다. 그리고 저는 간단한 정리나 짐 나르기를 맡았지만 일을 하며 제게 가장 눈에 띈 것은 다름 아닌 건물들의 내·외부 구조였습니다. 비록 일상에서 볼 수 있는 일반적인 건물들에 불구했지만, 아직 미완공된 상태의 건물들을 보았을 때 제게 건축은 큰 호기심으로 다가왔습니다. 그래서인지 여러 곳을 다녀도 '다음에 가는 곳은 어떤 건물일까?' 하는 기대에 지치지 않았고 이러한 경험을 통해 건축에 대한 관심이 시작되었습니다. 그리고 고등학교에 진학한 후부터는 이러한 관심을 진로활동에서부터 건축동아리활동까지 많은 경험을 쌓으며 건축학과로의 진로를 결정하게 되었습니다.

우선 건축학과에서 5년간 기본적인 건축 커리큘럼을 마친 후 해외에서 많은 경험을 쌓고 싶습니다. 현재 세계 여러 곳곳에 수많은 건축물들이 있지만, 그중에서도 저는 일본에 있는 건축가 '안도 다다오' 님의 작품을 가장 먼저 보고 싶습니다. 왜냐하면 그의 책을 읽으며 「빛의 교회」라는 작품에 적용된 노출 콘크리트는 그의 작품성에 대한 저의 생각에 신선한 충격을 주었으며, 자신만의 특징을 건축물에 표현할 수 있다는 점에서 건축가로서의 큰 매력을 느꼈기 때문입니다. 그렇기 때문에 직접 일본을 방문하여 그의 여러 작품을 감상하며 건축을 보는 시야를 넓히고 싶습니다. 또한 해외에서 경험한 것들을 바탕으로 대학원에 진학하여 깊이 있는 건축설계 공부를 할 것입니다. 대부분 졸업 후 취직을 통해 실무경력을 쌓고 건축사 자격증을 취득하지만, 저는 대학원 진학을 통해서 조금 더 많은 것을 배우고 전문화된 지식을 쌓고 싶습니다. 특히 현재 부경대학교에서는 학·석사 연계과정이 있기 때문에 저를 발전시킬 수 있는 기회일 것입니다. 그리고 이 과정을 통해 KAAB 인증을 계속적으로 활성화시키며 건축학의 미래를 넓혀갈 것입니다.

[사례 3]

고등학교에서 재미있게 공부했던 교과목은 〈생명과학〉입니다. 특히, 세포호흡 과정에서 포도당이 ATP로 쪼개지는 과정, 유전자가 복제되고 형질이 발현되는 과정을 보면 기계만큼이나 정교하다는 생각이 들었습니다. 우리 몸에서 일어나는 작용에는 어떤 것들이 있을까 호기심도 생겼고, 그래서 생명과학 공부를 열심히 하게 되었습니다.

그 과정에서 교과서와 학습자료 외에도 생명과학 관련 도서를 찾아보고 다큐멘터리도 찾아 시청했습니다. 책을 읽거나 다큐를 볼 때, 교과서에서 배운 내용을 생각해내고 적용시킬 수 있었습니다. 다큐멘터리를 보면서, 각각의 독극물이 어떤 저해제로 작용하는지 영상으로 생생하게 볼 수 있었습니다. 영상들을 보면서 세포호흡의 메커니즘을 정확하게 이해할 수 있었고, 'ATP 합성을 중단'시키는 저해제의 기능을 머릿속에 연상시킬 수 있었습니다. 또한, DNA가 어떻게 복제되고, 형질 발현이 어떻게 진행되는지 보면서, 우리의 몸이 얼마나 정교한지 알 수 있었습니다.

또, 한번은 생명과학에 관한 학습 자료를 읽었는데, 항상성 유지에 혈액의 '완충 작용'이 일어난다는 내용이었습니다. 자료를 읽으면서, 완충 작용의 핵심은 화학에서 다루는 중화 반응이라는 걸 알고 흥미를 느꼈습니다. 서로 다른 분야가 자연스럽게 하나로 녹아드는 점에서 평소에는 경험해보지 못했던 신선함을 느낄 수 있었습니다.

한편으로는 생명과학의 어두운 점도 볼 수 있었습니다. 『인체특허 표류기』라는 책에서, 자기들의 만들어낸 것도 아닌 유전자를 두고 특허를 얻기 위해 싸우고 있다는 이야기를 읽으면서, 안타깝다는 생각을 했습니다. 에이즈의 감염 여부를 결정짓는 핵심적인 유전자의 특허를 둘러싸고, 많은 제약회사들이 지나치게 경쟁하는 모습을 읽으면서 생명과학이 자칫하면 얼마나 인간에게 해가 될 수 있는지를 알았습니다.

그렇게 공부를 하면서, 앞으로 어떤 공부를 할 것인지에 대한 생각을 바꾸게 되었습니다. 처음엔 호기심에 공부하기 시작할 때에는 생명과학을 깊이 탐구하고 싶었습니다. 하지만 학습 자료를 읽고 나서는 생명과학뿐만 아니라 모든 과학과 수학, 나아가 인문학까지도 융합한 공부를 하고 싶어졌습니다. 그리고 『인체특허 표류기』를 읽고 나서는 내가 하려는 일이 사람들에게, 사회에 어떤 영향을 미칠까 생각해보게 되었습니다.

독서와 관련한 내용을 자기소개서에 기록하기 위해 『대학을 사로잡는 자기소개서, 추천서』에서 제시한 구체적이고 다양한 방법을 수정, 보완하여 다음과 같이 정리하였다.

한국대학교육협의회는 입학사정관이 평가하는 창의적 체험활동의 제1항목으로 독서활동을 제시했고 대부분 대학은 독서경험을 자기소개서 항목으로 반영한다. 자기소개서의 독서활동 기록을 통해 지원자의 사고의 폭과 깊이를 가늠할 수 있고, 지원자의 진로와 관련된 독서활동의 경우 진로에 대한 지속적인 관심 및 진로 개척 의지를 평가할 수 있어, 대학에서 선호하는 항목이기도 하다.

가. 책을 읽게 된 동기나 이유를 밝힌다. 책을 읽는 동기나 이유를 통해 독서의 목적을 뚜렷하게 드러내어 전공(학문)에 대한 탐구심과 지적 호기심을 평가할 수 있다.

F=ma의 근원이 궁금하여 읽게 된 뉴턴의 전기입니다. 뉴턴의 삶의 행적, 그의 당시 생각을 따라가다 보면, 그가 도출해낸 결론의 끝을 볼 수 있을 것이라 생각했기 때문입니다. 하지만 저는 이 책에서, 그보다 더욱 중요한

것을 얻을 수 있었습니다. 한때, 이해가 빠르고 새로운 발상을 잘하는 친구들을 보면서 '이래서야 내가 공부로 살아남을 수 있을까' 하는 나약한 생각을 가졌었는데, 뉴턴의 학문 탐구에 대한 태도를 통해 학문 남구의 자세와 삶의 자세에 대하여 다시 한번 생각할 수 있었습니다.

– 리처드 웨스트폴, 『프린키피아의 천재』

나. 감명 깊었던 구절, 장면을 기록한다. 이러한 기록을 통해 자신의 삶을 되돌아보는 계기로 연결하여 성숙한 삶을 살고자 하는 긍정적 가치관을 드러내도록 한다.

이 책을 통해 입시만을 위해 바쁘게 살아가는 제 삶을 성찰하는 계기가 되었습니다. 한 사람의 생애란 과연 무엇이며 무엇을 위해 살아야 하는 것일까. 췌장암에 걸려 시한부 인생을 선고받는 저자는 "당신도 시간이 얼마 남지 않았다는 것을 알게 될 때가 있을 것이다"라고 말하면서 시간의 소중한 가치를 역설하고 있습니다.

– 랜디 포시, 『마지막 강의』

다. 글쓴이가 말하고 싶은 것, 즉 책의 핵심내용과 주제를 파악하여 적는다. 독서 수준을 가늠할 수 있도록 책의 내용을 깊이 있게 분석하여 적는 것이 좋다. 이는 학문에 대한 탐구심뿐만 아니라 열정을 보여줄 수 있기 때문이다.

고등학교 2학년 생일 때 형에게 선물로 받았습니다. 학기 중에는 시간이 없어 방학을 이용하여 읽었는데, 『지구의 딜레마』라는 제목만 보아도 아주 심각한 지구 환경문제를 다루고 있다는 것을 짐작할 수 있었습니다. 예상대로 이 책에서는 토양의 생산성하락과 물 부족, 토양 유실, 기후 변화 등에 대한 다양한 통계와 연구 자료를 통해 성장의 한계에 다다른 지구의 모습을 보여주고 있었습니다. 이 책의 저자는 2005년 중국의 밀수입 급등으로 인한 세계적인 밀 값 상승을 예측해냈던 래스터 브라운입니다. 그는 가까운 미래에 인구증가, 식량 부족, 물 부족 등이 심화되면 식량 생산량이 감소하게 되고 식량의 무기화가 현실이 될 수 있다고 말했습니다. 또한 이러한 식량 부족과 자원의 고갈은 전 세계를 경기 침체에 빠트리고 국가 간 전쟁을 유발할 것이라 예측하였습니다. 이처럼 무분별한 개발과 자연파괴는 지구를 만신창이로 만들었고 이것은 다시 인간에게 돌아와 위협이 되고 있다는 것을 저자는 말해주고 있습니다.

– 레스터 브라운(Lester R. Brown), 『지구의 딜레마』

라. 책을 통해 새롭게 알게 된 사실들을 강조하여 적는다. 이는 학문에 대한 호기심, 즉 지적 탐구심을 보여줄 수 있다.

자신이 정한 가치관을 정직하고 일관되게 걸어온 저자를 본받아 저 또한 그런 삶을 살고 싶다는 생각이 들었습니다. 정도를 걸으며 진실 된 삶의 가치를 추구하기 위해 눈앞의 이익과 타협을 거부한 진정한 그의 용기에 큰 감동을 받기도 하였습니다. 근시적인 안목이 아니라 멀리 바라볼 줄 아는 그의 안목을 통해 경영자와 관리자에게 요구되는 자질과 덕목을 생각해보 았습니다. 이제 사회는 더 이상 경영자와 관리자로 구분하지 않는 시대로 빠르게 변해가고 있습니다. 급변하는 정보화 사회에서는 실무와 경영의 분리가 아니라 서로 유기적인 긴밀한 관계를 가짐을 알게 되었습니다. 구단주와 감독의 관계가 아니라 내가 선수이면서 매니저 역할을 할 수 있어야 하는 시대라는 말이 떠오르기도 했습니다. 전문적인 능력과 신뢰감을 바탕으로 한 리더십만이 이 시대의 진정한 승자가 될 수 있음을 알게 되었습니다. 이 책을 읽으며 산업의 관리자로서 리더십의 핵심이 무엇인지 조금이나마 알게 되었습니다.

– 안철수, 『CEO 안철수, 지금 우리에게 필요한 것은』

마. 작품에 대한 전체적 느낌과 생각을 정리하여 책을 통해 얻은 교훈과 다짐 등을 적는다.

고등학교에 입학하여 언어 영역 공부를 하다가 도종환 시인의 「담쟁이」를 읽고 깊은 감동을 받아 구입하게 된 시집입니다. 특히 고등학교 3년간의 힘든 시기마다 도종환 시인의 시는 큰 힘이 되어주었습니다. '길이 보이지 않는다고 경박해지지 않고 길이 보이기 시작한다고 요란하지 않았다. 그렇게 묵묵히 걸어갈 줄 알았다.' 「산 벚나무」라는 시의 한 구절입니다. 학업에 지치고 마음이 약해질 때면 「산 벚나무」를 읽었습니다. 풍경을 조용히 머릿속에 그려보며 차분한 마음으로 다시 집중하였고, 성취에 자만하지 않고 실패에 좌절하지 않는 마음가짐을 상기시켰습니다. 수학성적 때문에 힘들어 할 때 「처음 가는 길」을 읽었습니다. '아무도 가지 않은 길은 없다', '두려워 마라. 두려워하였지만 많은 이들이 결국 이 길을 갔다'고 말하는 시를 읽으며 겁먹거나 포기하지 않고 공부에 정진할 수 있었습니다. 학창시절, 힘든 순간마다 버팀목이 되어주고 풍요로운 감수성을 갖게 해준 이 책은 앞으로도 저의 동반자가 될 것입니다.

– 도종환, 『해인으로 가는 길』

바. 책을 읽고 난 후 가장 선명하게 남아 있는 생각이나 느낌을 자세히 표현하는
것도 독서 감상문의 시작으로 좋은 방법이 될 수 있다.

이 책은 제가 평소에 다른 종교에 관해서 좋지 않게 생각했던 부분을 한 번
에 없애 주었습니다. 그 책의 인물 중 할아버지의 대사 중에 "종교는 모두
한곳으로 간다. 다만 그 길이 다를 뿐이다"라는 대사가 있습니다. 저는 이
한마디에 지금까지 다른 종교를 부정적으로 생각했던 자신을 되돌아보고,
그런 말 한마디가 사람을 이렇게까지 바꿀 수 있구나라는 사실에 놀라웠습
니다. 또한 책 읽기를 싫어하는 저로서는 그것으로 인해 책을 읽으면서 얻
는 것이 이런 거구나라는 것을 깨달았습니다.

– 황석영, 『바리데기』

사. 감동과 같은 긍정적 평가만이 아니라, 비판 및 부정적인 평가도 쓰게 되면
강한 인상을 줄 수 있다.

처음 이 책을 읽었을 때, 인간과 컴퓨터가 직접 연결되어 인간의 능력을 높
이게 된다면 정말 멋진 일이라 생각했습니다.
그러나 생각을 하면 할수록 사이보그가 된다는 것은 인간의 본질을 훼손하
는 행위라 느껴졌고 지금은 이 저자의 의견에 찬성하지 않습니다. 인간의
신체 일부를 기계로 대체하고, 없었던 능력을 기계적으로 구현한다는 점에
서 저자는 사이보그를 인위적 진화라 생각하지만, 저는 그것이 인간의 본
질적인 면에 좋은 영향을 줄지 의문입니다.

– 케빈 워릭, 『나는 왜 사이보그가 되었는가』

아. 책의 내용을 단순하게 요약하거나 줄거리를 길게 써서 분량을 늘려서는 안
된다. 책을 읽고 느끼고 배운 점, 자신의 의미 있는 변화를 중점으로 진솔하
게 적는 것이 좋다.

제가 감명 깊게 읽은 책은 로버트 팔콘 스콧의 『남극일기』입니다. 이 책은
세기의 대결이라고도 불리는 아문센과 스콧의 남극점 정복 대결을 다루고
있습니다. 스콧의 일기가 발견되기 전까지는 남극점에 먼저 도착하기 위한
아문센과 스콧의 모험 이야기가 승리자인 아문센만 빛나는 승리자로, 스콧
은 패배자의 모습으로 기억되었습니다. 하지만 이후 스콧의 일기가 발견되
자 그 평가는 달라졌습니다. 저 역시 이 책을 읽기 전에는 스콧의 부족한
점만을 알고 있었지만, 책을 읽고 난 후에는 이 생각이 옳지 않았다는 것을
알게 되었습니다.

오히려 스콧이 지닌 매력에 빠져들게 되었는데, 리더로서의 강인한 모습과 인간적인 면을 모두 갖춘 점이 특히 와 닿았습니다. 대장으로서 탐험 준비에 철저하고, 위기에 빠진 팀 동료를 몇 시간 동안 로프에 매달려 구해내는 그에게서 강인한 리더로서의 모습을 보았습니다. 한편으로는 죽음이 엄습해오는 순간에도 팀 동료들을 격려하고, 이미 죽은 동료들의 가족들에게 일일이 편지를 쓰는 스콧의 인간미에 또 한 번 감탄하였습니다. 마지막으로 죽음의 문턱에서 죽음을 초연하게 받아들이는 모습은 진정한 리더상이 아닐까 하는 생각이 들게 했습니다.

평소 책임감은 강하지만 우유부단한 성격이 걸림돌이 되어 일을 그르치는 경우가 많은 저는 이 책을 통해 리더로서 갖추어야 할 덕목들로 책임감뿐만 아니라 정확한 판단력과 추진력이 필요하다는 것을 배울 수 있었습니다. 그리고 그런 결단력과 추진력은 무엇보다도 자신에 대한 믿음에서 나온다는 것을 알 수 있었습니다. 또한 폭넓은 지식을 쌓고 사회 전반에 걸친 관심을 가지는 한편, 다양한 경험이 수반될 때, 우리 사회를 이끌어 갈 리더로 성장할 수 있음을 깨달았습니다.

– 로버트 팔콘 스콧, 『남극일기』

자. 학생의 진로와 연관이 있는 책을 꾸준히 읽었다는 것을 보여줘야 한다. 추천 도서나 베스트셀러만을 선택하지 말고 자신이 관심 있는 분야의 책을 선정하여 그 책을 선택한 이유, 독서 후 변화 등을 적는 것이 효과적이다. 입학사정관은 학생이 얼마나 많이 읽었는지보다는 어떻게 읽었는지를 기준으로 평가한다.

〈물리2〉를 공부하면서 상상하곤 했던 빛의 속도가 매우 느리고 양자 상수가 매우 큰 세상을 그려내는 이 책을 읽으며 일반 소설책의 통속적인 즐거움이 아닌 진정한 책 읽는 즐거움을 느낄 수 있었습니다. 상대성이론 같은 전문적인 내용을 풀어쓴다고 특수상대성이론에 정면으로 반박되는 오류를 범하기도 했지만 미시 세계의 규칙이 일상생활에서 적용되는 모습은 아주 흥미로웠고 특히 추상적이던 상대성이론의 개념들을 좀 더 구체화할 수 있었습니다. "대형성단이든, 박테리아든, 소립자든, 주변의 모든 것을 이해하려는 인간 정신이 바로 과학"이라는 부분을 읽으며 화학, 생물, 물리, 지구과학 이 모든 것은 다른 분야가 아닌 결국 이 세상의 진리탐구를 하며 발견하는 즐거움을 느낄 수 있는 하나의 학문이 아닐까, 하는 생각을 하기도 하였습니다. 실생활에서 활용되는 것들만 중요하다 생각하던 제 자신이 부끄러워졌고 과학을 공부하는 태도가 달라져 공식보단 개념 자체에서 진실을 배우는 즐거움을 느낄 수 있게 되었습니다.
– 조지 가모브, 『물리열차를 타다』

대학이 요구하는 자기소개서 항목에는 주어진 분량이 대략 500자 정도로 제한되어 있다. 그래서 정해진 분량 내에서 그 책의 특성에 맞게, 또는 지원자의 개성이 가장 효과적으로 드러날 수 있도록 작성하는 것이 훨씬 효율적이다.

결론적으로 쉽게 말하면 다음과 같다.
1. 독서 관련 내용 기록에 관한 비율을 대략 동기나 이유를 20% 전후,
2. 독서 관련 내용과 과정 70% 전후,
3. 그리고 내적 성숙과 독후 결과에 대한 기록을 10% 정도 하는 것이 적절하다.

2) 독서활동과 면접

저자 초청 특강에서 자신의 진로를 발견할 수 있다. 그리고 저자의 책을 직접 구입해서 읽게 되면서 자신의 진로를 구체적으로 결정하는 수가 있다. 그뿐만 아니라 자신의 삶의 방향을 결정짓기도 한다. 이러한 내용을 바탕으로 독서를 진로 계획과 연결할 수 있는 것이다.

그리고 독서 기록과 관련한 면접은 다음과 같은 기출 문항을 볼 수 있다.

– (독서 기록 보고–내용 질문) 최근에 뜻깊게 읽은 책은? 그 이유는? 자신의 영향은?(압박 질문)
– 자신의 꿈을 이루기 위해 읽은 책을 소개하고 느낀 점을 말하시오.
– 『독일 교육이야기』라는 책을 읽고 다른 나라와 우리나라 교육의 차이를 알았다고 했는데, 어떤 내용인가요?(구체적)
– 자기소개서에는 생명과학에 대한 책을 많이 읽었다고 되어 있는데, 독서 기록

에는 인문 분야의 독후감이 많은 것 같은데, 그 이유가 무엇인가?
- 면접관: 특이한 책을 읽었네.『아내를 모자로 착각한 남자』, 무슨 내용인가.
  면접관: 융의『인간과 상징』은 어려워 보이는데 정말 읽었나. 무슨 내용인가.

서울대학교는『왜 세계는 가난한 나라를 돕는가』라는 책을 읽은 정치외교학과 면접 지원자에게 "왜 세계는 가난한 나라를 도와야 하나"라는 질문을 했다. 또 연세대는 자기소개서에 '전통적인 경영학으로 인간의 대부분의 활동을 설명할 수 있다'라고 쓴 지원자에게 "종교활동도 경영학으로 설명할 수 있나"라는 질문을 던졌다.

- 존경하는 인물은 누구인가?(독서에서 답을-아버지도 좋지만)
- 자신의 롤 모델은 누구인가?

학생부의 독서 기록과 면접 관련 질문을 정리하면 다음과 같다. 다음은 ○○대학교 입사관이 밝힌 자료를 인용한 것이다.

영역	총평
인문	자신의 진로를 구체화하는 과정에서『오바마 이야기』(헤더 레어 와그너)를 통해 열등감을 열정과 집념으로 이길 수 있다는 교훈을 얻었으며 연설 능력의 중요성을 깨달아 자신감을 갖고 말하는 능력을 기르기 위해서 수업시간에 적극적으로 발표하는 등 책의 내용에서 얻은 교훈을 자신의 생활에서 실천함.
사회	『크로스』(정재승, 진중권)는 인문학자와 과학자의 시각으로 사회적 이슈를 다양한 측면에서 설명해 주는 책으로 이를 통해 일정한 방향으로만 바라보는 편협한 시각을 고치고, 책에 제시된 기업의 경영방법과 성공전략 등을 통해서 경영학이라는 자신의 희망 진로에 더욱 흥미를 느끼게 되어 경영, 경제 관련 직업과 현상에 대하여 정보를 탐색하는 활동을 함. 『그 청년 바보 의사』(안수현)를 읽고 묵묵히 자기 자리를 지키며 환자를 위해 헌신한 외과의사 안수현의 삶을 접하였으며 예수에 비견될 만큼 무조건적인 사랑을 베풀며 주위 사람을 편안하게 만든 인물의 모습에서 물질이 아닌 사랑을 추구하는 사람이 되어야겠다는 의지를 다짐.

과학	『청소년을 위한 환경 교과서』(클라우스 퇴퍼)를 읽고 빈부 격차, 물 부족, 멸종 위기 등의 환경문제를 인지하였으며 의식적이든 무의식적이든 인간이 자연에 저지른 잘못을 쉽게 지울 수 없다는 점을 깨닫고 무의식적으로 쓰레기를 버린 것이나 에너지를 고갈시켰던 자신의 행동을 반성하고 미래의 주요 문제가 될 환경문제를 해결할 수 있는 행동을 실천하며 적극적인 독서활동을 함.
예술, 체육	『청소년을 위한 추천 영화 77편』을 읽고 교육적 가치가 뛰어난 영화를 접하여 자극적인 흥미 위주의 영화보다는 삶의 의미와 여운을 주는 영화를 통해 교훈과 가치를 얻으려는 태도를 지님.

1) 지원자는 열정과 집념으로 열등감을 극복할 수 있다고 하였는데, 그렇게 생각한 이유가 무엇인지 설명해보시오.

2) 무조건적인 사랑을 베푼다는 것에 대해 지원자는 어떤 생각을 하고 있으며, 그런 사랑을 실천하는 데 있어 가장 중요한 요소는 무엇이라고 생각합니까?

3) 『청소년을 위한 환경 교과서』를 읽고 미래의 주요 문제가 될 환경문제를 해결할 수 있는 행동을 실천하며 적극적인 독서활동을 하였다고 했는데 독서활동을 포함해 구체적으로 어떤 것을 실천하였는지 말해보시오.

4) 『청소년을 위한 추천 영화 77편』을 읽었는데 그 가운데 교육적 가치가 뛰어나다고 판단한 영화는 무엇이며 그렇게 판단한 이유는 무엇인지 말해보시오.

다음은 예상할 수 있는 면접 문항을 만들어본 것이다.

학년	과목/영역	학생부 기록독서활동 상황
1	국어	(1학기) 글 속에 표현된 인간의 삶에 대해 폭넓게 이해하려고 노력하며 독서활동을 꾸준하게 하고 있음. 고전소설인 『구운몽』을 읽고 그 내용을 잘 이해하였으며, 작품 속의 등장인물들에 대한 공감 능력이 돋보이는 감상문을 제출함. 또한 『오래된 미래』(헬레나 노르베리)*를 읽고 인간과 세계에 대해 깊이 이해함. (2학기) 한국현대장편소설 『바리데기』(황석영)를 읽고 내용을 자세하게 이해했으며 오늘날 북한 현실과 21세기가 당면한 문제를 깊이 있게 생각함.
1	인문	(1학기) 『셰익스피어의 4대 비극』(셰익스피어), 『광장』(최인훈), 『완득이』(김려령) 『난장이가 쏘아 올린 작은 공』(조세희) 등을 읽고 충실하게 독서 감상문을 작성함.
1	과학	(1학기) 『수학비타민』(박경미), 『오래된 미래』(헬레나 노르베리)*** 등을 읽고 성실하게 독서 감상문을 작성함. (2학기) 『의학사를 이끈 20인의 실험과 도전』(크리스티안 베이마이어), 『기생충 우리들의 오래된 동반자』(이은희), 『인간과 동물』(최재천)을 읽고 인상적인 구절 및 책을 일고 난 뒤의 나의 생각을 상세히 서술함. 또한 이 책을 읽고 떠오른 다른 책, 음악, 영화 등을 생각하여 독서 기록책에 적어 둠.
2	과학	(1학기) 『아파야 산다』(샤론 오일렝)를 읽고 질병에 대한 생각을 해보고 이를 극복해내는 방법 등을 연구 모색함. (2학기) 『생명이 있는 것은 아름답다』(최재천), 『생명공학으로의 초대』(레이 헤렌) 등을 읽고 생명공학 및 곤충에 대해 관심을 표명하고 진로 선택에 도움을 받음.
3	공통	(1학기) 『이중나선』(제임스 왓슨)은 제임스 왓슨이 소설의 형식을 빌려 DNA를 연구하게 된 계기와 DNA 연구과정 및 공동연구자인 프랜시스 크릭과 만나 논문작업을 완료하기까지 상세히 적은 책으로 DNA 나선구조 발견이 생명공학을 무궁무진하게 발전시켰음을 깨달음.

예상 질문은 다음과 같다.

[1학년 국어]

1. 인간과 세계를 깊이 이해했다고 했는데, 이 책의 어떤 부분에서 인간과 세계에 대한 이해를 가졌는가?
2. 오늘날 북한 현실과 21세기가 당면한 문제가 무엇이라고 생각하는가?

[1학년 인문]

1. 독서 감상문을 작성한 가운데 기억나는 것이 있는가? 가장 감동받은 책은 무엇인가? 그 이유는?

[1학년 과학]

1. 책을 읽고 떠오른 다른 책, 음악, 영화 등을 생각했다고 했는데, 이 가운데 가장 기억에 남는 것은 무엇이며, 그 이유는?

[2학년 과학]

1. 질병에 대한 생각을 해보고 이를 극복해내는 방법 등을 연구 모색했다고 하는데, 이에 대해서 말해보시오.
2. 어떤 부분에서 진로 선택에 도움을 받았나요?

[3학년 공통]

1. DNA 나선구조를 설명하고, DNA 나선구조의 발견이 생명공학 발전에 끼친 영향을 말해보시오.

위와 같은 예를 참고하면 대략 학생이 쓴 내용에 대한 확인 정도의 수준이다. 그렇기 때문에 자신이 쓴 독서활동 기록에 대한 내용을 숙지하고 면접에 임해야 한다.

04 우수 독서활동 사례

2015학년도 서울대학교가 공개한 합격생의 독서 기록을 참고하면 다음과 같다. 독서 관련 글의 구조와 내용을 통해 독서와 관련한 자기소개서의 작성 요령을 파악해볼 수 있는 자료이다. 대체로 2가지 형태로 정리할 수 있다. 즉, 전공 관련한 다양한 기록과 전공 중심으로 한 독서 기록을 작성하는 경우로 나눌 수 있다.

[사례 1] 서울대학교 사회과학대학 지리학과(학생부종합)

1) 『서울 도시계획 이야기』 1~5권(손정목 저)

이 책은 서울에 어떤 도시계획이 시행되었는지와 그것이 지금의 도시에 어떤 영향을 미쳤는지에 대한 내용을 담고 있습니다. 가각 정비를 통해 교통정체를 완화하고자 했다는 것과, 광화문 세종로에 위치한 빌딩 하나하나에 도심 재개발 계획과 관련된 이야기가 담겨 있다는 내용에서 흥미를 느꼈습니다. 이러한 모습을 사진이 아닌 눈으로 직접 확인해보고 싶다는 생각이 들어 서울 답사를 계획하였고 답사 보고서를 작성하여 교지에 투고하기도 하였습니다. 이러한 과정을 통해 그전까지의 서울 방문에서는 무심코 지나쳤던 도시의 여러 크고 작은 부분들이 새롭게 다가왔습니다. 이를 답사 활동에도 응용하여 사전조사 시에 도시계획과 관련된 내용을 찾아보고 이를 지도와 위성사진을 이용해 도시 지리학의 개념들을 창원, 부산, 서울과 같은 도시에 적용시켜 보았습니다. 이러한 과정을 통해 도시에 대한 정책이 인간의 삶과 도시경관에 미치는 영향에 대하여 깨닫게 되었고 지역개발정책연구원으로서의 진로를 정하게 되는 계기가 되었습니다.

⇒ 글의 구조는 책의 전체적인 개요—책의 흥미에 대한 구제적인 내용—책과 관련한 교육활동(답사 및 보고서 작성)—내적 성숙(결과1)—책과 관련한 교육의 확산적 활동—내적 성숙(결과2)—진로와 연결 순으로 기록하여 참고할 만한 기록이라 생각한다.

  2) 『중국의 경제지리를 읽는다』(후자오량 저/윤영도, 최은영 역)

  중국의 세계정치, 경제에 있어서의 영향력이 커지고 있지만 중국에 대한 지리적 지식이 부족하다는 생각이 들어 이 책을 읽게 되었습니다. 책의 내용은 경제지리학 이론을 바탕으로 중국의 지역적 불균형의 원인과 양상에 대하여 설명하고 그 해결방법에 대하여 탐구하는 것이었습니다. 그중에서도 핑구현에서 평원지역과 산악지역을 연결하여 산악지역 사람들을 평원지역 사람들의 지원하에 평원지역으로 이주시킨 후 산악지역의 개발권을 주는 방식으로 지역 격차를 해소하는 것이 인상 깊었습니다. 즉, 지역 격차를 해소하기 위하여 각 지역의 지리적 특수성을 이해하고 이용하는 것이 중요하다는 것을 깨달았습니다. 또한 중국의 백지도에 책에서 나오는 주요지점을 체크하면서 읽는 방법을 통해 중국의 주요지역에 대한 지식을 쌓을 수 있었습니다. 결론적으로 중국이라는 넓은 세상을 이해하려는 노력의 계기가 되었다는 점과 지리학적으로 사회문제에 접근하는 방법을 부족하게나마 알 수 있었다는 점에서 의미 있었다고 생각합니다.

⇒ 글의 구조는 동기—책의 전체적인 개요—인상 깊었던 내용—결과(내적 성숙) 순으로 정리하였다.

  3) 『철학과 굴뚝청소부』(이진경 저)

  저는 수업시간에 수능 비문학지문 분석 중 철학지문을 분석할 때면 인간의 생각이 저 정도로 논리적이고 깊이 있을 수 있다는 것이 놀라웠습니다. 그래서 깊이 있는 사고를 하기 위해서라도 철학을 어느 정도는 알아야겠다고 생각했습니다. 이러한 생각을 미학을 전공하신 담임선생님께 말씀드렸더니 이 책을 추천하셨습니다. 이 책은 이전에 읽었던 책과는 철학에 대한 접근법이 사뭇 달랐습니다. 그전에 읽었던 책에서는 각각의 주장에 초점을 맞춘 반면에 그 주장을 다른 철학자의 주장과 비교하여 다른 점을 부각시켜 왜 이 주장이 새로운 의미를 가지는지에 대해 명확하게 드러내고 있었습니다. 철학 관련 내용을 접할 때마다 새로운 주장이 등장하는 과정과 이유에 대해 어려움을 느꼈지만 이 접근 방법을 통해 철학 주장 간에 벤다이어그램을 그린 것처럼 공통점과 차이점을 정리할 수 있기 때문에 새롭게 느껴졌습니다. 또한 전에 공부했던 경제학사와의 연관성이 크다는 것을 알게 되어 인문학적 교양의 필요성을 깨달았습니다.

⇒ 글의 구조는 동기-책의 전체적인 개요-자신의 학습법 연결-결과 순인데, 국어 수업을 통해 독서 관련 내용을 확산한다는 점에서 가치 있는 사례로 보인다.

[사례 2] 서울대학교 간호대학 간호학과(학생부종합)

1) 『수학, 철학에 미치다』(장우석 저)

　수학은 인간과 무관한 객관적 세계(이데아)에 속한다고 주장한 플라톤주의와 수학은 인간이 구성해내는 체계라고 주장한 칸트주의의 대립 속에서 수학은 인간이 규칙을 정해놓고 그로부터 결론을 도출해내는 게임이라는 힐베르트의 형식주의로 발전하는 과정을 통해 수학의 발전과정을 파악해볼 수 있었습니다. 수학자들에게 수학이 무엇인지를 규정하는 것은 동시에 세상을 바라보는 철학적 사유 자세에 대한 고민이었음을 깨달을 수 있었습니다. 책을 읽으면서 수학이 주체적으로 문제를 발견하고 이에 끊임없이 의문을 가지고 문제를 해결하려고 노력하면서 발전해온 학문임을 알았고, 이를 통해 수학이 모든 학문의 토대가 될 수 있었던 이유를 이해할 수 있었습니다. 당연하게 받아들였던 것도 당연하게 생각하지 않고 의심하고 질문을 던지는 수학자들을 통해 수학을 배울 때 개념이 어떤 필요성에 의해서, 어떠한 과정으로 도출되었는지에 대한 고민 없이 그저 문제를 풀기 위해 수학을 공부해온 자신을 반성해볼 수 있었습니다.

⇒ 글의 구조는 책의 전체적인 개요–책을 통한 내적 성숙 순으로 비교적 단순 명쾌하게 적었다는 점에서 눈여겨볼 필요가 있다.

2) 『죽음의 수용소에서』(빅터 프랭클 저/이시형 역)

인간의 정신력이 위대함을 또 한 번 깨달았습니다. 작가는 인간이 생존만 생각하는 동물이 되어버린 아우슈비츠 수용소에서의 절망적인 상황을 견뎌내고, 이러한 체험을 치료요법으로 발전시켰습니다. 저는 이러한 발전이 작가에게 자신의 체험을 통해 극한 상황에 처한 환자들을 치료할 수 있다는 희망이 있었기 때문에 가능했다고 생각합니다. '인간의 자유란 조건으로부터의 자유가 아니라 주어진 상황(조건)에 자신의 태도를 취할 수 있는 자유이다'는 말을 통해 누구에게나 시련이 닥치지만, 그 시련을 극복해낼 수 있을지는 시련에 대한 인간의 태도에 달렸다는 생각을 하게 되었습니다. 고통스럽고 절망적인 상황에 처한 환자에게 가장 필요한 것은 육체적인 치료가 아니라, 삶의 잠재적인 의미를 이끌어내어 살고자 하는 마음을 가지게 하는 정신적인 힘이라는 생각이 들었습니다. 그래서 병마와 싸우며 절망감에 빠진 환자들에게 자신의 가치를 일깨워주며 희망을 품고 살 수 있도록 북돋아주는 간호사가 되고 싶습니다.

⇒ 글의 구조는 책의 전체적인 개요–인상적인 구절 인용–전공 관련 혹은 진로 관련 내용의 연결 순으로 기술하고 있다.

3) 『고전혁명』(이지성, 황광우 저)

책을 처음 접했을 때 '인문학을 찾아서' 강연에서 황광우 작가님께서 고전의 중요성에 대해 언급하셨던 것이 생각났고, 저는 이 책을 통해 고전에 대해 쉽게 이해할 수 있겠다고 생각해 책을 읽기 시작했습니다. 고전을 왜 읽어야 하는지에 대해 구체적으로 알려주는 책이었습니다. 책 뒷부분에 몇몇 고전을 간략하게 풀이해 소개해 두어서 그 내용을 쉽게 파악할 수 있었습니다. 하지만 책을 읽고 '이 책을 백 번 읽는 것보다 고전을 한 번 읽는 게 낫다'던 작가님 말씀의 의미를 절감했습니다. 고전들을 짧게 요약해놓은 부분을 통해 성현들이 끊임없이 고민하여 얻은 지식을 깊이 이해하는 것은 불가능했습니다. 요약형, 풀이형 책에 익숙해져 편하게 높은 수준의 지식을 얻고자 했던 나태한 태도를 반성했습니다. 이러한 반성은 책에 소개된 고전 중 흥미로웠던 '장자'를 직접 읽어보는 활동으로 이어졌습니다. 책을 읽고 고정관념에서 벗어나 세상을 바라보는 장자의 철학을 더 깊이 이해할 수 있었습니다.
⇒ 글의 구조는 동기-책의 전체적인 개요-인상적인 구절 인용-내적 성숙(결과) 순으로 기술하고 있다.

　[사례 1]의 학생과 [사례 2]의 학생 독서 기록 내용은 차이가 보인다. [사례 1]은 전공 관련 도서들이 많은 반면, [사례 2]는 1권만 전공 관련이고, 2권은 다른 영역의 독서 기록임을 볼 수 있다. 이는 서울대학교에서 두 학생의 합격 사례로 공개한 것으로 볼 때, 2가지 모두 독서 관련 항목으로 기술해도 무방하다는 전제가 있음을 알 수 있다.
　위에서 보듯이 독서와 관련한 기록들을 정밀하게 검토하면, 학교생활기록부에 있는 독서 관련 기록들을 통해 자기소개서의 내용으로 학생의 비교과 활동을 충분하게 드러낼 수 있다. 다양한 관점으로 독서 관련 기록을 볼 수 있다는 점에서 다음 글들을 보충한다.

　자기소개서에서 요구하는 3권의 내용을 쓸 때 천편일률(千篇一律)적인 방법으로 기술하는 것보다 다양한 방법으로 조금씩 다르게 기술하는 것이 좋다. 이는 독서의 이해력뿐만 아니라 독후활동으로서 정리하는 기술을 보여줄 수 있기 때문이다. 다만 자기소개서에 쓸 기본적인 과정을 일관성을 유지하는 것이 좋다. 즉, 독서 계기(동기나 이유)→책에 대한 구체적인 평가→독후 결과 혹은 내적 성장의 영향 등이다. 이를 간단하게 정리하면 '동(동기나 이유)-과정(책에 대한 구체적인 평가)-성(독후 결과 혹은 내적 성장의 영향)'[동과성의 원칙]을 중심으로 기술하면 된다. 그리고 500자 기준으로 기술하는데, 분량은 3단계로 나눌 때, 20%-70%-10%로 하는 것이 한 가지 방법이다. 물론 이를 정량적으로 정할 수 없기 때문이다. 다만 내용의 양을 결정하는 데 고민이 생기면 이를 참고하라는 의미이다.

[사례 3]

1)『스티브 잡스 이야기』(짐 코리건 저/권오열 역)

이 책을 읽기 전까지 스티브 잡스는 그저 애플사의 훌륭한 CEO인 줄만 알고 있었습니다. 하지만 그는 과거에 자신이 창업한 애플사에서 퇴사당한 데다 동료들로부터 배신까지 당한 사람이었습니다. 이 책의 초반부를 읽을 때는 '독선적인 데다가 무모하기까지 한데 어떻게 오늘날의 대성공을 거둘 수 있었을까?'라는 의문이 들었습니다. 하지만 책장을 넘기면 넘길수록 저는 그에게서 엄청난 힘인 '자신감'을 느낄 수 있었습니다. 뚜렷한 목표 의식 속에 자신감을 무기로 삼아 실패를 극복하는 그의 모습은 저에게 큰 감명을 주었습니다.

연구원이라는 제 목표에 있어서 저는 실험을 하고 연구를 하는 중에 스티브 잡스처럼 수많은 실패를 겪고 좌절할지 모른다는 생각이 들었습니다. 하지만 스티브 잡스의 장점이자 무기인 자신감과 뚜렷한 목표 의식이 실패를 오히려 성공으로 바꾸듯이 저 또한 제 장점인 성실함과 긍정적인 마인드를 바탕으로 실패를 극복해내고 성공을 이루어내는 사람이 되도록 노력할 것입니다.

⇒ 윗글은 크게 두 단락으로 책에 대한 긍정적 평가와 책을 통해 영향을 받은 내용을 기술하고 있다. 굳이 읽게 된 배경을 설명하지 않아도 책에 대한 자신의 생각이 잘 드러나 있기 때문이다.

2)『연을 쫓는 아이』(할레드 호세이니 저/왕은철 역)

주인공 아미르는 어릴 적 하인이면서 친한 친구 사이였던 하산에게 질투심을 느끼고 결국엔 억울한 누명까지 씌운 이기적인 인물입니다. 하지만 그는 성장하면서 여전히 가슴 한쪽에 찜찜하게 남아 있는 과거 자신의 행동에 반성하며 뉘우치게 됩니다.

입시 공부를 하며 저는 성적이 상위권인 친구들과 엄청난 경쟁을 하는 과정에서

이 책의 아미르처럼 이기적인 순간이 많았습니다. 또래 친구들보다 공부를 잘하기 위해서 체계적인 학업 계획과 충분한 시간 투자가 필요하다고 느낀 저는 가끔 다른 친구들이 공부하는 모습에서 조금 아쉬운 점을 발견할 때가 있습니다. 하지만 내신 시험 기간에는 그런 친구들 또한 경쟁자라고 느낀 저는 그것을 못 본 척하고 제 공부에만 몰두했습니다.

이 책을 읽고 난 후 저는 동료라는 참된 의미가 무엇인지 생각해보게 되었고 학교 친구들이 경쟁자가 아닌 서로 도우며 함께 발전해나가는 관계여야 함을 깨닫게 되었습니다.

⇒ 책의 중요한 내용을 요약하면서 자신의 태도를 반성하는 계기를 책에다 두고 있다. 다만 아쉬운 부분은 태도 변화까지 기술하지 않았다는 점이다.

3) 『불가능은 없다(Physics of the Impossible)』(미치오 카쿠 저/박병철 역)

이 책은 책 표지에 나와 있듯이 저의 물리학 상식을 완전히 뒤바꾸어 주었으며 미래 과학 기술의 발전에 대한 저의 안목이 좁았다는 것을 깨우쳐 주었습니다.

저는 이 책을 읽기 전까지 공간 이동이나 투명인간과 같은 기술은 영원히 불가능할 것이라 생각했습니다. 공간 이동과 같은 경우 어렸을 때 본 「드래곤볼」 만화를 상기시키며 읽었는데 물체를 원자 단위로 분해한 다음 이동시키는 이런 기술이 현재 개발 중에 있다는 사실은 정말 놀라웠습니다.

이 책에서 유난히 제가 끌렸던 내용은 초전도체를 활용한 자기부양과 관련된 내용이었습니다. 이 부분을 읽으며 '앞으로 전기공학도가 되어 내가 연구하여 실용화시킬 수 있는 부분은 무엇일까?'라는 고민을 하게 되었습니다. 저는 많은 고민을 하였고 그 과정에서 전기공학도라는 제 꿈을 더욱 구체화할 수 있었으며 꿈을 향한 의지를 더욱 다질 수 있었습니다.

⇒ 자신의 삶에 끼친 영향을 글의 앞머리에 두어 강한 인상을 주어 참고할 만한 독서 기술이다. 그리고 중간에는 책에 대한 구체적인 평가가 이루어져 있고, 마지막에는 자신의 진로 및 진학과 관련한 점을 기술하여 좋은 본보기라고 할 수 있다.

[사례 4]

1) 『프린키피아의 천재』(리처드 웨스트폴 저/최상돈 역)

F=ma의 근원이 궁금하여 읽게 된 뉴턴의 전기입니다. 뉴턴의 삶의 행적, 그의 당시 생각을 따라가다 보면, 그가 도출해낸 결론의 끝을 볼 수 있을 것이라 생각했기 때문입니다. 하지만 저는 이 책에서, 그보다 더욱 중요한 것을 얻을 수 있었습니다. 한때, 이해가 빠르고 새로운 발상을 잘하는 친구들을 보면서 '이래서야 내가 공부로 살아남을 수 있을까' 하는 나약한 생각을 가졌었는데, 뉴턴의 학문 탐구에 대한 태도를 통해 학문 탐구의 자세와 삶의 자세에 대하여 다시 한번 생각할 수 있었습니다. 저의 학문 탐구 방법과 뉴턴의 탐구 방법의 유사함을 통해 자신감을 가질 수 있었고, 뉴턴이 신의 생각을 엿보기 위해 보여준, 신이 감동할 만한 노력과 근면함 앞에서 겸손을 배울 수 있었습니다. 남보다 두세 곱절 더 노력하였다는 히로니카 헤이스케 또한 보여주듯이, 모든 일에 있어 중요한 것은 자신이 얼마나 노력하느냐임을 깨달았고, 이를 바탕으로 더 큰 꿈을 가질 수 있었습니다.

2) 『더불어 숲』(신영복 저)

중학교 3학년 때, 저는 청소년 물리홍보대사 활동과 더불어 한창 물리 공부에 푹 빠져, 노벨 물리학상을 받아 세계 최고의 물리학자가 되겠다는 당찬 포부를 가지고 있었습니다. 이때, 저는 라틴아메리카인들의 노벨 문학상 수상 소감인 '그것은 결과일 뿐 문학적 탐구의 목적은 아니다'를 이 책을 통해 읽으며, 노벨 문학상은 문학적 탐구의 목적이 아니라는 것, 그것은 단지 부수적인 결과라는 교훈을 얻었습니다.

저는 주객전도의 상황이었습니다. 세계 최고라는 명성, 노벨상을 바라보며 물리 탐구를 행하였을 때, 과연 진실 된 물리적 탐구가 이루어질 수 있을지 의문이 들었습니다. 중요한 것은 남에게 보이는, 겉으로 드러나는 어떤 결과가 아니라, 내가 그것을 함으로써 진정으로 추구하고자 하는 가치라는 것을 깨달았습니다. 이후 모든 일에 있어서 이 깨달음을 바탕으로 일의 방향을 정하려고 노력하고 있습니다.

3) 『소설 의과대학』(강봉우 저)

학교 진입로에 위치한 하트 모양의 라일락 잎을 보며 얼마나 울고, 웃고, 다짐했는지, 얼마나 많은 말들이 마음속에서 오고 갔는지 모릅니다. 서울대 병원에 가득하게 풍긴다는 라일락 향기 때문이었지요. 라일락의 하트 모양 잎 때문에 생긴, 잎을 말아 깨물면 첫사랑이 이루어진다는 농담과, 그 쓰디쓴 잎의 맛이 첫사랑이라는 의미는 저에게 애틋하게 다가왔습니다. 쓰디쓴 잎의 맛이 서울대학교에 입학하기 위한 저의 노력을 의미하는 것처럼 느껴졌기 때문입니다.

도서관에서 우연히 발견한 이 책은 의대생과 의사들의 삶의 현장을 실감나게 제시하고 있으며, 서울대학교 의대와 병원에 대한 정보를 제공하여 저의 꿈을 더욱 확고하게 해주었습니다. 가슴 벅차게 다가왔던, 이 소설은 라일락에 대한 이야기처럼 제가 힘들어할 때마다 마음을 기댈 수 있고, 함께 길을 걸어주는 친구와 같은 역할을 하여, 제가 여기까지 올 수 있도록 도와주었습니다.

[사례 5]

1) 『침묵의 봄』(레이첼 카슨 저)

이 책은 고등학교 2학년 때 시험이 끝나고, 수행평가를 대비하면서 본 책입니다. 작가는 무분별한 농약이나 살충제의 사용이 생태계는 물론 인간에게까지 피해를 입히는 모습을 구체적으로 제시하였습니다. 당시 환경에 관심을 가지고 환경과 관련된 봉사활동을 하던 저는 이 책을 읽고 다시 한번 환경오염의 심각성에 대해 생각해보게 되었습니다. 책을 통해 이제 더 이상 환경보호는 선택이 아니라 필수란 것을 알았고, 자연환경을 잘 관리하고 보존하여 책의 내용과 같은 무서운 일들이 일어나지 않도록 해야겠다는 생각을 가질 수 있었습니다.
⇒ 책을 읽은 동기와 함께 책의 중요한 부분을 평가하면서 자신의 내적 성숙의 계기를 기술하고 있다.

2) 『식물이 시끌시끌, 동물이 뒹굴뒹굴』(닉 아놀드 저)

제가 이 책을 처음 접한 것은 중학교 3학년 생일이었습니다. 생물 공부가 어렵다고 불평하던 저에게 형이 생일 선물로 준 이 책을 통해서, 어려서부터 막연하게만 가져오던 과학에의 꿈을 생물로 구체화하게 되었습니다. 중학생도 읽기 쉽도록 내용이 어렵지 않아 부담 없이 읽을 수 있었으며, 쉽고 흥미 있는 내용이 많았습니다. 비록 얇고 간단한 책이었지만 이 책 덕분에 저는 더 이상 생물이 부담스럽지 않게 되었고 전보다 더 친근하게 느껴졌습니다. 또한 생물은 결코 외워야만 하는 암기과목이 아니라 조금만 관심을 기울인다면 평생을 바칠 만큼 매력적인 분야라는 것을 깨닫게 되었습니다.

3) 『해인으로 가는 길』(도종환 저)

고등학교에 입학하여 언어 영역 공부를 하다가 도종환 시인의 「담쟁이」를 읽고 깊은 감동을 받아 구입하게 된 시집입니다. 특히 고등학교 3년간의 힘든 시기마다 도종환 시인의 시는 큰 힘이 되어주었습니다. '길이 보이지 않는다고 경박해지지 않고 길이 보이기 시작한다고 요란하지 않았다. 그렇게 묵묵히 걸어갈 줄 알았다.' 「산 벚나무」라는 시의 한 구절입니다. 학업에 지치고 마음이 약해질 때면 「산 벚나무」를 읽었습니다. 풍경을 조용히 머릿속에 그려보며 차분한 마음으로 다시 집중하였고, 성취에 자만하지 않고 실패에 좌절하지 않는 마음가짐을 상기시켰습니다. 수학성적 때문에 힘들어할 때 「처음 가는 길」을 읽었습니다. '아무도 가지 않은 길은 없다', '두려워 마라. 두려워하였지만 많은 이들이 결국 이 길을 갔다'고 말하는 시를 읽으며 겁먹거나 포기하지 않고 공부에 정진할 수 있었습니다. 학창시절, 힘든 순간마다 버팀목이 되어주고 풍요로운 감수성을 갖게 해준 이 책은 앞으로도 저의 동반자가 될 것입니다.

[사례 6]

1) 『무영탑』(현진건 저)

　무영탑은 석가탑에 얽힌 아사달과 아사녀의 전설을 바탕으로 쓰인 작품입니다. 평소에도 전설이나 민담 같은 옛날이야기에 관심이 많았기에, 도서관에서 무영탑을 발견하자 바로 빌리게 되었습니다. 소설은 대체적으로 개연성이 있고 마음에 드는 부분도 많았습니다. 주만의 아버지 유종이 주체적인 면모를 보인 것과 아사달의 장인정신이 소설 내에서 가장 마음에 들었습니다. 그러나 인간의 심리에 관한 부분이 아쉬웠습니다. 다른 사람의 심리는 쉽게 이해되었지만, 주만이 아사달을 좋아한다는 이야기를 듣고 자신의 명예가 훼손되어도 그들을 보호해주고 싶다고 한 경신의 심리는 이해되지 않았습니다. 무영탑 내에서도 경신이 싫은 속마음을 드러내기는 하지만, 그것을 겉으로 표현하지 않는 것은 현실성이 없다 여겨집니다. 그래서 저는 무영탑을 읽으면서 인간의 심리에 더 많은 관심을 가지고 전통을 현실적으로 구현한 작품을 쓰고 싶다는 생각을 했습니다.

2) 『이웃집 살인마』(데이비드 버스 저)

　이웃집 살인마는 친구가 인간 심리에 대해 과학적으로 접근한 책이라고 적극 추천해서 읽게 된 책입니다. 처음에 자극적인 제목과 표지 때문에 꺼려졌지만 책 내용을 읽으니 흥미로웠습니다. 이 책에서는 미치광이만 살인을 하는 것이 아니라고 주장합니다. 오히려 평범한 사람 중에 살인을 하는 사람이 많다고 합니다. 언뜻 들으면 의아하게 여겨질 수 있습니다. 하지만 이 책은 사회진화론적 관점에서 그것이 사실임을 증명합니다. 이 책은 수많은 사례와 연구결과를 통해 작가의 주장이 타당함을 증명해나갑니다. 그래서 책의 내용에 신뢰가 갔습니다. 이러한 심리학 서적은 인간의 심리를 파악하여 좋은 글을 쓰는 데에 도움을 줄 것입니다. 저는 이 글을 셰익스피어의 오셀로와 연관 지어 생각하며 읽었는데, 오셀로의 내용이 이 작품에 나오는 유형과 비슷한 것 같아 역시 훌륭한 작품은 인간에 대한 연구를 바탕으로 쓰인다는 것을 알 수 있었습니다.

3) 『제3인간형』(안수길 저)

　『제3인간형』이 제게 의미 있게 받아들여진 것은 고등학교 3학년 때, 언어 300제를 풀 때였습니다. 1학년 때 독서평설에서 읽었지만 그때는 진로에 관한 고민이 없었기 때문에 그저 생각 없이 읽기만 했는데, 문제를 풀면서 다시 보니 제 고민과 통하는 점이 있는 것 같았습니다. 그래서 저는 집에 와서 『제3인간형』을 다시 읽어보았습니다. 다시 읽어보니 저는 제가 『제3인간형』의 석과 같은 삶을 살아왔고, 또 그런 삶을 살려고 하는 것을 알 수 있었습니다. 먹고살기 위해서 하고 싶은 일이 아니라 해야 한다고 생각하고 그 때문에 일을 하면서 주위 사람들에게 푸념을 늘어놓는 석의 모습은 저와 닮아 있었던 것입니다. 저는 이 작품에서 석의 모습을 닮아서는 안 된다는 것을 깨달았습니다. 미이처럼 자신의 사명을 따르며 살아야 하는 것입니다. 저는 앞으로 작가가 되면 석과 같이 현실에 파묻혀 꿈을 포기한 채 살지 않고 제가 하고 싶은 일인 글을 쓰는 것을 할 것입니다.

Part 2

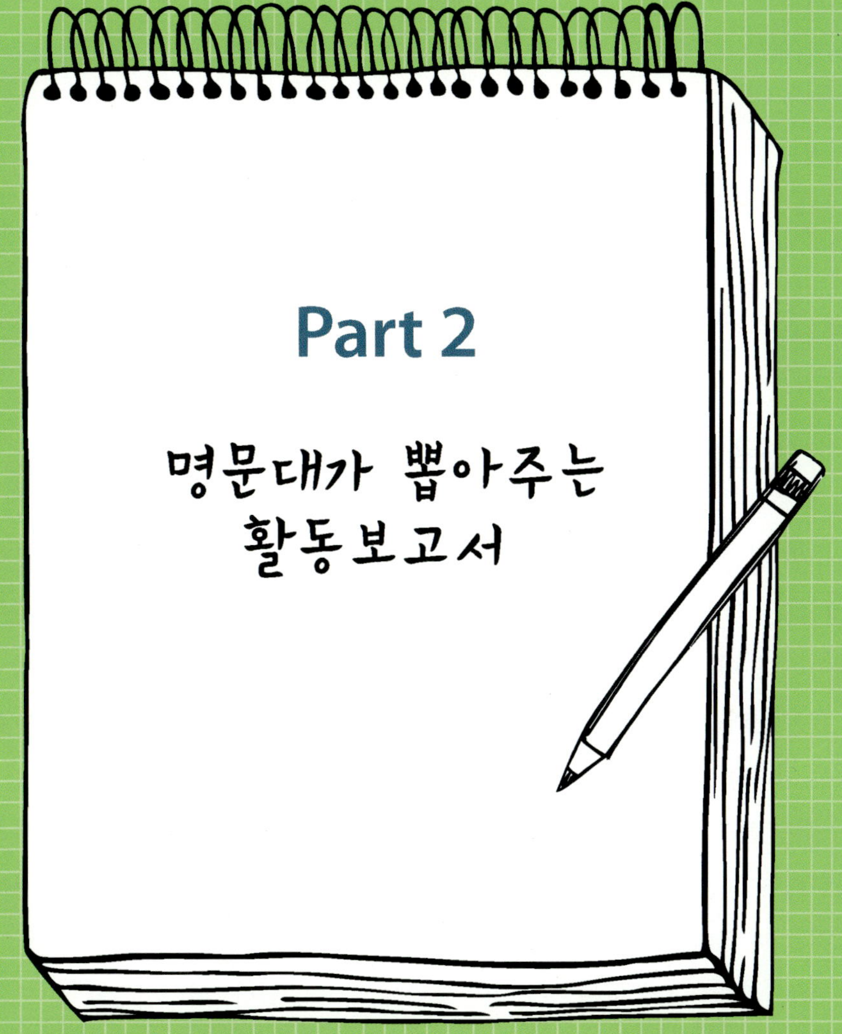

명문대가 활동보고서에 관심 가지는 이유

1) 인문 영역

소위 내신 1.0의 퍼펙트로 명문대나 의대를 합격하지는 않는다. 학교 공부에 충실하다는 의미일 뿐, 더 이상의 의미를 가지지 못한다. 학생부종합의 입시제도 하에서는 좀 더 의미 있는 교육활동이 필요하다. 물론 경시대회나 봉사활동의 의미를 소홀히 하라는 의미는 아니다. 경시대회나 봉사활동을 통해 학생의 잠재능력과 인성을 평가할 수 있다는 점을 주시해야 한다. 학생들의 다양한 활동이나 경험만으로는 좋은 평가를 받지는 않는다. 가령 교과수업과 수업 중 과제 수행 등에서 학업과 관련하여 교실과 학교 안에서 노력한 내용을 동기, 과정, 결과가 자기소개서에 잘 드러날 때 의미 있게 평가받을 수 있다. 또한 주어진 여건 속에서 다양한 학습 경험을 통해 성장하고자 하는 주도적인 노력에 의미가 있다. 따라서 외부의 도움을 받기보다는 학생이 주도적으로 선생님과 함께하는 연구/탐구 활동을 한 경험이 의미 있을 수 있으며, 경험 자체가 아니라 그 안에서 학생 개인이 경험하고 노력한 자신만의 이야기를 결과 위주가 아니라 과정과 함께 보여주어야 좋은 평가를 받는다.

소논문 작성을 위해서는 우선 대상에 대한 관점의 차이가 필요하다. 연구 대상을 평범하게 바라본다면, 좋은 논문을 쓸 수가 없다. 그리고 융합적 사고를 통한 사고의 다양성을 확보하고, 대상에 접근해야 한다. 활동보고서(교과 관련 연구/탐구 보고서)와 자기소개서와 관련하여 작성 요령 5가지(Five effective skills for writing a report)를 정리하면 다음과 같다. 소논문 작성 ① 이유/동기, ② 논문 작성 과정(구체적이고, 상세하게), 그리고 ③ 자신만의 역할을 적되, ④ 과장되게 기술하지 말 것이며, 이로 인한 ⑤ 결과(혹은 내적 성숙)를 기술하면 된다. 그리고 무엇보다 중요한 것은 대상에 대한 관점의 차이를 보여주어야 한다. 물이 1/2 담긴 컵을 보면, 1/2이나 남았다는 것과 1/2밖에 안 남았다고 하는 것처럼 인식의 차이는 크게 나타난다. 콩나물을 본 셰프와 해장국집 주방장의 생각은 다르다. 셰프와 같은 생각이 요리를 만들어 내듯이 생각과 대상에 대한 인식의 차이가 모든 대상을 새롭게 만들어낸다. 흙을 만지는 장인(匠人)과 도공(陶工)과 초등학생의 생각의 결과는 어떨까? 장인은 예술품을, 도공은 도자기를, 초등학생은 필시 장난감을 만들어낼 것이다. 인식의 결과는 이처럼 천차만별(千差萬別)이다. 특히 인문 계열의 논문은 대상(연구 주제)의 접근 방법에 주의해야 한다.

2) 자연 영역

명문대가 보고서에 관심을 가지는 이유는 비교과 활동을 객관적으로 평가할 수 있는 자료이기 때문이다. 보통 비교과 활동은 창의적 체험활동이나 수상 실적을 통해 평가하는 것이 일반적이다. 창의적 체험활동에는 자율, 봉사, 동아리, 진로 4가지 영역으로 구분할 수 있다. 이 중에서 봉사활동은 진로와 연계된 내용의 정량적 평가나 정성적 평가로 이루어지기 때문에 점수화하기 쉽다. 진로활동은 대부분 학교에서 진로시간이나 대학 탐방 등 학교 자체의 계획에 의해 수행되기 때문에 개인적인 역량을 파악하기 힘들다. 자율활동의 경우에도 대부분의 일반계 고등학교들은 여전히 형식적인 자치활동이나 적응활동 혹은 관습적인 행사활동에 머물고 있다. 따라서 보다 실질적이고 개개인의 특성을 반영할 수 있는 창의적인 활동이 이루어지지 못하다 보니 일부 학교나 임원 학생들을 제외하고는 제대로 된 평가가 이루어지지 못하고 있다. 따라서 개인의 특성을 반영할 수 있는 동아리활동이나 수상 실적 등이 학생을 종합평가하는 데 객관적인 자료로 활용하기에 좋다. 동아리활동도 대학에서 학생 평가에 많이 활용하다 보니 최근에 많은 학교들이 신경을 쓰고 관리하고 있다. 현재 일선 학교에서는 문화예술활동, 학습활동, 스포츠활동 동아리들이 활발하게 활동을 하고 있고, 봉사활동과 연계된 활동을 병행하는 경우가 많다. 동아리활동은 단 시간에 결과를 내거나 한두 번의 활동에 그치는 것이 아니라 한 학기나 한 학년 단위의 계획에 의해 지속으로 학생들의 적성에 맞는 활동을 전개하는 경우가 많으므로 평가 도구로의 활용에 적합하다. 따라서 고등학교에 입학한 신입생들의 대학입시 준비 첫걸음은 동아리 선택이라고 해도 과언이 아니다. 하지만 많은 학생들이 대학 전공이나 진로에 대한 생각 없이 고등학교에 입학하다 보니 동아리 선택에 많은 어려움을 겪게 된다. 학교 동아리의 특성을 파악하여 자신에 맞는 동아리를 선택하고, 자신에게 적합한 동아리가 없다면 자신과 진로나 생각이 비슷한 친구들을 모아 자율 동아리를 구성하여 활동할 수 있다.

　개인 봉사활동을 제외한 나머지 대부분의 창의적 체험활동은 대부분 학교 단위나 학급 혹은 모둠 단위로 진행되기 때문에 개개인을 평가하기에는 부족함이 있다. 따라서 학생 평가 항목에서 유용하게 활용되는 항목이 수상 실적이다. 최근에 대외수상 실적은 생활기록부에 어떠한 형태로도 기록을 하지 못하도록 규제하고 있기 때문에 수상에 대한 평가 비중이 줄어들었다고 생각할지 모른다. 하지만, 여전히 많은 대학의 입학사정관들은 수상 실적을 학생 평가에 중요한 도구로 활용하고 있다. 실제로 합격한 학생들의 수기나 사례를 통해 보고서 관련 대회 수상이 얼마나 중요한지에 대한 기사가 쏟아지고 있는 실정이다. 그래서 교내 대회가 과열되고 있는 기현상이 발생하고 있다. 다음은 학생들의 창의성과 과학탐구능력 및 토론능력까지 종합적으로 평가하는 가장 좋은 대회라고 알려진 청소년과학탐구대회의 한 종목인 탐구토론대회에 대한 기사 내용이다.

일부 학부모들이 엄청난 돈과 시간을 투자해가며 청소년과학탐구대회의 여러 종목 중에서 유독 이 종목 수상에 목을 매는 이유는 무엇일까? 그 이유는 바로 탐구토론 종목이 여러 종목 중에서 유일하게 보고서가 필요한 종목이기 때문이다. 보고서를 활용한 대회는 다음 장에서 자세하게 다루겠지만 이 종목에 대해 잠시 알아보도록 하겠다.

청소년과학탐구대회는 올해로 33회를 맞이하는 전통이 있는 대회로 6개 종목으로 개최되는 우리나라 최고 규모를 자랑하는 대회이다. 이 중에서 가장 인기 있는 종목이 바로 탐구토론 종목이다. 탐구토론은 탐구력과 발표력을 종합적으로 평가할 수 있는 대회이다. 이 대회는 매년 하나의 문제를 제시하면 이에 대한 창의적 문제 해결력과 과학 탐구 절차를 통해 보고서를 작성하고 토론 준비를 해야 한다. 상대팀의 발표에 대한 반론이나 자신의 발표내용에 대한 답변을 준비하기 위해서는 과학적인 지식이 바탕이 되어야 한다. 특히, 상대 팀의 반론에 대한 대비는 자신의 탐구내용에 대한 확신을 가지고 답변을 준비해야 한다. 이 모든 활동의 기본이 바로 보고서 작성이다. 따라서 보고서를 작성해야 하는 대회에 참가했다는 자체만으로도 하나의 스펙이 될 수 있기 때문에 사교육에서도 이 시장을 선점하기 위해 사력을 다하고 있다. 탐구토론대회의 요강을 살펴보면 다음과 같다.

♠ 목 적 ♠

주어진 탐구 주제 중 스스로 탐구 문제를 발견하고 창의적으로 문제를 해결하며 토론을 통해 의사를 교환한다. 그리고 그렇게 함으로써 창의적인 문제 해결력을 증진시키고 과학 토론능력을 배양하며, 더불어 과학 문화에 대한 폭넓은 이해와 과학적 소양을 함양한다.

♠ 방 침 ♠

학생 3인 1팀으로 참여하되 결원이 발생할 경우 참가 자격을 박탈한다. 단, 불가피한 불참 사유에 대한 증빙 서류를 제출하고 주최 측에서 이를 인정하는 경우에는 참가 자격을 부여받을 수 있다.

♠ 참가 대상 ♠

가. 초등학생, 중학생, 고등학생

나. 참가 팀의 구성: 3인 1팀

1) 반드시 현직에 있는 지도교사 1인이 포함되어야 한다.

　※ 참가 팀이 서로 다른 학교로 구성될 때는 지도교사 3인도 인정한다.

2) 팀원 3명은 동일 시 · 도 교육청 소속이어야 한다.

♠ 탐구 주제 ♠

가. 초등부: (놀이기구의 과학) 놀이터에서 놀다 보면 재미도 있고, 간혹 위험한 상황에 놓이기도 한다. 놀이터의 놀이기구에 숨어 있는 과학적 원리와 안전성을 조사하고, <u>학교놀이터에 설치할 수 있는 재미있고 안전한 놀이기구</u>를 제안하시오.

나. 중학부: **(장애인을 위한 과학)** 우리 생활 주변에는 장애인을 위한 공공편의 시설이 있다. **장애인을 위한 공공편의 시설에 숨어 있는 파학적 원리를 죠사하고, 이를 발전·개션시킬 ✦ 있는 방안을 탐구하시오.**

다. 고교부: **(빛의 활용)** UN은 광학연구 시작 1000년을 기념하여 2015년을 '세계 빛의 해'로 지정했다. 빛은 과학과 기술, 문화 그리고 산업을 통해 인간에게 풍요로운 삶을 제공하고 있다. **빛이 현대사회에 활용되는 사례를 조사하고, 이를 발전·개선시킬 수 있는 방안을 탐구하시오.**

♠ 대회 준비 ♠

가. 참가 팀의 팀명은 소속 학교명으로 한다.
  – 참가 신청은 예선대회 참가 신청으로 갈음(재단에서는 시·도 담당기관에서 접수받음)

나. 제시된 탐구 주제에 대한 세부 주제를 결정하여 대회에 참가해야 한다.
  – 논문요약서 및 논문에 기재하고 해당 주제에 맞게 탐구해야 한다.

다. 첨부된 양식에 맞춘 논문요약서, 논문을 지정된 기한 내에 제출해야 한다.
  – 정확한 제출 일자는 해당 지역 과학교육원에서 확인

라. 작성 및 제출 방법
  – 논문요약서: 논문 내용을 요약하여 1쪽으로 작성(반드시 1쪽으로 작성 요망)
  – 논문: **30쪽 이내** 국문으로 작성하고, 논문을 제출하지 않은 팀은 대회 참가를 포기한 것으로 간주(용량 제한: 100M)
  – 논문 내용: 문제를 해결하는 데 있어서의 해결 방향, 이론적 접근, 실험 내용, 연구 결과, 연구 과정 등을 기록
  – 논문 제출: 재단에서 제시한 방법을 통해 온라인으로 제출
    (파일명: 탐구토론2015_결과보고서_학교명)
  – 대회 발표 자료: 참가 팀은 해결된 연구 결과를 각 문제마다 15분간 발표할 수 있도록 발표 자료를 작성하고, 대회 당일 파일로 제출
  *** 발표 자료의 형식은 PPT 버전 2010으로 제한, 글꼴은 별도 삽입 가능**

♠ 대회 규칙 ♠

가. 3인 1팀으로 팀을 짜고, 협력하여 탐구 주제와 관련된 탐구 문제를 포착한다.

나. 각 팀별로 포착한 탐구문제를 해결하기 위해 기본 기구, 약품, 센서, 컴퓨터 등으로 관찰, 측정, 분석하여 탐구하고 탐구 결과를 정리한다.

다. 역할을 분담하여 번갈아 발표, 질문, 평론하며 그동안 탐구한 내용에 대해 발표하고 토론한다. 각 팀은 자신의 주장을 옹호하고 상대편이 지적한 문제에 대해 공개적으로 방어하는데, 상대방뿐만 아니라 대중도 효과적으로 납득시킬 수 있어야 한다. 이때 자신들의 주장의 정당성을 입증할 수 있도록 제작된 모형이나 도구, 컴퓨터, 빔 프로젝터, OHP 등의 활용이나 시연 등도 가능하다(단, 외부와 연락을 취하기 위한 전자기기 및 IT기기 사용을 금한다).

라. 논문은 대회 참가 시 별도의 시간을 부여하여 열람하도록 한다.

마. 전체 참가 팀 수에 따라 4팀이 참가하여 서로 발표, 반론, 평론 및 참관을 번갈아 네 번 이루는 조와, 3팀이 참가하여 발표, 반론, 평론을 번갈아 세 번 이루는 조가 있을 수 있으며, 대진표에 따른 조 편성 및 역할 순서는 추첨으로 정한다. 이때 동일 시·도 참가 팀이 같은 조에 편성될 경우 심사위원 재량으로 편성 조를 변경할 수 있다(결승전 제외).

〈4팀 1조 대회 운영 방법〉

구분	1단계	2단계	3단계	4단계
A	발표	참관	평론	반론
B	반론	발표	참관	평론
C	평론	반론	발표	참관
D	참관	평론	반론	발표

〈3팀 1조 대회 운영 방법〉

구분	1단계	2단계	3단계
A	발표	평론	반론
B	반론	발표	평론
C	평론	반론	발표

바. 전국대회 1회전은 3팀이 1조로 진행하는 5개 조와 4팀이 1조로 진행하는 1개 조로 운영되며, 각 조별 고득점 순으로 2개 팀이 2회전에 진출한다.

사. 2회전은 4팀이 1조로 진행하는 3개 조로 운영되며, 각 조별 1등 팀이 결승전에 진출하고, 각 조의 2등 팀은 은상 팀, 3, 4등 팀은 동상 팀이 된다. 단, 불참 팀이 발생할 경우 주최 측 재량으로 대진표 및 2회전 진출 팀 수, 상격별 수상자 수를 변경할 수 있다.

아. 제한 시간
 – 경기가 시작되기 전 심사위원장은 팀장들로 하여금 각자 팀원을 소개하게 하고, 이어 심사위원들을 소개한다.
 – 한 단계가 종료된 뒤 휴식 및 준비 시간 10분

항목	제한 시간
① 발표 팀의 발표	15분
② 반론 팀의 준비	3분
③ 반론 팀의 질의 및 반론(최대 5분), 발표 팀의 답변, 두 팀 간의 논쟁	15분
④ 평론 팀의 준비	3분
⑤ 평론 팀의 평론	5분

⑥ 발표 팀의 마지막 논평 준비	3분
⑦ 발표 팀의 마지막 논평	3분
총시간	47분

* 규정 제한 시간을 지키는 것을 원칙으로 하며, 발표 시간의 제한 시간을 초과할 경우 감점 처리(5점)/나머지의 경우 제한 시간을 초과할 때는 제재
* 타종 시간: 3분 전 한 번, 1분 전 두 번, 마지막 세 번(발표, 반론)

자. 경기 진행 방법

① 발표: 발표자는 자기 조의 탐구 주제에 대한 주요 착안점과 과정 및 결론을 제시한다. 이를 위해 제한 시간 내에 공동 탐구자의 도움을 받아 사전에 준비한 그림, 슬라이드, 사진 등을 제시하거나 시범실험을 보일 수 있다.

② 발표에 대한 반론 팀의 질문, 발표자의 반론 및 토론반론자는 발표자의 발표 내용을 듣고, 반론의 근거가 될 수 있는 질문을 한다. 반론할 때 답변자를 지정하여 질문할 수 있다. 이때 논쟁을 진행하는 것이 아니라, 단지 발표 내용에 대한 질문만 한다. 발표자는 예, 아니요 등으로 답한다. 반론자는 발표자의 주요 착안점에 대한 자신의 견해를 밝히고 발표에 대해 비판한다. 여기에서는 발표자의 실수, 문제 이해의 오류, 해를 구하는 데 있어서의 방법론적 부당성 등을 제시한다. 비판은 오직 발표자의 해결에 관계된 것만이 허용된다. 반론자가 자신의 해를 제시할 수도 있다. 이어 발표자와 반론자 사이에 논쟁이 이어진다. 여기서 발표자의 연구 내용이 토론된다. 발표자는 반론자의 질문에 답변해야 하지만, 반론자가 우선권을 갖는다.

③ 발표자와 반론자의 견해에 대한 평론자의 해설과 논평: 발표자의 중요한 쟁점과 반론자의 비판 의의와 강약점/장단점을 지적한다.

④ 발표자의 마무리: 반론자의 반박과 평론자의 평가가 논의되고 결론적인 마무리를 한다.

차. 원칙적으로 발표, 반론, 평론의 역할을 분담하여 역할을 맡은 자가 진행하되, 필요에 따라 다른 역할을 맡은 학생이 일부 도와줄 수 있다.

카. "토론"에는 맡은 분담 역할에 상관없이 조원들이 모두 참여할 수 있다.

♠ 심사 규정 ♠

가. 심사위원 대표는 경기 규칙에 따라 시간을 제한하고 논쟁할 때 팀의 활동을 조정한다.

나. 각 단계가 끝나면 심사위원은 팀의 발표력, 문제 해결력, 토론 역량 등을 종합하여 평가한다. 점수는 1점에서 10점까지 부여할 수 있다.

다. 각 단계의 점수는 심사위원들이 부여한 점수의 평균값으로 한다.

라. 심사위원이 3명일 경우 3명의 점수를 평균한 값으로, 5명 이상일 경우 최고, 최저 점수의 평균과 최고, 최저 점수를 제외하고, 나머지 심사위원의 평균을 합한 점수의 평균값으로 한다.

마. 배점표는 아래와 같다

구분	항목	세부 항목	점수
발표 팀	과학적 탐구력	탐구 과정 및 결과	30점
	발표 점수	내용/발표/토론	30점

반론 팀	반론 점수	질문 · 평가/토론	20점
평론 팀	평론 점수	발표 평론/반론 평론	20점
총점			100점

바. 예선 점수 순위에 따라 각 교실별 1등 4팀으로 하여금 예선과 같이 결승전을 치르게 한다.

사. 각 팀의 활동에 대해서는 다음의 심사 주안점을 참고하여 심사한다.

아. 기타 규정되지 아니한 사항은 심사위원회의 결정에 따른다.

심사 항목	세부 항목	주안점	
과학적 탐구력	탐구 과정	논문 평가를 통해 결과 평가	사전 심사위원 평가
	탐구 결과		
발표	발표 내용	문제 해결에 대한 창의성, 논리성, 실험과 이론의 일치, 결과에 대한 확신 등	
	발표	설명, 수식, 구조 등의 명쾌함, 시각적 효과, 명확한 표현, 참고문헌 표기 등	
	토론	의미 있는/적절한/관련성 있는 토론, 정확한 과학 지식, 객관적 태도, 반박에 대한 논의, 좋은 매너 및 상대방에 대한 존중, 평론자 질문에 대한 답변, 발표자의 마지막 논평, 심사위원의 질문에 대한 답변 등	
반론	질문 및 평가	의미 있는/적절한/관련성 있는 질문, 정확한 과학 지식, 명확하고 이해할 수 있는 질문과 평가, 발표자에 대한 장점과 단점 등	
	토론	의미 있는/적절한/관련성 있는 토론, 정확한 과학 지식, 발표 내용에 근거한 토론, 좋은 매너 및 상대방에 대한 존중, 평론자 및 심사위원 질문에 대한 답변 등	
평론	발표 평론	의미 있는/적절한/관련성 있는 질문, 토론과 발표 내용의 장단점 지적	
	반론 평론	의미 있는/적절한/관련성 있는 질문, 토론과 반론 내용의 장단점 지적	
	전체 평론	전체에 대한 개관	
기타	추가 점수	심사 주안점에 따른 평가 이외에 심사위원은 팀의 능력과 역할에 대한 전반적인 인상에 따라 팀마다 +1점 추가 점수를 부여할 수 있다.	
	감점 처리	제한 시간 초과	

대회 요강의 목적에서 볼 수 있듯이 대회 참가를 통해 스스로 탐구문제를 발견하고 창의적으로 문제를 해결하며 토론을 통해 의사를 교환할 수 있다. 그리고 그렇게 함으로써 창의적인 문제 해결력을 증진시키고 과학 토론능력을 배양하며, 더불어 과학문화에 대한 폭넓은 이해와 과학적 소양을 함양할 수 있다. 따라서 이 대회에 참가한 자체만으로도 다른 학생들과 차별화되는 스펙을 갖추게 되는 셈이다.

대학에서 고교생활의 비교과 활동을 평가하는 항목 중에 자기 주도, 창의성, 문제 해결능력, 역경 극복 등이 있는데 이들 항목을 모두 만족시킬 수 있는 것이 또한 보고서이다. 고교 생활의 비교과 활동에 대해 얼마나 주도적으로 활동하였는지, 자신이 해결하기 어려운 문제가 있었을 때, 호기심과 열정을 가지고 문제 해결을 위해 얼마나 노력했는가 혹은 새로운 일에 도전을 통해 창의적으로 활동한 경험에 대해 평가하게 된다. 이런 활동의 평가는 보통 고등학교 생활 중 동아리, 협력활동, 실험, 발명, 논문 기고, 제안 등을 통해 이루어진다. 이들 활동은 모두 보고서 작성이 가능한 활동들이다. 대학에서 보고서에 관심을 가지는 이유가 바로 대학이 평가하고자 하는 모든 요소를 포함하고 있는 것이 바로 보고서이기 때문이다.

02 활동보고서의 유형과 작성법

1) 활동보고서 유형

보고서의 유형은 목적과 형식에 따라 여러 가지가 있다. 여기서는 대학입시와 관련해서 고등학교 정규 교육과정이나 창의적 체험활동 혹은 교내 대회에서 사용되는 보고서의 유형에 대해 알아보고자 한다. 보고서 유형의 명칭은 목적에 따라 구분하였다. 학생들의 창의성과 문제 해결력을 평가할 수 있는 자유 과제탐구 보고서, 정규 교육과정 내에서 수행하는 교육과정 내 수행평가 보고서, 개인별로 작성하여 대학에 제출하는 포트폴리오로 구분하기로 한다.

먼저 자유 과제탐구 보고서는 다음 장에서 소개할 보고서 관련 대회 중에서 탐구토론대회 보고서, 전국과학전람회 보고서, 발명대회 보고서 등 대부분의 교외 대회 참가를 위한 교내 대회 참가 보고서 유형에 해당한다. 학생들의 다양한 능력을 종합적으로 판단할 수 있는 보고서이다. 수행평가 보고서는 정규 교육과정에 이루어지는 서술형이나 실험 보고서에 해당한다. 최근 들어 정규 교육과정 내에서의 활동을 중요시하는 입시 풍토 때문에 앞으로 중요성이 더 강조될 것으로 보인다. 마지막으로 일부 대학에서 요구하는 개인 포트폴리오이다. 개인 포트폴리오는 진로와 관련된 개인의 노력을 일목요연하게 볼 수 있다는 장점이 있다.

가. 자유 과제탐구 보고서

창의성을 이해하는 가장 직접적인 도구는 보통 대학교나 영재교육원에서 이루어
지는 창의적 산출물이다. 창의적 산출물은 일선 학교에서 수행하는 자유 과제탐구
보고서와 동일하다고 생각하면 된다. 자유 과제탐구 보고서는 일반적인 보고서와
는 어떤 차이가 있는 것일까? 실제 창의성은 어떤 것인지에 대한 많은 연구가 있었
지만, 창의성이라는 것이 정의적 영역이므로 다분히 주관적일 수 있으며, 객관적인
지표로 정확하게 평가하기가 힘든 것이 사실이다. 그럼에도 불구하고 자유 과제탐
구 보고서는 여전히 학생들의 창의성을 이해하는 가장 직접적인 도구라고 할 수 있다.

Hocevar와 Bachelor(1989)는 창의성은 능력, 흥미, 성격은 창의적인 행동을 설
명하는 데 유용하나 창의성을 나타내는 직접적인 지표는 아니며 가장 좋은 창의성
지표는 산출물이나 창의적인 활동을 통한 평가라고 하면서 산출물의 중요성을 지
적하였다. MacKinno(1995)는 창의적인 산출물이 창의성 연구의 기초가 되는 가장
중요한 것이라고 강조하면서 산출물은 창의성의 다른 차원보다 훨씬 더 중요하고
창의성 연구자들이 좀 더 많은 연구를 해야 할 부분이라고 강조했다. 따라서 학생
들의 창의적인 산출물은 학생들이 '어떻게 창의적인가'에 대한 가장 직접적인 지표
가 될 수 있을 것이다.

학생들의 일반적인 산출물이란 수업을 통해 얻어지는 어떤 형태의 부산물도 포
함되므로, 아이디어를 통한 설계적 아이디어를 내는 창의적 산출물과 차이가 있다
고 볼 수 있다. 따라서 자유 탐구 보고서는 주제선정, 가설설정, 탐구 설계, 탐구
수행, 자료 해석, 결론 도출 과정을 거치는 과학의 탐구 방법을 통해 학생들의 창
의성과 문제 해결력을 평가할 수 있는 가장 직접적인 도구이다.

자유 탐구 보고서의 예시로 전국과학전람회에서 특상을 수상한 보고서 사례가
실려 있다.

나. 교육 과정 내 수행평가 보고서

교육의 목적은 학생들에게 사회 구성원으로 살아 나아가는 데 필요한 지식, 기능, 태도를 가르치는 데 있지만 현재의 평가 시스템은 학생들의 최종적인 성적을 산출하고 서열화하기 편한 지필식·선다형 평가가 주를 이루고 있다. 지필식 문항은 신뢰할 수 있고 객관적인 방법으로 성적을 산출할 수 있다는 장점은 있으나 미래사회가 요구하는 핵심역량이나 창의적인 사고를 측정하는 데에는 어려움이 있다. 이러한 한계점을 극복할 수 있는 평가 방식이 바로 수행평가이다. 학생들이 습득한 지식을 바탕으로 문제 해결력을 갖추었는지를 평가할 수 있는 수행평가는 습득한 지식, 기능, 기술을 실제 생활이나 인위적인 평가 상황에서 얼마나 잘 수행하는지 혹은 어떻게 수행할 것인지를 다양한 방법을 통하여 종합적으로 평가할 수 있는 방법이다. 수행평가는 서술형 및 논술형 검사, 구술시험, 토론, 실기시험, 실험실습, 면접, 관찰, 자기평가 및 동료평가, 연구보고서, 포트폴리오 등의 방법이 활용될 수 있다. 자연계의 경우 인문계와 달리 자신의 주장이 반영된 논술형보다는 모범 답안이 있는 서술형을 선호한다. 이런 서술형의 경우 학생들의 개인적 특성이나 창의성을 파악하는 데 한계가 있다. 연구보고서와 포트폴리오의 경우 수행하는 데 오랜 시간이 걸린다는 점과 평가에 어려움이 있다는 제한이 있다. 따라서 자연계에서 수업시간에 가장 선호하는 수행 평가의 형태는 실기시험이나 실험실습이다. 다음에 제시하는 실험실습 보고서는 카이스트에 입학한 학생이 작성한 개인 실험 보고서이다.

1. 실험 동기

물리 시간에 등가속도 직선 운동을 배웠다. 그 후 생각을 해보니 우리 주위에서도 등가속도 직선 운동이 많이 일어나고 있었다. 예를 들면, 자동차가 출발할 때나 정지할 때, 비행기가 출발할 때, 엘리베이터가 출발할 때, 로켓이 발사될 때, 그리고 사람이 달릴 때 같은 것 말이다. 이런 현상들에 대해 좀 더 알아보고자 등가속도 직선 운동 실험을 했다.

2. 이론적 배경

물체의 속도가 시간에 따라 변할 때, 이 운동을 가속도 운동이라고 한다. 따라서 가속도는 단위시간 동안에 일어나는 속도의 변화량이라고 나타낼 수 있다.

$$\text{가속도} = \frac{\text{속도의 변화량}}{\text{걸린 시간}} = \frac{\text{나중속도} - \text{처음속도}}{\text{걸린 시간}} , a = \frac{v - v_0}{t} (m/s^2)$$

$$\text{속도의 변화량} = \text{나중속도} - \text{처음속도}, \Delta v = v - v_0 = at$$

가속도는 크기와 방향을 갖는 물리량(벡터)이다(방향은 속도 변화량 방향과 같다).

물체의 속도가 점점 증가하면 (+)가속도를 가지고, 물체의 속도가 점점 감소하면 (−)가속도를 갖는다. 직선상에서 물체가 일정한 가속도로 운동할 때, 이 운동을 등가속도 직선 운동이라고 한다. 등가속도 직선 운동은 물체의 가속도가 일정하므로 속도가 일정하게 증가하거나 감소한다. 그러므로 순간 가속도와 평균 가속도가 같다.

등가속도 직선 운동을 그래프로 나타낸다면 다음과 같다.

ⅰ) 가속도가 양인 경우(a>0)

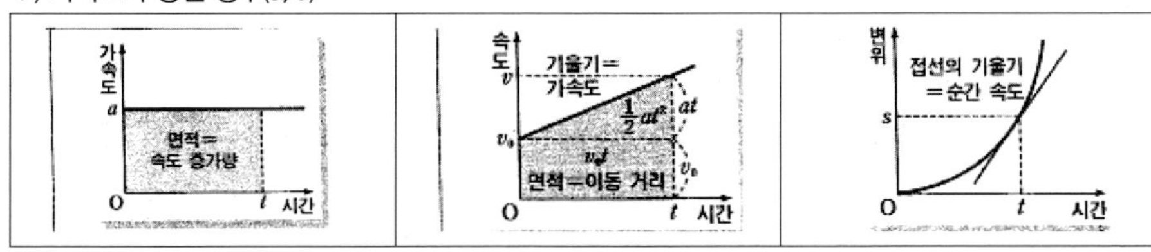

ⅱ) 가속도가 음인 경우(a<0)

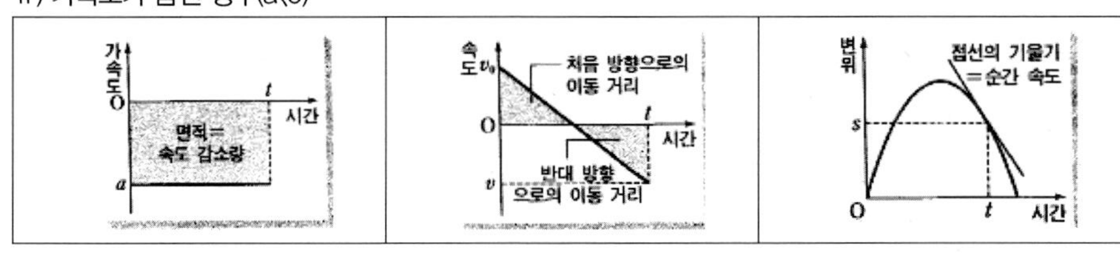

다음으로는 등가속도 직선 운동을 기술하는 식이다.

(다음 식들은 위의 그래프를 이용한 식이다)

Ⅰ. 속도와 시간의 관계식[시간 t초 후의 속도v(나중 속도)]

ⅰ) 가속도의 정의에 의하면 $a = \dfrac{v - v_0}{t}$

$$\therefore \ v = v_0 + at$$

ⅱ) 그래프로 본다면

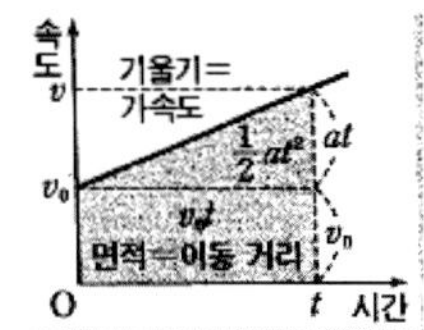

$$v = v_0 + at$$

Ⅱ. 이동 거리와 시간의 관계식

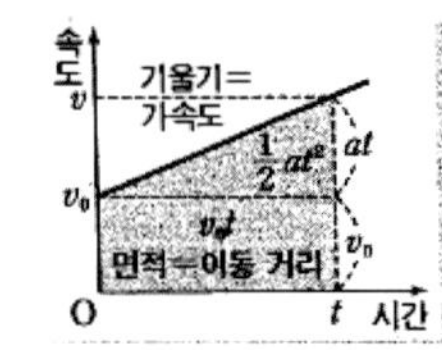

$$s = \frac{1}{2}(v_0 + v)t = \frac{1}{2}(v_0 + v_0 + at)t = v_0 t + \frac{1}{2}at^2$$

$$\therefore s = v_0 t + \frac{1}{2}at^2$$

Ⅲ. 이동 거리와 속도의 관계식

Ⅰ의 식을 t에 정리하면 $t = \dfrac{v - v_0}{a}$

이것을 Ⅱ의 식에 대입하면

$$s = v_0 t + \frac{1}{2}at^2 = t\left(v_0 + \frac{1}{2}at\right) = \frac{v - v_0}{a} \times \left(v_0 + \frac{1}{2}a \cdot \frac{v - v_0}{a}\right) = \frac{v - v_0}{a} \times \frac{v + v_0}{2} = \frac{v^2 - v_0^2}{2a}$$

$$s = \frac{v^2 - v_0^2}{2a}$$

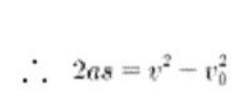

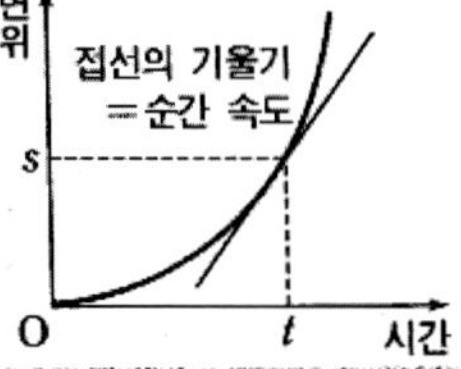

$$\therefore \ 2as = v^2 - v_0^2$$

3. 실험 설계

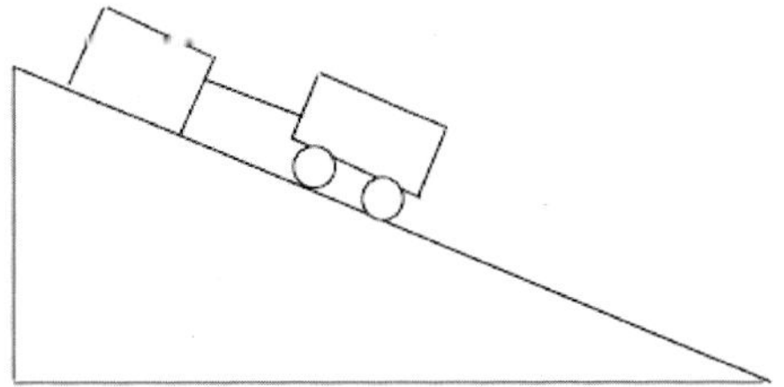

위와 같이 높이가 있는 빗면을 만들고, 시간기록계를 빗면의 위 끝에 설치한다.

종이테이프를 역학 수레에 붙인다. 그리고 전원 스위치를 닫아 시간기록계를 작동시킨 후, 역학 수레를 놓아 빗면을 굴러 내려가게 한다. 그다음 기록된 종이테이프를 0.1초 동안 이동한 거리의 간격으로 나눈 다음 수레의 운동에 대해 분석을 한다.

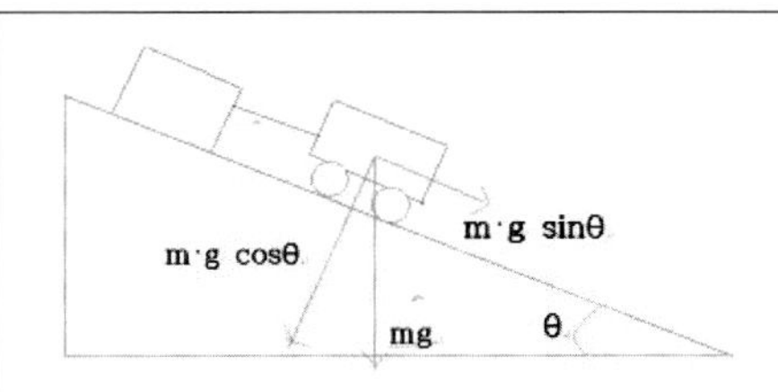

m: 역학 수레의 질량

g: 중력 가속도

(모든 마찰은 무시)

실험 계획을 위와 같이 세운 이유:

실험 계획을 위와 같이 세우면 역학 수레에 중력(mg)이 생긴다. 그리고 높이가 있는 빗면이므로 어떤 각(θ)이 생기게 된다. 이 각에 의해 중력의 힘이 역학 수레가 빗면을 수직으로 누르는 힘($m \cdot g \cdot \cos\theta$)과 역학 수레가 빗면을 따라 아래쪽으로 내려오려는 힘($m \cdot g \cdot \sin\theta$)으로 분산된다. 이 중에서 역학 수레의 운동에 직접적인 영향을 주는 힘은 $m \cdot g \cdot \sin\theta$이다.

힘 $m \cdot g \cdot \sin\theta$을 운동방정식(F=ma)에 대입하면

$$m \cdot g \cdot \sin\theta = m \cdot a$$

$$\therefore a = g \cdot \sin\theta$$

각 θ와 중력 가속도(g)는 일정하므로 가속도(a)는 일정해진다.

따라서 역학 수레의 등가속도 직선 운동이 성립하게 된다.

4. 실험 준비

역학 수레, 60Hz 시간기록계, 종이테이프, C형 클램프, 빗면, 전원 장치, 책, 접착테이프, 자, 칼

5. 실험 과정

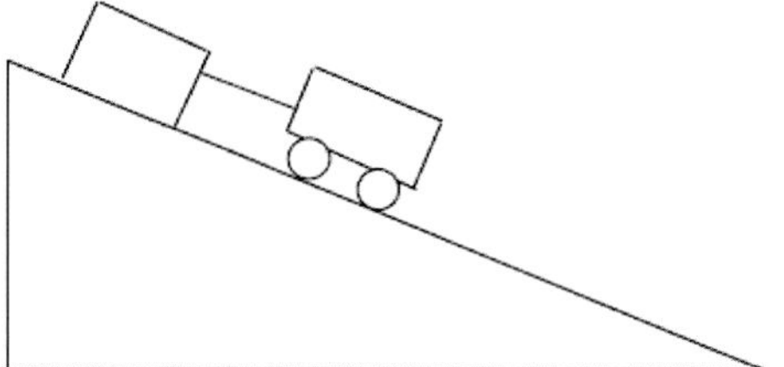

1. 위의 그림과 같이 책과 나무판을 이용하여 25cm 높이의 빗면을 만든다.

2. 빗면의 위 끝에 시간기록계를 설치한다.

3. 종이테이프를 시간기록계에 설치한 다음, 역학 수레에 붙인다.

4. 역학 수레를 빗면 위에 놓은 다음, 시간기록계를 작동시킨다.

5. 역학 수레를 놓아 빗면을 굴러 내려가는 운동을 종이테이프에 기록한다.

6. 0.1초 동안 이동한 거리의 간격으로 종이테이프를 자르고, 수레의 운동에 대해 분석한다.

6. 실험 결과와 분석

시간(s)	0	0.1	0.2	0.3	0.4	0.5	0.6	0.7
위치(cm)	0	0.25	0.65	1.20	1.92	2.74	3.71	4.80
속도(cm/s)	2.5	4.0	5.5	7.2	8.2	9.7	10.9	
가속도(cm/s^2)	15	15	17	10	15	12		

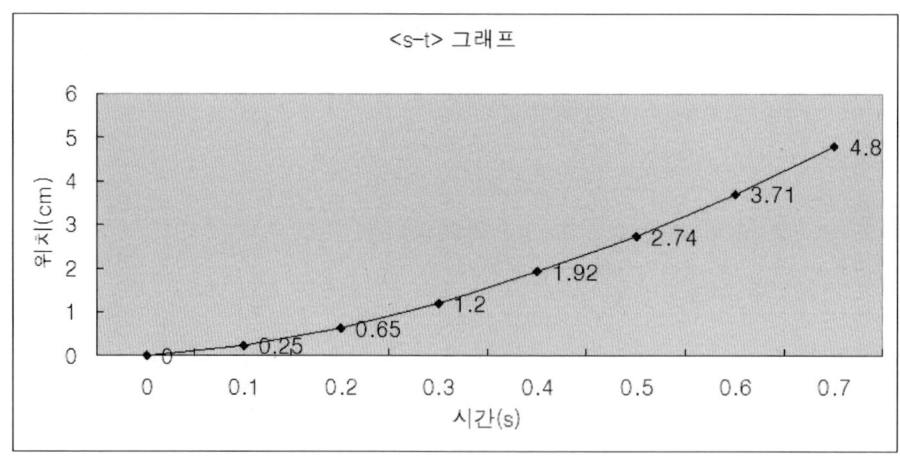

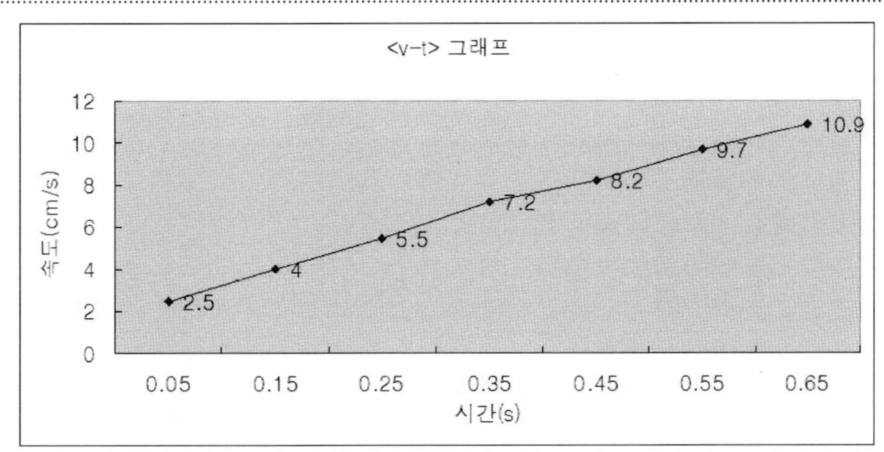

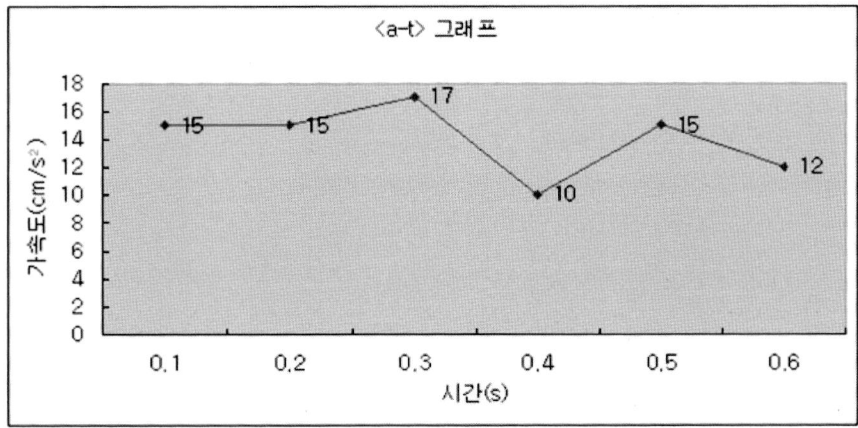

나의 실험의 가정(이론적 배경)은 맞으나 결과가 등가속도 직선 운동은 아니다.

◎ 내 실험이 등가속도 직선 운동이 아닌 이유

<s-t>그래프는 예상(2. 이론적 배경에서 나온 그래프)과 비슷하다.

그러나 <v-t>그래프와 <a-t>그래프를 보면 등가속도 직선 운동이 아님을 볼 수 있다.

(∵ ① <v-t>그래프에서는 속도가 일정하게 증가해야 한다. ⇔ 기울기(가속도)가 일정해야 한다.

② <a-t>그래프는 시간 축에 평행하게 그려져야 한다.)

그리고 내 실험은 오차가 있는 실험이다.

◎ 내 실험이 오차가 있는 실험인 이유

$a = g \cdot \sin\theta$

내가 한 실험의 결과와 g=9.8m/s²를 위의 식에 대입시키면

$a = 9.8 \times 100 \times \dfrac{25}{180} = 136.11111$

그러나 내 실험 결과 평균 가속도는 14m/s^{2}이다.

따라서 나의 실험은 오차가 있는 실험이다.

★ 오차의 원인

- 빗면과 역학 수레 사이의 마찰에 의한 에너지 손실
- 역학 수레의 운동에 대한 공기의 저항력
- 시간기록계의 진동에 의한 빗면의 흔들림
- 역학 수레가 직선 운동을 하지 않음.
- 주변의 시끄러운 소리에 의해 나타난 파동이 역학 수레의 진행 방향을 바뀌게 함.

★ 더 정확한 실험을 하기 위한 방법

- 최대한 매끄러운 면에 실험하여 빗면과 역학 수레 사이의 마찰을 줄인다.
- 진공상태에서 실험한다. ($\because$ 공기의 저항력을 줄이기 위함)
- 시간기록계 대신에 다중섬광장치를 사용한다. ($\because$ 시간기록계의 진동으로 인한 빗면의 흔들림을 없애기 위함)
- 밀폐된 공간에서 실험한다. ($\because$ 중변의 영향을 덜 받기 위함)

★ 각과 가속도와의 관계

$$a = g \cdot \sin\theta$$

각 θ는 예각. $\Leftrightarrow 0° < \theta < 90°$

아래의 그림과 같이 각 θ의 범위에서 는 $\sin\theta$가 θ커질수록 커진다.

따라서 각 θ가 커질수록 가속도(a)가 커짐을 알 수 있다.

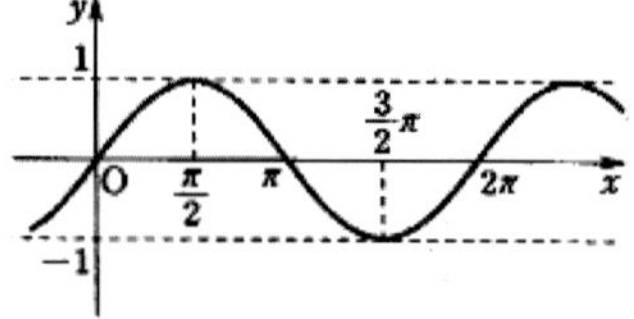

$\triangle \sin\theta$ 그래프

7. 결론

빗면에서의 물체는 등가속도 직선 운동을 한다.

빗면과 바닥 사이의 각과 가속도는 비례 관계이다.

등가속도 직선 운동을 하는 물체는 속도가 일정하게 증가하거나 감소한다.

그리고 다음과 같은 식을 만족한다.

ⓐ $v = v_0 + at$

ⓑ $s = v_0 t + \dfrac{1}{2}at^2$

ⓒ $2as = v^2 - v_0^2$

(v_0: 처음 속도, v: 나중 속도, a: 가속도, t: 시간, s: 변위)

8. 느낀 점

이번 기회를 통해 처음으로 정식 보고서를 만들어보았다. 내가 실험한 것을 기록하고, 그 기록을 그래프, 차트로도 만들어봤다. 처음에는 '보고서 시작을 어떻게 해야 하나?' 하고 막막했다. 하지만 내가 한 실험을 스스로 보고서를 만든다는 자체가 대단하다는 마음으로 짜증이 나기도 했지만 재미있다는 생각을 하였다. 보고서를 만드는 과정에서 '수식을 어떻게 넣어야 하나?', '차트는 어떻게 만들어야 하나?' 하고 그 과정에서 시간이 많이 흐르고 힘들긴 했지만 다 하고 뿌듯했다. 이번 계기로 수식을 넣는 법, 엑셀이라는 프로그램을 이용해 차트 만드는 법까지 알게 됐다.

무엇보다도 더 중요한 것은 등가속도 직선 운동에 대해 매우 자신감이 생겼다는 것이다. 인터넷으로 자료도 찾아보며, 책도 찾아보며, 그리고 내가 한 실험 방법 외에도 어떤 방법으로 등가속도 운동을 알아낼 수 있을까 하며 생각도 해보고…… 이런 과정을 통해 등가속도 직선 운동에 대해 완전히 파악하여 누구보다도 잘 안다고 장담할 수 있다. 그리고 과학에 대한 흥미가 더욱 커진 것 같아 정말 기쁘다.

이 실험보고서의 경우 이론적 배경이나 실험 과정보다는 실험 결과와 오차 원인, 그리고 느낀 점에 더 많은 분량을 할애한 것을 볼 수 있다. 자기소개서와 마찬가지로 실험과정을 나열하는 것보다는 실험과정에서 느낀 점과 배운 점을 중심으로 작성하는 것이 좋다.

다. 포트폴리오

학생부종합전형에서 일부 대학의 경우 포트폴리오 제출을 요구하고 있다. 동국대학교와 같이 포트폴리오의 형식이나 매수에 제한을 두지 않는 경우와 인제대학교처럼 분량에 제한을 두는 경우로 구분할 수 있다. 두 경우 모두 학생들 특성에 따라 다양하게 구성을 해야 한다. 학생들이 지원하는 대학과 진로에 맞도록 작성해야 한다. 대부분의 대학은 컨설팅 업체의 힘을 빌리거나 겉보기가 화려한 포트폴리오보다는 허술하지만 학생들이 직접 작성한 자신의 진로와 연계된 포트폴리오를 선호한다. 따라서 자신의 활동 내용을 바탕으로 일목요연하게 정리하여야 한다. 특히 분량에 제한이 있을 경우에는 구성을 좀 더 짜임새 있게 작성해서 입학사정관들이 한눈에 활동을 평가할 수 있도록 해야 한다. 분량이 제한되어 있는 경우 포트폴리오의 사례는 포트폴리오 사례에서 제시하였다. 이 사례는 서울대학교와 인제대학교 의대에 합격한 학생의 사례이다. 인제대학교의 경우 한자로 병기하는 것을 선호하기 때문에 포트폴리오 제목에 한자를 쓴 것이 각 학교의 특징을 파악한 사례이다. 또한, 각 전형의 목적이 학교의 인재상에 부합하는 학생 선발에 있으므로 이에 부합하도록 작성해야 한다. 이 학생의 경우 1부와 2부로 나누어서 1부에서는 학교 생활에 얼마나 충실했는지를 보여주고 있고, 2부에서는 자신의 꿈을 위해 어떤 노력을 경주했는지에 대해 보여주고 있다. 따라서 포트폴리오 서류에서 탐구 및 체험 활동, 진로 적합성, 잠재력과 발전 가능성을 종합적으로 보여줄 수 있는 평가 자료가 될 수 있다.

포트폴리오 사례

粉骨碎身하는 예비의사

'pre-doctor' Kim Hye Ri

○○고등학교

김○○

차 례

1. 各樣各色, 팔색조의 매력

가. 생태탐방 및 생태조사
나. 과학문화 확산활동
다. 연구 활동
라. 독도 플래시 몹
마. 학교폭력 예방 프로그램

2. 粉骨碎身, 그 길을 준비하며

가. 제3기 굿네이버스 아동권리 지킴이
나. 찾아가는 서비스
다. 적십자 회원
라. 헌혈
마. Taiba 후원
바. 의료선교사 선배님과의 만남
사. 나눔텃밭

1. 各樣各色, 팔색조의 매력

<u>가. 생태탐방 및 생태조사</u>

　선암수변 공원이 조성된 이후 지역민들에 다양한 혜택이 주어진 것은 사실이었지만 이로 인해 자연에는 어떤 영향을 주었는지 정확한 분석을 한 자료가 없었습니다. 그래서 선암수변 공원 생태조사를 통해 현재의 수질, 식물, 조류에 대해 알아보고 앞으로 선암수변 공원을 보호하기 위해서는 어떤 노력을 기울여야 하는지 알아보고자 했습니다. 뿐만 아니라 과거와 현재의 환경을 비교해보고 결과를 보고서로 작성했습니다.

〈수질조사 활동 중〉

〈선암수변 공원 지형도〉

〈수질조사 활동 중〉

　　동아리 친구들과 6개의 조로 나누어 각각 수질, 조류, 식물을 맡았습니다. 저는 수질 팀에서 조장을 맡아 조사를 나가기 전에 매번 준비물을 씻고 루골용액을 챙기고 각종 검사 키트를 챙겼습니다. 플랑크톤을 관찰하기 위해 채수하고 고정시키고 DO, COD, 인산 등 검사해야 하는 항목을 잘 배분하고 검사결과를 취합하는 역할을 했습니다. 주위의 환경에 관심을 가지게 되었고 무엇보다도 환경의 오염도를 직접 확인할 수 있어 환경보존에 대한 인식을 가지게 된 계기가 되었습니다.

〈작성한 생태탐사 보고서〉

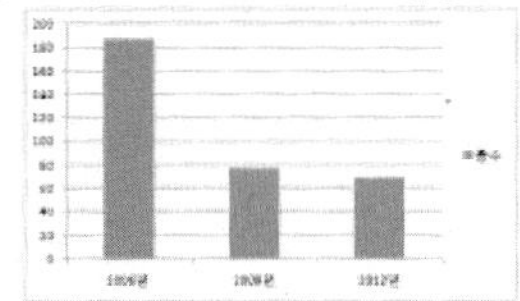

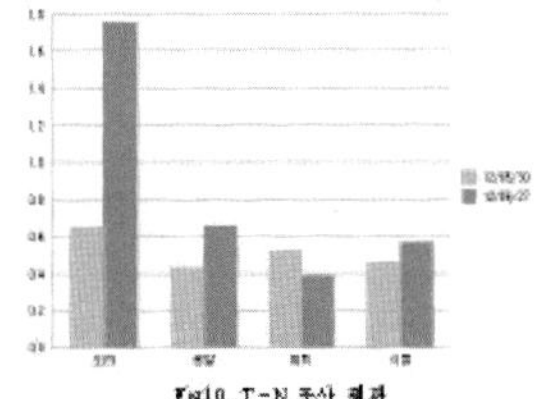

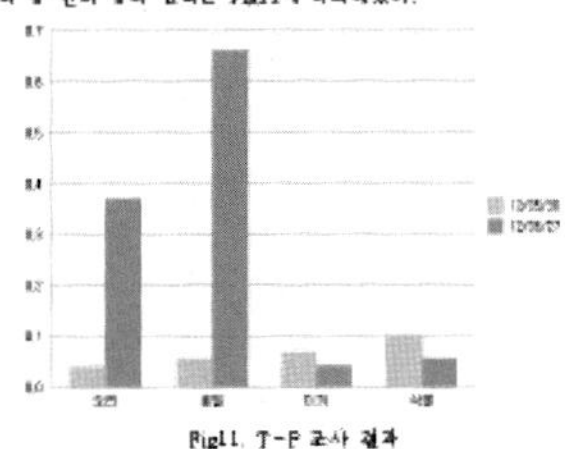

〈작성한 생태탐사 보고서〉

나. 과학문화확산활동

1) 과학관 주니어 자원봉사 활동(정기)

과학관 개관 이후 2년 동안 다른 학교와 연합해서 과학시설을 지키고 울산 시민들에게 과학 기구 원리에 대해서 설명하는 역할을 했습니다. 이러한 활동을 통하여 시민들에게 과학 문화를 확산할 수 있는 기회를 가졌고 공공 시설물을 지킴으로써 책임감을 느낄 수 있었습니다. 제가 맡는 기구에 대해서는 잘 알고 있어야 했기에 사전 공부는 필수였습니다.

〈주니어해설사 활동 중〉

2) 2011 신나는 과학체험마당 "과학 비빔밥 이야기"

울산대공원 남문에서 진행된 이 행사는 날씨가 흐렸으나 많이 찾아온 시민들이 많아 활기차게 봉사할 수 있었습니다. 처음으로 해보는 부스 활동 봉사여서 정말 긴장했었습니다. 어린 아이들에게 만들기를 설명하고 어느 정도까지 원리를 설명해야 하는지 고심했던 기억이 납니다.

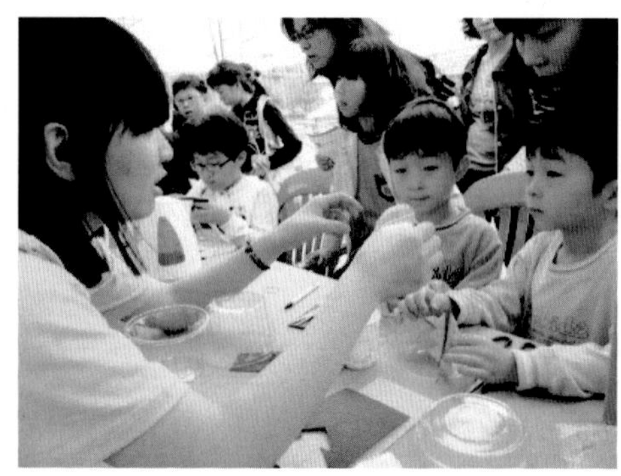

〈부스 운영 중〉

3) 어린이날 행사

어린이날을 맞아 진행된 행사였는데 사람들이 가족단위로 매우 많이 찾아왔습니

다. 2011년에는 야광 탱탱볼 만들기, 미니화분 만들기, 향수 만들기의 총 세 종류
의 부스를 운영했는데 인기가 많아 오후 1시에 모든 부스가 마감되기도 했습니다.
몰랐는데 이런 행사들이 많다는 것을 알게 되어 제 동생에게 다양한 경험을 시켜줄
수 있었습니다. 2012년에는 과학관에서 야광 팔찌 만들기 부스를 운영하면서 저는
행사 총괄을 맡았습니다.

〈어린이날 부스 운영 중〉

〈2012년 어린이날 부스 운영 중〉

4) 울산과학기술제전 부스 운영

2011년, 저희 동아리에서는 삼일여고 부스와 안내데스크 부스, 그리고 울산대학
교에서 총괄하는 WISE 부스를 맡게 되었습니다. 규모가 매우 큰 행사여서 부담스럽
고 단체로 체험하는 사람이 많아 당황하고 힘들기도 했습니다. 하지만 저는 여기서
WISE 부스에 지원해 처음으로 쥐 해부를 해볼 수 있었고 소중한 경험이 되었습니다.

〈2011년 부스 활동 전〉

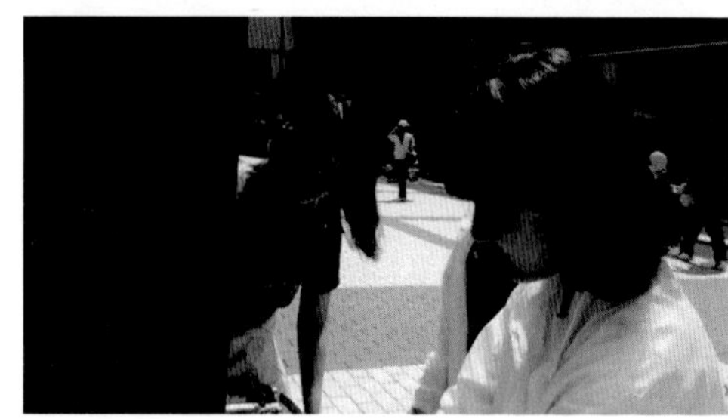

〈2012년 부스 활동 중〉

5) 환경 페어 부스 활동

환경의 날을 기념하여 울산대공원에서도 다양한 행사가 열렸습니다. 저는 전국 주부 교실에서 담당한 '친환경 공예품 만들기' 부스에서 활동하게 되었습니다. 환경의 날이 있는지도 몰랐던 저는 알고 찾아와 주는 시민이 있다는 것이 신기했습니다. 그래서 환경의 날에 대해서 관심을 가지게 된 기회가 되었습니다.

〈부스 활동 중〉

6) Yes 동아리 정기회의

2달에 한 번씩 청소년 가족 문화 센터에서 열리는 정기회의에 저는 동아리 대표로 참여했습니다. 서로 진행한 동아리활동을 발표하고 새로운 방법을 얻기도 하면서 약 30개의 고등학교 간에 활발한 교류를 할 수 있었습니다. 교내 동아리끼리의 교류보다 훨씬 폭넓고 새로운 활동에 대해 배울 수 있었고 동아리 운영에 많은 도움이 되었습니다.

〈정기회의 중〉

7) 물로켓, 에어로켓 대회 도우미

　야음초등학교에서 개최된 물로켓, 에어로켓 지역 예선 대회에서 대회 도우미를 맡았습니다. 이곳에서 저는 대회를 진행하는 데 필요한 물품을 챙기고 물로켓, 에어로켓을 쏘아 올려 기록을 측정하는 역할을 했습니다.

〈대회 도우미 활동 모습〉

8) 현충일 기념 플래시 몹

　울산대공원 정문에 아침 8시에 모여서 플래시 몹을 준비하며 춤 연습을 했습니다. 처음엔 낯설고 많은 사람들 앞에서 춤을 춘다는 것이 부담스러웠지만 어른들께서 대견하다고 말씀하시는 것을 들으면서 더 열심히 했습니다. 사실 바쁜 고등학교 생활을 하다 보면 국민으로서 당연히 중요시 여겨야 할 공휴일을 잊는 경우가 잦습니다. 저는 이 활동을 통해 나라사랑에 대한 마음을 키울 수 있었습니다.

〈현충일 기념 플래시 몹〉

9) 아띠존 "Yes 울산 개막식"

울산 문화예술회관 뒤편에서 펼쳐진 아띠존은 'Yes 울산'에서 개최한 청소년 문화활동입니다. 이번 아띠존 발대식은 작년과 동일하게 많은 동아리 사람들과 외부 사람들도 참석해 공연도 즐기고 재미있는 시간이었습니다. 저희 동아리는 특히 마칠 때 쓰레기를 줍는 봉사도 하여 행사가 깔끔하게 마무리될 수 있도록 도왔습니다.

〈2012 Yes 동아리 발대식〉

10) 제1회 대한민국 창의축전 부스 운영

저는 울산광역시 대표로 일산에서 열린 '제1회 대한민국 창의축전'에서 부스 운영을 할 수 있었습니다. 전국에서 모인 것이라 부스만 200여 개에 달했는데 더욱 신기했던 것은 '창의체험'이라는 말답게 어느 하나도 겹치는 것이 없었습니다. 부스 운영도 운영이었지만 정말 다양한 경험을 할 수 있었습니다. 그 가운데 저는 '분자 요리'가 가장 인상 깊었습니다. 미래의 대체 식량이 될 수 있다는 점에서 관심이 생겼습니다. 형태나 질감은 젤리와 같은데 맛은 얼마든지 음료수나 착향료로 다양하게 만들어낼 수 있었습니다. 직접 캐비아와 국수를 만들어 볼 수 있어서 즐거웠습니다.

〈행사 포스터〉

〈부스 활동 중〉

〈동아리 부스〉

〈분자 요리- 캐비아〉

11) 과학마술 공연 및 재활용 악기대회 출전

마술 공연은 과학 마술 대회 때 '매직상'을 받았던 저희 동아리를 눈여겨보신 울산대학교 천체 분야와 관련된 분이 크리스마스 기념 천체 강연에 저희를 초청해주셔서 하게 된 것입니다. 마술 공연을 준비하면서 어떤 주제로 할 건지, 마술 도구는 무엇을 사용할 것인지, 음악은 누가 편집하고 이 장면에 어떤 마술을 넣을 것인지 정하기 위해 수많은 토의를 했는데 이 과정을 통해 의견충돌을 줄이며 의견을 모아가는 방법을 배웠습니다.

〈재활용 악기대회〉　　　　　　〈과학 마술 공연〉

12) 융합교육(STEAM)

1. 제목	너희꺼? 우리꺼!(모둠 이름: S조/구성원: 김혜리 외 9명)
2. 집필의도	독도와 동해가 일본의 소유가 아니라 한국의 소유임을 알리고 국내 사람들이 독도에 대한 관심을 더 가질 수 있도록 자극한다.
5. 등장인물 소개와 인물배치도	한국아이: 어리다. 공놀이를 좋아한다. 독도에 대한 자부심이 크다. 일본아이와 갈등을 벌인다. 일본아이: 어리다. 한국아이를 괴롭힌다. 독도를 자기 거라고 우긴다. 한국아이와 갈등을 벌인다. 미국인: 발랄하고 경쾌하며 말을 할 때 추임새를 많이 넣는다. 자유분방하고 한국아이의 입장을 지지해주는 조력자이다. 아프리카인: 먹는 것을 좋아하고 정이 많다. 한국아이의 입장을 지지해주는 조력자이다.

5. 등장인물 소개 와 인물배치도	러시아인: 터프하다. 추운 것을 정말 싫어한다. 한국아이의 입장을 지지해주는 조력자이다. 호주인: 정중하고 예의 바르며 지적이고 부당한 것을 참지 못한다. 한국아이의 입장을 지지해주는 조력자이다. 영국인: 자존심이 세고 자기 권리를 당당히 요구한다. 오만한 면도 있다. 한국아이의 입장을 지지해주는 조력자이다.
9. 장소	호주, 미국, 아프리카, 러시아, 영국, 한국 여수 엑스포
11. 줄거리	너희꺼? 우리꺼! (S#1) 한국아이가 공을 가지고 여수 엑스포에서 놀고 있었는데 일본아이가 등장하여 다케시마는 일본의 것이라고 말하고 한국아이와 일본아이는 다투게 된다. (S#2) 그 과정에서 화가 난 일본아이는 발로 공을 뻥 차고 한국아이는 엉엉 울게 된다. 일본아이가 찬 공은 미국으로 날아간다. 자유여신상을 배경으로 미국인이 공을 공중에서 받아들며 "Not 다케시마, but 독도!"라고 외치며 공을 가볍게 옆으로 던진다. 그 공을 군복을 입은 영국인이 받으며 "독도는 원래 한국 땅이우스 한국아이가 웃으며 일본아이에게 말한다. "봤지? 누가 뭐래도 독도는 한국의 땅이야!"라고 말하며 옆에 있던 전광판을 가리킨다. 전광판에서는 우리나라 전도가 나온다. (클로즈업) 화면에서 독도가 클로즈업이 되고 독도가 소개된 뒤 sea of Japan이라고 적혀 있는 세계지도 글자가 east sea로 바뀐다.

가. 시제품 제작 및 Mock-up 작업

✓ 제품 제작 속도 향상
✓ 원가절감 효과
✓ 기업과 기술 및 디자인 두 곳 문제력 해결
✓ 디자인을 억는하는 기업 과 6D 프린터 파민을 웹 상에서 교환하여 견본품을 만들고 기업 과 해 협력 시간 단축

나. 건축 모델링

✓ 저렴한 가격으로 모형제작 가능
✓ 메이커 재활용 가능
✓ 설계 변경이 자유롭게 이루어질 수 있음
✓ 수작업 시 발생할 수 있는 오차를 없애 완벽한 모델링를 가능하게 함
✓ 여러 재료 똑같은 공간 좌표의 모형 제작이 가능함

다. 자동차 및 항공 산업

〈STEAM 활동〉

STEAM 교육 시범적용 학교 동아리로 저희 동아리가 선정되면서 다양한 STEAM 교육 적용을 통해 창의성과 융합적 사고능력을 기를 수 있었습니다. 1학기에는 한국과학창의재단의 지원을 받아 울산교사연구회에서 개발한 '3D 입체 점토 애니메이션 제작' 프로그램, 2학기에는 UNIST와 울산대학교에서 개발한 프로그램으로 활동했습니다.

연번	주제	유형	비고
1	3D 입체 점토 애니메이션	과학 · 예술 융합형 프로그램	교사연구회 개발
2	태블릿PC	첨단제품 활용형 프로그램	UNIST 개발
3	DSLR카메라	첨단제품 활용형 프로그램	UNIST 개발
4	감성적 제품 디자인, 건축, 스토리텔링을 가미한 과학지형도, 예술지형도 그리기	과학 · 예술 융합형 프로그램	UNIST 개발
5	미래의 생체모방기술 산업디자인 융합형 창의적 제작 활동	과학 · 예술 융합형 프로그램	UNIST 개발
6	M—STEAM	수학중심 융합형 프로그램	울산대학교 개발

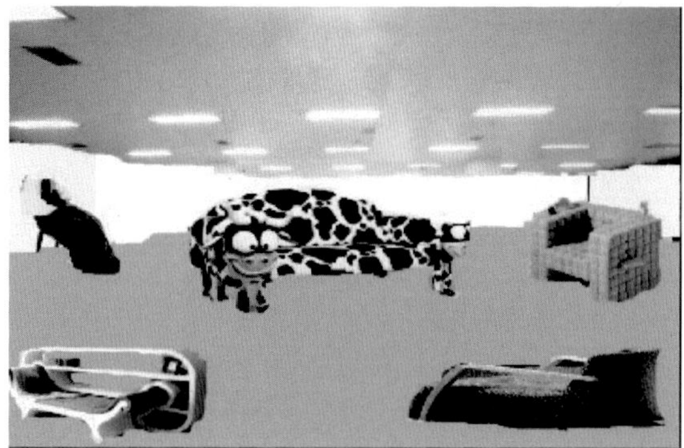

〈UNIST 연계 활동〉

〈과학창의 잡지〉

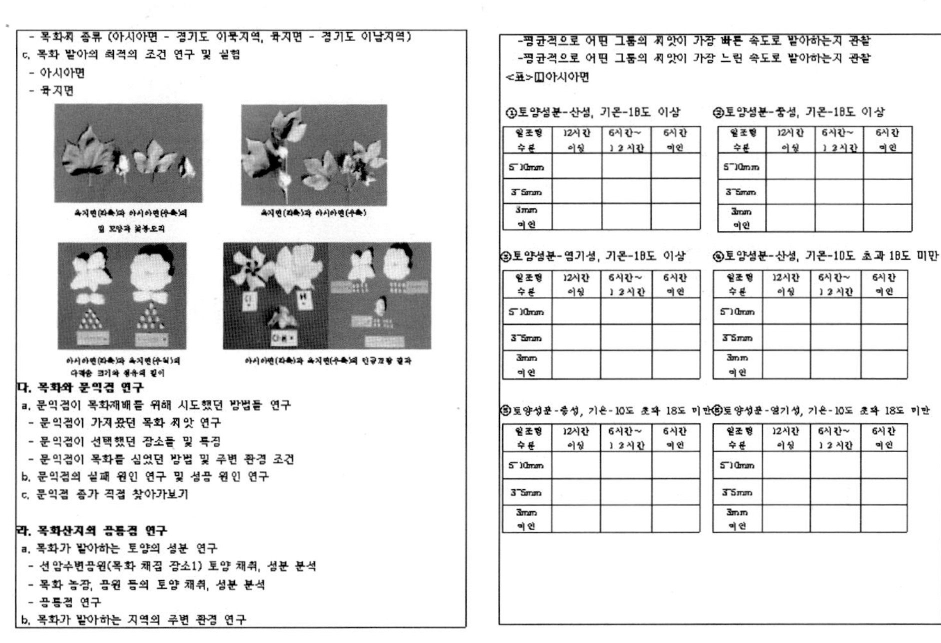

〈제15회 울산과학전람회〉

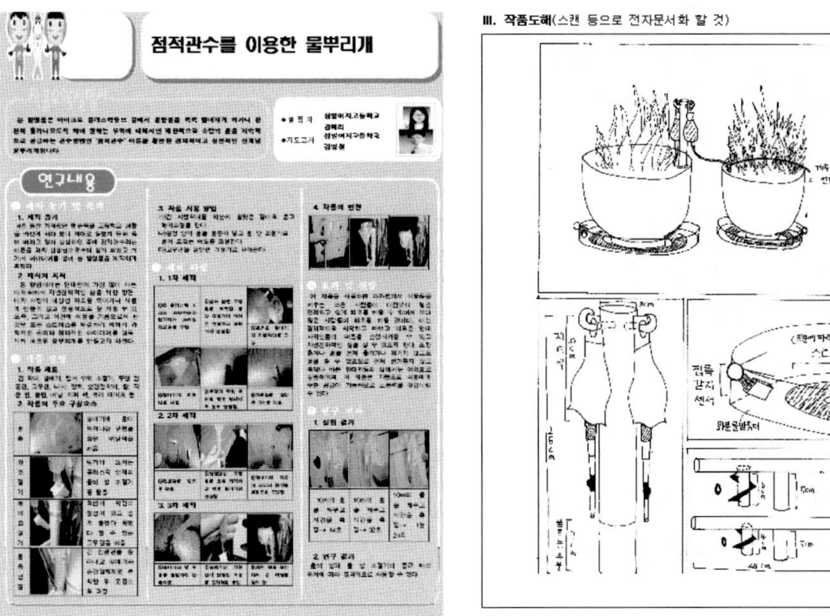

〈제15회 울산과학발명품경진대회〉

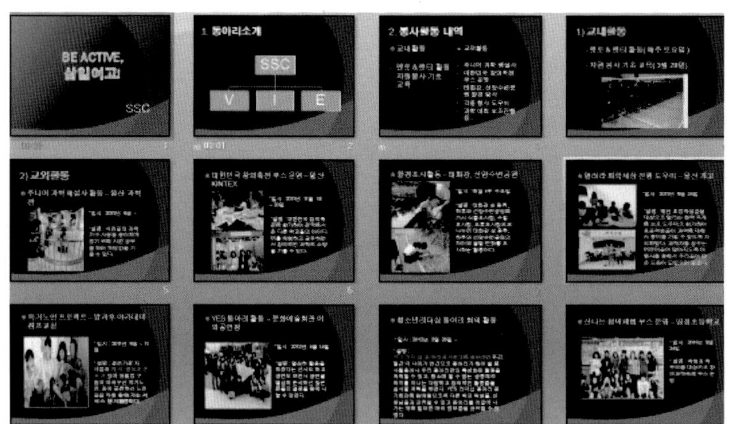

〈울산 및 전국 과학 동아리발표대회〉

연번	일시	구분	활동내용	활동장소
1	3/28	봉사	리더십 청소년동아리 사업설명회 참가 및 활동계획 수립 봉사활동	가족문화센터 교육강
2	4/14	문화존 참가	울산YBS동아리 연결 환대식 및 문화존 개막식 참가	남동공원
3	4/14	봉사	[illegible]	[illegible]
4	4/15	봉사	주니어 과학 해설사 봉사활동	울산과학관
5	4/25	봉사	선암수변공원 생태조사	선암수변공원
6	4/28	봉사	환경 지도 만들기	태화강
7	5/5	봉사	어린이날 기념 과학축 잔치 부스운영	울산과학관
8	5/13	봉사	자전거 민주 봉사활동	태화강 민대
9	5/18~5/20	봉사	과학기술제전 안내 및 부스활동	울산과학관
10	5/19	행사	재활용 음악대회 참가	울산과학관
11	5/19	행사	태양광 자동차 대회 참가	울산과학관
12	5/20	행사	과학마술 대회 참가	울산과학관
13	5/21~23	행사	대한민국 좋은 학교 박람회 부스 운영	제주
14	5/23	봉사	선암수변공원 생태조사	선암수변공원
15	5/26	봉사	주니어 과학 해설사 봉사활동	울산과학관
16	5/26	행사	과학마술 축하 공연	대학체육관
17	6/26~27	행사	제주 과학축전 부스 운영	제주
18	7/14	봉사	주니어 과학 해설사 봉사활동	울산과학관
19	6/9	행사	낙동강 생태 탐사	낙동강 민대
20	6/23	봉사	리더십 동아리 6월 정기회의: 동아리 봉사활동 기획 및 정보공유	가족문화센터 교육강
21	6/27	봉사	선암수변공원 생태조사	선암수변공원
22	7/14~16	행사	환경 체어 부스 운영	울산대공원
23	7/28	봉사	주니어 과학 해설사 봉사활동	울산과학관
24	8/11	행사	별과 천체 관측 강연 참가	울산과학관
25	8/13	탐탐	하수처리장 및 정수강 견학	용연어수처리강
26	8/13~8/16	봉사	제 2회 대한민국 창의 축전 부스1 운영	민산 킨텍스
27	8/16~8/19	봉사	제 2회 대한민국 창의 축전 부스2 운영	민산 킨텍스
28	8/18	봉사	주니어 과학 해설사 봉사활동	울산과학관
29	8/25~8/26	봉사	2012년 청소년 STBAM 과학캠프 봉사활동	제주 아리원 뮤지엄, 제4번 리조드
30	9/15	봉사	열려다 즐거운 화학세상 운영도우미	울산대학교
31	9/15	봉사	즐거운 과학세상 운영 도우미	명경초등학교
32	9/16	봉사	주니어 과학 해설사 봉사활동	울산과학관

〈울산청소년봉사대회〉

라. 독도 플래시 몹

〈독도 플래시 몹 준비 과정〉

이 활동은 우리 학교에 '신문으로 보는 우리 세상'이라는 문과 동아리에서 진행한 활동이었습니다. 평소 '독도'에 관심이 많았기에 저도 참여하게 해달라고 부탁해서 할 수 있었습니다. 사람이 굉장히 많이 다니는 번화가에서 독도는 우리 땅 노래에 맞춰 춤을 췄습니다. 주변 사람들이 많이 보시고 기특해하시는 것을 느끼며 애국심을 가지고 독도에 대한 관심을 가질 수 있었습니다.

〈YOYOYO 캠페인〉

　　교내에서 학교폭력 예방 캠페인이 열렸습니다. 작년부터 2년간 학교폭력 반대 운동 서명활동과 'YOYOYO 캠페인' 활동을 참여했습니다. 'YOYOYO 캠페인'이란 '고마워요, 미안해요, 축하해요'의 줄임말이었습니다. 매주 목요일마다 저는 고마운 사람, 미안한 사람에게 편지를 써서 이 행사에 적극적으로 참여하였습니다.

2. 粉骨碎身, 그 길을 준비하며

가. 제3기 굿네이버스 아동권리 지킴이

발급일시: 2013-09-12 11:23:46　2 / 2　　　www.vms.or.kr에서 발행내역을 확인할 수 있습니다.

봉사자 실적 내역 정보

성　　　명 : 김혜리
주민등록번호 : 951017-2******
발 급 번 호 : 자동으로 부여됩니다.

봉사일자	봉사분류 [상세분류]	봉사활동내역	봉사시간	관리센터 [수요처]	입력자 [연락처]
2010-10-30	기타봉사	아동권리지킴이	16:00 ~ 17:00 [1시간 0분]	울산광역시가정위탁지원센터(울산지부)[굿네이버스 울산남부지부]	최인식 052-286-4678
총 계	1 건				1시간 0분

〈봉사 확인서〉

　우연한 기회에 하게 된 굿네이버스 아동권리 지킴이 활동은 제 삶에 엄청난 영향을 주었습니다. 아프리카 아동의 아동학대와 강제노동에 반대서명운동을 진행하면서 얼마나 충격을 받았었는지 아직도 기억이 생생합니다. 이 활동 이후로 아프리카 아동에 대한 관심이 커져 어머니를 졸라 아동후원도 하게 되었고 고등학교 2학년 때는 학급 전체 규모로 후원을 진행하기도 했습니다.

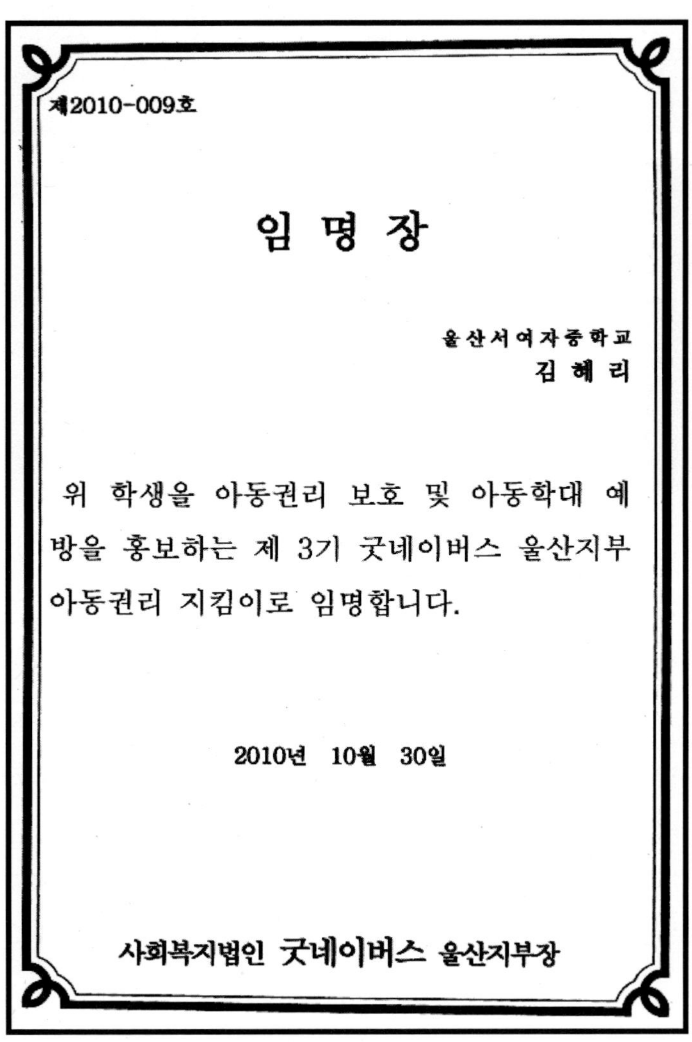

〈굿네이버스 임명장〉

〈찾아가는 서비스 활동 중〉

찾아가는 서비스는 1년간 제가 한 정기적인 봉사활동입니다. 저는 방과 후 청소년 보호시설에 있는 학생과 1:1 결연을 맺어 거동이 불편하신 독거노인 분들께 생필품을 가져다드리는 역할을 했습니다. 저는 독거노인 분들의 기쁨이 되어 드릴 수 있어 좋았지만 무엇보다도 소외감을 가지고 있는 아이들에게 타인을 도와줌으로써 얻게 되는 따스함과 만족감을 줄 수 있는 기회가 된 것 같아 뿌듯했습니다.

<u>다. 적십자 회원</u>

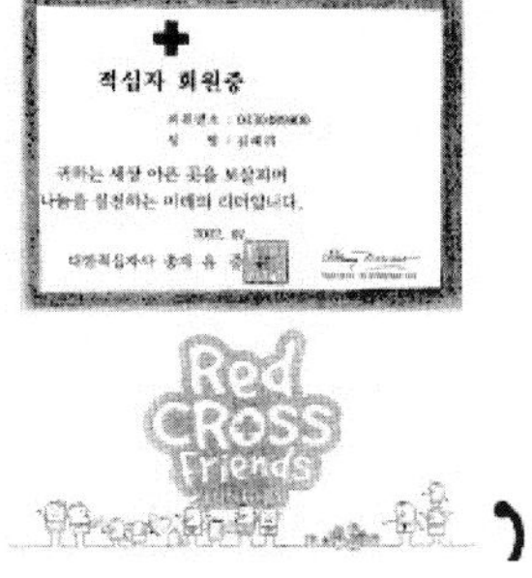

〈인증사진〉　　　　　　　　　　　　　〈적십자 회원증〉

<u>라. 헌혈</u>

봉사자 실적 내역 정보

성　　　명 :　김혜리
주민등록번호 :　951017-2●●●●●
발 급 번 호 :　자동으로 부여됩니다.

봉사일자	봉사분류 [상세분류]	봉사활동내역	봉사시간	관리센터 [수요처]	입력자 [연락처]
2013-07-18	헌혈(전혈)		00:00 ~ 00:00 [4시간 0분]	대한적십자사[대한적 십자사]	헌혈정보시스 템 000-1600-370 5
총　계	1 건				4시간 0분

〈헌혈 확인 인증서〉

제목	다른 사람에게 쉼혈이 된다는 것			추천수	0
작성자	김혜리	작성일시	2013-07-18 11:47	조회수	221

안녕하세요. 저는 울산 모 여고에 재학중인 고3 여고생입니다.
저희 학교에는 해년 헌혈차가 와서 많은 학생들이 헌혈을 하곤 하는데요.
이상하게 저는 매번 헌혈불가판정을 받아서 한 번도 헌혈을 해본 적이 없었습니다.
그 때마다 정말 속상하기도 하고 내 피로 도움을 줄 수 없다는 사실이 슬프더라고요. 그런데 이번에 헌혈의 집에 직접 찾아가서 검사를 받았는데 드디어 헌혈을 해도 된다는 결과가 나와서 처음으로 헌혈을 했습니다. 너무 기뻐서 기념품도 받지 않고 기부권으로 받았습니다. 제 피가 누군가에게 살이 되고 살이 되고 생명이 된다는 사실이 너무나 뿌듯합니다. 생각보다 별로 아프지도, 시간이 많이 걸리지 않았습니다. 그래서 한 2개월 후 또 헌혈을 하러 갈 예정입니다. 기분이 정말 좋네요!! 정말 나눔이 행복이라는 것을 실감한 하루입니다.

> 수정　> 삭제　> 목록

〈헌혈 후 홈페이지에 올린 글〉

처음으로 헌혈을 할 수 있었던 날입니다. 고등학교 3학년이 되면서 몸이 건강해 졌는지 그동안 불가능했던 헌혈을 할 수 있었습니다. 의사가 되고자 하는 제가 다른 사람에게 피를 나누어 줄 수 없다는 사실이 그동안 죄책감처럼 마음의 짐이 되었었는데 이날 얼마나 제가 기뻤는지 말로 다 표현할 수 없었습니다. 그래서 헌혈 선물도 받지 않고 대신 기부권을 받아 물 부족 국가에 기부를 했습니다.

마. Taiba 후원

고등학교 2학년 때 학급에서 총무를 하게 되면서 저는 선생님께 아프리카 아동 후원을 학급에서 진행했으면 좋겠다고 말씀드렸습니다. 개인적으로 후원을 해 오셨던 선생님께서 적극적으로 밀어주셔서 제가 학급 대표로 아이를 선정하고 돈을 거두는 역할을 했습니다. 학급 친구들이 다 함께 이런 뜻깊은 활동을 할 수 있었다는 것이 기뻤습니다. 저희의 작은 정성으로 Taiba가 공장에 나가지 않아도 되고 학교를 다닐 수 있다는 사실이 뿌듯했습니다.

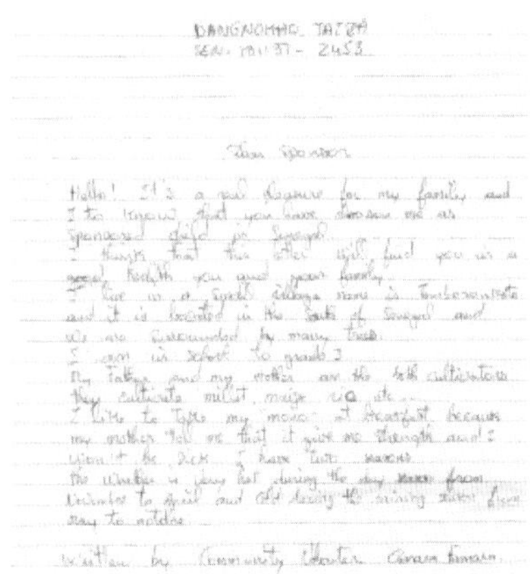

〈Taiba가 쓴 편지〉

〈Taiba의 인적사항〉

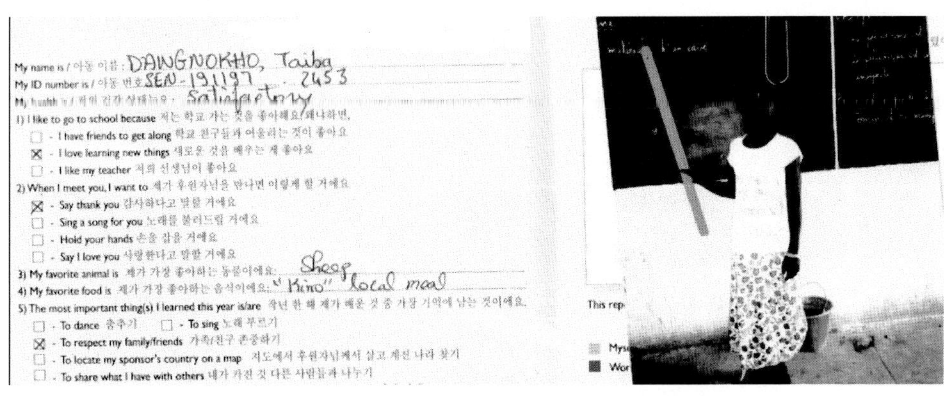

〈Taiba의 프로필〉

바. 의료선교사 선배님과의 만남

제 꿈이 의료선교사라는 것을 아신 동아리 선생님께서 간호사로 아프리카에서 의료선교를 하고 계시는 선배님을 소개해주셨습니다. SNS를 통해 계속 연락드리면서 궁금한 것도 여쭤보고 격려도 받을 수 있었습니다. 선배님께서는 특히 아프리카의 우간다에 계셨는데 거기서 어떤 일들을 하고, 어떤 어려움이 있는지 알려주셨습니다.

사. 나눔텃밭

할머니 댁에서 종종 농사일을 도와 작물을 수확하는 데 관심이 많았던 저는 고등학교 1학년 때 학교 옥상에서 시작된 나눔텃밭에 참가하여 배추와 상추를 키우게 되었습니다. 민간단체이자 도시농업 전문기관인 푸른 세상에서 지원해주셔서 제대로 된 활동을 할 수 있었던 것입니다. 인터넷으로 배추가 걸린 병충해가 무엇인지, 무엇 때문에 걸린 것인지 알아보기도 하여 크지는 않지만 제대로 된 배추를 수확할 수 있었습니다. 무엇보다 이 활동은 다른 친구들과 함께 수확한 배추들을 모아 독거노인 분들을 위해 직접 김장을 해서 드렸다는 것에 의의를 두고 싶습니다. 외롭게 살아오신 독거노인 분들께서 활짝 웃으시며 정말 고맙다고 하셨을 때, 잘 만들

지 못해서 맛도 없는 김치를 한 조각 드시며 제 손을 잡으셨을 때 저는 그 어느 때
보다 가슴이 벅차오름을 느꼈습니다.

〈선배님과의 SNS를 통한 대화〉

〈모종 심기〉

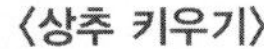
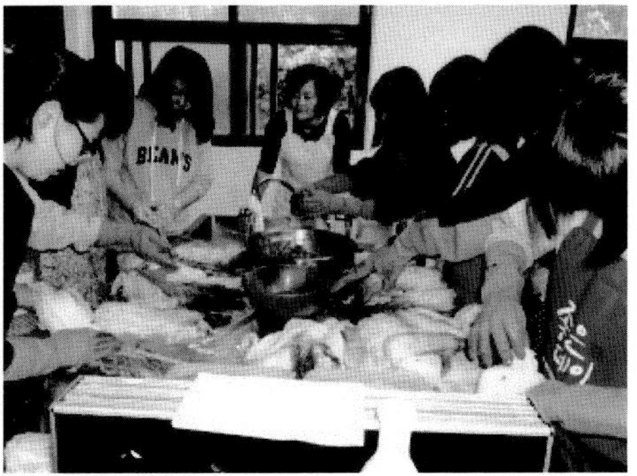

〈상추 키우기〉

〈배추 키우기〉

〈나눔 김장〉

2) 활동보고서 작성법

가. 주제 정하기

보고서를 작성할 때 가장 먼저 이뤄지는 것이 주제 선정이다. 과제 보고서의 경우 교사가 주제를 주고 똑같은 주제로 작성하기도 하기만, 학생들의 창의성과 문제 해결능력을 알아보고자 할 경우에는 특정한 주제를 제시하지 않고 자유 주제로 작성하게 한다. 이 경우 가장 중요한 것이 주제의 선정이다. 주제 선정을 잘할 경우 보고서 작성 활동이 원활히 진행될 수 있는 바탕이 되기 때문에 무척 중요하다. 하지만 주제 선정을 잘못했을 경우에는 보고서 전체가 엉망이 되거나 보고서 작성 도중에 다시 주제를 정하기도 한다. 인문계열 보고서와 달리 자연계열 보고서는 대부분 직접 실험이나 탐구를 통해 결론을 도출하는 과학 탐구 절차를 따르는 보고서가 대부분이다. 중학교에서 시행하는 자유학기제나 최근에 융합인재교육(STEAM)에서도 학생들이 직접 실험이나 과제를 설계하고 수행하는 과정을 강조하고 있다. 따라서 학생들이 주제를 잘 정하는 것이 좋은 보고서 쓰기의 첫걸음이자 가장 중요한 과정이라고 볼 수 있다.

주제 선정이 중요함에도 불구하고 학생들이 주제를 제대로 선정하지 못하는 이유는 여러 가지가 있다. 첫째, 한 번도 주제를 자기 주도적으로 선정해보지 못했기 때문이다. 기존 과학 실험의 경우 주어진 실험 주제와 과정에 따라 요리의 레시피처럼 따라 하고 나오는 결과를 그대로 기록하면 된다. 이 경우 모든 학생은 동일한 결과를 얻게 되고, 이 결과에서 생기는 오차만큼 감점이 되기 때문에 우리나라 대부분의 학생은 이런 능동적인 탐구 수행 과정에 익숙해 있다. 따라서 자신이 한 번도 스스로 주제를 정해서 탐구할 기회가 없었기 때문이다. 둘째, 가설 설정에 대한 경험이 부족하다. 학생들이 정한 주제로 탐구를 할 경우 이 주제에 대한 사전 지식이나 실험 방법이 실현 가능한 것이 가늠하기가 어렵다. 학생들이 중도에 포기하거나 탐구 도중에 주제를 바꾸는 것이 바로 이 때문이다. 학생들이 정한 주제의 탐구가 실현 가능한지, 학생 수준에 맞는 주제인지를 파악하기 어렵기 때문이다. 셋째,

진로에 대한 불확실성 때문이다. 자유 주제 탐구에서 주제를 선정할 때에는 자신의 진로와 부합하는 주제를 선정해야 한다. 만약 학생의 진로가 물리학인데, 생태나 환경 쪽으로 주제를 정하다면 이는 대학입시에 별다른 도움이 되지 않는다. 자신이 진학할 전공과 맞는 주제를 정해야만 입시에 도움을 받을 수 있다.

좋은 주제 선정법에 대해 중학교 선생님 한 분이 연구한 적이 있다. 학생들에게 A형, B형, C형 유형별로 나눈 학습지를 제공하고 작성하게 하였다. A유형에는 학생들이 생각하는 주제를 몇 가지 생각나는 대로 적어보게 하고, B유형에는 우선 생각나는 개념이나 사물 등을 먼저 적어보고, 그중 하나를 정해서 그 사물에 대한 주제를 쭉 적어보게 하였다. C유형의 경우는 주어진 큰 범주를 선택하고 그 범주에 들어가는 개념 및 사물을 정한 후 그 사물에 대해 10가지의 주제를 적어보게 하고, 10가지 주제 중 3가지를 선택하는데 그중 다음의 유의사항을 고려하여 선택하지 않을 내용을 골라내게 했다. 유의사항은 다음과 같다.

- 실제로 수행할 수 있는 주제인가요?
- 재료 등은 쉽게 구입할 수 있을까요?
- 인터넷에서 답을 바로 찾을 수 있지 않은가요?
- 이미 연구되어 있는 주제는 아닌가요?

A, B, C 각 유형별로 주제 선정 방법을 적용해본 결과 학생들이 A, B유형에서는 어려움을 느꼈지만, C유형에서는 학생들이 주제 선정에 큰 어려움을 느끼지 못하였다는 결과를 얻었다.

효과적인 주제 선정을 위해서는 C유형에 따라 다음의 3단계 활동을 통해 주제를 정하는 것이 좋다.

<1단계> 아래의 보기 중 연구 활동을 하고 싶은 대상이나 사물을 선택하고, 구체화된 대상이나 사물을 적어
보세요.

신체, 사람, 동식물, 자연, 생활/문화, 기타

예) 자연 – 식충식물

<2단계> 위의 사물이나 대상 중 하나를 선택하여 주제를 10가지 적어보세요.

예) 식충식물은 어떤 종류의 먹이를 먹을까?

<3단계> 위에서 정한 주제 중 다음의 사항을 고려하여 가장 적합한 주제 3가지를 고르시오.

※ 고려할 사항
  – 실제로 수행할 수 있는 주제인가요?
  – 재료 등은 쉽게 구입할 수 있을까요?
  – 인터넷에서 답을 바로 찾을 수 있지 않은가요?
  – 이미 연구되어 있는 주제는 아닌가요?

위 단계를 거쳐 탐구하고자 하는 주제를 정한다. 이때 실제로 수행 가능한 주제
인지는 담당 교사에게 실험 방법이나 연구 범위가 학교나 가정에서 충분히 실현 가
능한 주제인지에 대한 점검을 받아야 한다. 실험 방법이 현장에서 실험이 가능한
내용인지 아닌지를 모르는 상태에서 진행하다가 학교나 가정에서 도저히 해결할
수 없을 때 교사에게 도움을 구하면 잘 해결해주지 못할 때가 많다. 따라서 주제 선
정 단계부터 교사의 도움을 받아 주제를 선정해야 한다. 그리고 생각한 주제가 이
미 연구된 주제인지 아닌지는 다양한 경로를 통해 확인해보아야 한다. 이미 연구되

어 있고, 결과가 명확하게 나와 있는 주제라면 굳이 연구를 할 필요가 없기 때문이다. 또한, 연구할 가치가 없거나 과학적으로 입증이 불가능한 주제를 선정하면 안된다. 예를 들어 '피라미드의 신비'라든지 '혈액형과 성격과는 상관관계가 있을까?' 등의 주제는 입증하기도 어렵고 과학적으로 증명해내기가 어렵다. 주제들 중에서 예전에는 실험이 불가능했지만 과학이 발달함에 따라 가능한 것도 있으므로 이런 주제들을 선정할 때도 전문가의 도움을 받는 것이 좋다. 전문가의 도움을 받기 힘들더라도 최근에는 인터넷이나 참고 자료를 통해 쉽게 정보를 접할 수 있기 때문에 이들을 이용하는 것도 한 방법이다. 이미 연구된 주제인지를 확인하는 방법에는 여러 가지가 있지만 가장 효과적인 방법은 학술연구정보서비스(www.riss.kr)를 이용하는 방법이다. 이 방법은 다음의 자료 수집하기에서 소개하기로 하겠다.

나. 자료 수집하기

주제가 정해졌으면 이 연구를 수행하기 위해 이미 연구된 주제인지, 실험을 하기 위한 방법은 무엇인지 등을 위한 기초 자료를 수집하여야 한다. 단순한 과제 수행이나 기초적인 자료를 수집하기 위해 학생들이 가장 많이 이용하는 방법이 인터넷 포털 사이트를 활용하는 방법이다. 최근에 쉬운 기초 지식부터 전문 지식까지 간단한 검색어로 쉽게 찾을 수 있다. 하지만 이 방법의 경우에는 지식의 진위 여부를 판단하기가 어렵다. 백과사전 기능의 경우에도 우리나라는 많은 정보보다는 가장 기본이 되는 정보만 제공되기 때문에 구체적인 내용을 알기 어렵다. 또한, 똑같은 포털 사이트를 활용할 경우 다른 과제와의 차별성을 찾기 어렵기 때문에 남들과 다른 정보를 얻어야 한다. 단순한 과제나 지식을 찾는 서술형 과제라면 권하고 싶은 검색 사이트는 위키피디아(https://www.wikipedia.org)를 참고하면 좋다. 이 사이트는 다른 백과사전과는 달리 내용이 방대하고 복사, 수정, 배포가 자유로운 이점이 있다. 다른 백과사전이나 블로거의 경우에는 심각한 저작권 문제가 발생할 수 있으므로 인용할 때 주의해야 한다. 위키피디아의 경우 한국어뿐만 아니라 다른 나라의 언어로도 검색이 가능하고, 각주의 내용을 클릭하면 인용한 문서의 원본을 볼 수도 있다. 초·중학생들의 경우 간단한 서술형 과제를 해결할 때 가장 유용한 사이트이다.

〈위키피디아 메인화면〉

　　좀 더 전문적이고, 나만의 창의적인 보고서를 만들고자 할 때나 주제 정하기 단계에서 이미 연구된 내용인지를 파악할 때 가장 유용한 사이트는 학술연구정보서비스(www.riss.kr)이다. 간단한 회원 가입만으로 국내에서 발행되는 모든 학위논문과 학술지에 대한 정보뿐만 아니라 해외 논문까지 검색할 수 있다. 통합검색에서 핵심 검색어를 검색한 다음, 결과 내 재검색을 통해 구체적인 내용의 논문을 검색한다. 학위논문이나 학술지 논문에서 '원문보기'가 활성화되어 있다면 논문의 원문을 다운받아 읽어볼 수 있다.

〈학술연구정보서비스(www.riss.kr) 메인화면〉

다. 목차 작성하기

목차 작성은 연구 전체의 순서를 정리하는 과정으로 개요 정리와 유사한 역할을 한다. 학생 보고서는 대학 학위 논문 작성 요령에서 표지, 초록 등을 제외하고 본문에서 서론, 재료 및 방법, 결과, 고찰 등을 기준으로 작성한다. 특히, 재료 및 방법이나 결과는 세부 목록을 구체적으로 작성해야 한다. 일반적인 학생보고서 목차는 다음의 과정을 따른다.

- 목 차 -

1. 연구동기 및 목적
2. 이론적 배경
3. 연구내용 및 방법
4. 연구결과
5. 결론
6. 활용 및 전망
7. 참고문헌

위 목차 아래에 각각의 세부 목차 소제목을 작성하고 들어갈 내용을 간단하게 메모한다. 이론적 배경에는 연구하고자 하는 주제와 관련된 소재나 이론은 2~3개 정도 골라서 2~3쪽 이내로 작성하기 위해 어떤 내용이 들어가야 할지 구상해서 메모해둔다.

연구방법에는 자료 수집 단계에서 찾은 유사한 연구의 방법을 참고하여 어떤 내용을 어떻게 연구할 것인지 구상해서 기록한다. 연구내용의 주제 개수만큼 연구방법이 나와야 한다. 초·중학생의 연구방법은 그 연령대에 맞는 창의적이고 독창적인 연구방법을 구상하는 것이 좋지만 고등학생의 연구방법은 기존 학위논문이나 학술지에 나오는 연구방법을 그대로 따르는 것이 좋다. 표준화된 연구방법으로 실험이나 탐구를 해야 연구에 대한 신뢰도가 높아진다. 인문계열의 학생들이 주로 하는 탐구 보고서에서 설문지를 작성할 때에도 기존의 논문에서 사용한 설문지를 그대로 사용하는 것이 좋다. 설문지는 신뢰도와 타당도 검사를 통해 검증된 설문지를 사용해야 연구 가치를 인정받기 때문에 기존에 제작된 설문지를 조금만 변형해서 사용하는 것이 좋다.

연구결과는 각 연구방법에 따른 결과를 기록해야 하므로 각 연구내용과 방법에 따른 결과로 기록해야 한다. 따라서 몇 가지 연구내용에 따른 결과가 나올지 예상해서 소제목을 작성해본다.

라. 보고서 작성하기

보고서의 개요를 구상하고, 목차의 소제목에 맞게 보고서를 써나가면 된다. 자료 수집 과정이나 기존 논문 자료 검색 과정에서 수집한 자료를 참고해서, 목차의 소제목에 맞는 내용을 써야 한다. 한 번에 완성해야 한다는 생각보다는 '초고를 완성한다'라는 생각으로 작성하고, 수정과 교정을 거쳐야 한다.

자연계열 보고서의 본문을 작성할 때는 반드시 자신들이 실험하거나 조사한 내용이 들어가야 한다. 학교 리포트용 보고서라 하더라도 표절은 절대로 안 된다. 자료 수집 단계에서 수집한 자료의 인용과 표절은 엄격히 다르다.

인용이란 남의 글과 말을 빌려 쓰는 것을 의미한다. 보통 말이나 글 중에 인용하는 방법은 인용하는 문장의 시작과 끝을 밝히고 큰따옴표(" ")나 작은따옴표(' ')에 인용한 문구를 넣으면 된다. 참고 자료에서 인용한 경우는 출처를 반드시 밝혀야 한다. 출처는 논문, 보고서, 신문 자료, 서적, 인터넷 웹자료 등 다양하게 있다. 이들 출처는 보고서의 마지막에 참고문헌으로 기록한다. 참고문헌을 기록하는 방법은 참고한 자료에 따라 다르므로 이들 기록 방법은 보통 대학교 학위 논문 기재 요령이나 학술지 투고 요령에 나오는 방식을 따른다.

본문 작성 요령도 일반 대학교 학위 논문 작성 요령과 유사하게 작성하면 된다. 표지나 형식은 따를 필요가 없지만 내용 체계 등은 논문 작성 요령을 따르는 것이 좋다. 다음은 ○○대학교 논문 작성 요령이다.

논문 작성 요령

Ⅰ. 기본 체제

1. 내용 구성의 순서: 논문의 구성은 기본적으로 다음과 같은 순서와 체제를 갖추어야 한다.

    가. 표지: 국한문 · 영문

    나. 안지: 국한문 · 영문

    다. 인준서: 국한문 · 영문

    라. 감사의 글

    마. 목차

    바. 초록

    사. 연구사

    아. 본문

        1) 제1장, 제2장으로 구분하여 작성할 수 있다.

        2) **서론, 재료 및 방법, 결과, 고찰, 요약** 또는 **서론, 본론, 결론**으로 작성할 수 있다.

        3) 표, 그림 또는 사진(원본 색 유지되도록 인쇄) 설명

    자. 참고문헌

    차. 부록

Ⅱ. 내용작성 시 유의사항

내용작성은 원칙적으로 이 작성법에 따르되, 필요한 경우 관련 학회의 논문 투고 요령 및 일반 관례에 따를 수 있다.

1. 용어: 국문, 국한문 혼용, 외국어문 중 택한다.

2. 번호 붙이기: Ⅰ, 1, 1), (1), ①, ⅰ 의 순으로 함.

3. 제목

간결하고 논문 전체의 뜻을 대표할 수 있어야 하며, 가급적 부제를 붙이지 않음.

국문 제목과 외국어문 제목을 병기한다(외국어문 작성 시 관사, 전치사, 접속사 등을 제외한 모든 단어의 첫 글자는 대문자로 한다). 〈보기 1〉 A Study on the Managemental Rationalization of Set Net

4. 초록 작성

    가. 본문이 국문 또는 국한문으로 작성되었을 경우에는 영어로, 영어로 본문이 작성되었을 경우에는 국문 또는 국한문으로 초록을 작성한다.

    나. 초록의 제목은 국문 초록의 경우 '초록'으로 하고 외국어문 초록의 경우는 'Abstract' 또는 그에 상응하는 외국어문으로 한다.

5. 본문 중의 문헌인용 표시방법

    가. 인용 문헌 중의 문장을 직접 인용하는 경우

        (1) 인용 문장이 150자 이내의 경우는 인용 부호 안에 기입하되, 행을 바꾸어 기록할 필요가 없다.

〈보기 2〉 ~에 대하여 Schultz[1]는 "최소의 정치를 하는 정부가 ──이다"라고 지적하였다.

(2) 인용 문장이 150자 이상인 경우는 인용문장을 행을 바꾸어 적되, 전체를 오른쪽으로 몇 자 당겨서 쓴다. 〈보기 3〉 김영곤[2]은 한국행정 현상의 일반적 특징 중 이념적 요인을 설명하기를, 해방 이후 한국의 공업화와 민주화가 급속도로 진보되어 전체주의적인 것으로부터 개인주의적인 것으로의 기본이 오늘의 현실이라고 하였다.

나. 인용 문헌 중의 내용이나 뜻을 총괄적으로 인용하는 경우

〈보기 4〉 박철수[3]에 따르면 세계자본주의의 역사는 ~하고 하였다.

〈보기 5〉 일찍이 Hoffman과 Evens[4]는

〈보기 6〉 ~에 관한 보고는 많다.[23n]

다. 인용문헌 번호와 연도 표기

(1) 인용문헌 번호의 표기는 위의 〈보기 2〉~〈보기 6〉에 따르되, 각주 또는 References에 나타난 문헌의 일련번호와 일치하여야 한다.

(2) '박철수(1981)[3]', 'Evens(1985)[4]' 등과 같이 발표연도를 괄호 내에 표시할 필요가 없다. 연도의 표기가 꼭 필요한 경우는 '1981년 박철수[3]는' '1985년 Evens[4]는' 등과 같이 표기한다.

6. 표와 그림

가. 자연계 논문에 있어서 표와 그림의 표제 및 설명은 외국어문으로 기술함을 원칙으로 하고 표의 제목은 상단에, 그리고 그림의 제목은 그림의 하단에 기술하되, 첫 글자만 대문자로 표기한다.

〈보기 7〉 Table 3. Physical properties of complexes

〈보기 8〉 Fig. 3. Infrared spectra of comlexes.

나. 인문, 사회계에서 국·한문으로 표 또는 그림의 표제나 설명을 기술할 때에도 그 위치는 ①에 준하되, 표는 다음 예에 따른다.

〈보기 9〉 表 1. ─또는 표 1.─(괄호 등을 붙이지 않는다)

〈보기 10〉 그림. 1.─(괄호 등을 붙이지 않는다)

다. 동일 논문 내에서는 표와 그림은 각기 일련번호를 붙인다.

(표 1-1, Fig1-2 등은 불가)

7. 각주(Footnotes) 작성법

가. 각주는 주를 붙이려는 본문과 같은 페이지 하단에 기록한다.

나. 다음과 같은 경우는 각주를 단다.

(1) 본문 내용의 일부를 추가 또는 보충하여 설명코자 할 때

(2) 인용한 문헌의 출처를 표기할 때

다. 각주는 가급적 간결하여야 한다.

라. 각주의 인용문헌 또는 참고문헌의 표기는 3)의 인용문헌(참고문헌) 작성체제에 따른다.

Ⅲ. 참고문헌(References)

1. 일반 원칙

가. 참고문헌은 인용 순서대로 일련번호를 붙여 작성한다.

나. 인문사회계의 참고문헌란에는 각주에서 인용한 것 이외의 문헌을 수록할 수 있다.

다. 단행본과 잡지의 명은 italic체로 표기하고 잡지의 표기는 그 잡지의 고유 줄임 표기법으로 표기한다.

2. 표기 순서

가. 일반논문 인용 시 일련번호, 저자명, 발표연도, 발표제목, 학술지명 권(호): 인용 페이지

　－ 1인 저자:

　　〈보기 11〉 7. Huff, E. D. 1983. On the distribution of rainfall events. J. Biol Sci. 23(4): 112–115.

　－ 2인 저자:

　　〈보기 12〉 4. Adams, A. T. and Artus, J. R. 1994. Effect of···.

　－ 3인 이상 저자(모든 저자를 명기)

　　〈보기 13〉 7. Fleming, J., Jonson, H. J.,···. and Doole, M. 1995. Efficay···.

나. 단행본 인용 시

　－ 주저자(Editor)만 있는 경우

　　일련번호, 저자명, 발행연도, 단행본명, 발행처, 발행지명: 인용 페이지

　－ 주저자(Editor)와 각 chapter의 저자(Author)가 다른 경우

　　일련번호, 저자명, 발행연도, 제목, In 단행본제목(주저자), 출판사, 권: 페이지

　　〈보기 14〉 6. Cleaver, J. E.(1994). Repair precesses for photochemical damage in mammalian cells. In Advances in Radiation Biology(Lett, H. and Zelle, M., editors). Academic press, 4: 1–75

다. 원고의 작성체계는 국문 원고의 경우 제목, 저자명을 국문으로 기술하고, 이어서 영문으로 반복한 후 국문 요약, 영문 ABSTRACT, 서론, 연구방법, 결과, 고찰(결과 및 고찰), 감사의 글, REFERENCES의 순으로 한다. 영문 원고의 경우에는 제목, 저자명을 영문으로 표기하고, 이어서 국문을 반복한 후 ABSTRACT, 국문요약, INTRODUCTION, MATERIALS AND METHODS, RESULTS, DISCUSSION(RESULTS AND DIS– CUSSION), ACKNOWLEDGEMENT, REFERENCES의 순으로 작성함을 원칙으로 한다.

마. 완성된 보고서 점검하기

보고서를 완성했다면 꼼꼼히 다시 한번 작성된 보고서를 읽어보고 오탈자나 띄어쓰기 등을 점검한다. 물론 가장 중요한 것은 주제와 내용이 적합한지, 내용은 충분히 반영되었는지, 흐름은 자연스러운지를 파악하는 것이다. 만약 내용이 부실하거나 흐름이 자연스럽지 않다면 반드시 수정과정을 거쳐서 완성도 높은 보고서를 만들어야 한다. 글자체와 제목이나 본문의 글자 크기도 맞춰졌는지 확인해야 한다. 한글 기능 중에서 글자체를 통일시키는 기능을 활용하면 편하게 작업을 할 수 있다.

보고서 마지막 단계에서 참고문헌은 제대로 작성했는지, 편집은 깔끔하게 마무리했는지 등을 점검한다.

바. 마무리하기

보고서가 완성되면 마지막으로 보고서의 제목과 학년, 반, 이름이 명시된 표지를 작성하고 제출한다.

03 대학입시에서의 활동보고서 활용법

1) 학생생활기록부에서의 활용법

프로젝트 보고서는 생활기록부 〈학생생활〉-〈창의적 체험활동〉 영역에 활동 내용에 맞도록 자율활동 누가 기록, 진로활동 누가 기록, 동아리활동 누가 기록에 기록한다. 예를 들어, ○○여고에서 다음과 같이 1학기 동안 창의적 체험활동 진로 시간에 E-book 만들기를 수행했다면 생활기록부에 진로활동 누가 기록란에 기록할 수 있다.

1차 시	전자책 만들기 취지와 과정을 확인 유사한 장래 희망을 가진 학생들로 모둠을 구성
2차 시	모둠별 주제 정하기 진로와 관련하여 전자책의 주제를 정하고, 책의 대략적 개요를 구성
3차 시	프로그램 익히기1 프로그램(Flyingcat) 기본 사용법을 익힘.
4차 시	프로그램 익히기2 프로그램(Flyingcat) 기본 사용법을 익힘.
5차 시	프로그램 익히기3 각종 스마트기기에 샘플 책을 저장하여 확인해봄.

6차 시	모둠별 주제에 맞는 책 만들기1 책의 개요를 구성
7차 시	모둠별 주제에 맞는 책 만들기2 목차 만들기
8차 시	모둠별 주제에 맞는 책 만들기3 저자 소개하기
9차 시	모둠별 주제에 맞는 책 만들기4 책 내용 구성하기(전자책이므로, 다양한 자료 및 기능을 활용)
10차 시	모둠별 주제에 맞는 책 만들기5 책 내용 구성하기
11차 시	모둠별 주제에 맞는 책 만들기6 책 내용 구성하기
12차 시	모둠별 주제에 맞는 책 만들기7 책 내용 구성하기
13차 시	모둠별 주제에 맞는 책 만들기8 책 내용 구성하기(저작권 관련 유의사항 확인)
14차 시	전자책 출판하기
15차 시	출판된 전자책 홍보하기1 －책 내용을 한눈에 볼 수 있는 인포그래픽 제작
16차 시	출판된 전자책 홍보하기2 －인포그래픽을 통해 출판한 전자책을 소개
17차 시	출판된 전자책 판매하기 －책을 홍보하여 판매 방안 구상하기

진로가 유사한 학생들의 모둠을 만들어 진로활동 시간을 이용하여 1학기 동안 E-book을 만드는 활동을 하였다면 생활기록부 진로활동 누가 기록의 특기사항란에 다음과 같이 기록할 수 있다.

진로활동	34	창의적 체험활동 진로시간 때 각 사회문제의 가해자와 피해자의 심리에 대한 주제로 "Listen"이라는 전자책을 만듦. 이 과정에서 학교폭력의 유형, 가해자와 피해자의 심리에 대해 자료를 조사하고 글을 쓰는 역할을 수행하였음. 전자책을 만들기 전 꿈을 발표하는 시간에 자발적으로 첫 발표를 함으로써 다음에 발표할 친구들이 편하게 발표할 수 있는 분위기를 만드는 모습에서 반 친구들을 배려하는 모습과 능동적인 모습을 볼 수 있었음. 조원들에게 전자책의 주제와 만들어갈 틀을 제시하고 진행을 이끄는 모습에서 리더십을 엿볼 수 있었음. 학교폭력에 관한 글을 쓰기 위해 실제 사건들을 찾아보고 가해자와 피해자의 심리에 대해 자세히 알아보는 모습에서 심리학에 깊은 관심을 보이는 모습을 볼 수 있었음. 학교폭력이라는 흔한 문제에 대해 관심을 가질 수 있는 문구들을 사용함으로써 독자들이 진지하게 글을 읽을 수 있도록 노력하는 모습에서 진로활동에 대한 진심 어린 모습을 볼 수 있었음.
진로활동	34	방송, 광고, 영화콘텐츠를 주제로 'Making Broad Casting'이라는 책제목으로 E—book을 만듦. 이 과정에서 그 단락의 주제에 맞는 다양한 이미지를 삽입하고, 책의 전반적인 부분과 아이콘을 디자인 하였으며, 자신의 진로에 관련된 광고기획의 과정 및 카피라이터, 광고기획인 등 관련 직업을 소개할 때 '플라잉캣' 프로그램을 이용하여 다양한 모션을 첨가하는 등 매체의 특성을 잘 살려 첫 장을 만듦. 조장으로서 조원들을 통합하는 모습에서 리더의 탁월한 자질을 보임과 동시에, 미디어를 효과적으로 이용하여 애플리케이션을 제작하는 모습에서 현 사회가 요구하는 멀티형 인재의 모습을 보였음. 자신의 언어능력을 활용하여 문장을 깔끔하게 정리하고, 읽기 쉽게 편집하여 책의 완성도를 높이는 데 기여함. 창의적 체험활동을 기반으로 자신의 진로에 대한 확고한 목표를 가짐으로써 미래를 설계함.

동아리활동 시간에 1학기에 1개씩 프로젝트 활동을 진행하였다면 2개의 보고서를 작성할 수도 있다. ○○여고의 과학 동아리의 경우 1학기 동안은 융합인재교육(STEAM)으로 GMO 만들기 수업을 다음과 같이 수행하고 보고서를 작성하였고, 2학기에는 인근의 ○○수변 공원의 생태 조사를 실시하고 보고서를 작성했다고 하면 동아리 특기사항에 기록할 수 있다.

차시	주제	교수 · 학습 활동
1~2	GMO 바로 알기	Ⓢ Ⓣ Ⓔ Ⓐ Ⓜ GMO에 대해 바로 알기 Co GMO가 뭔가요? CD GMO의 장단점 TIP 동영상을 이용하여 찬성과 반대 입장을 모두 보여줘서 한쪽으로 치우치지 않도록 객관적 입장을 유지하도록 한다. CD 생명공학 기술 알아보기 Ⓢ Ⓐ 나만의 형질 전환 생물 만들기 Co 내가 생명공학자라면 인류에게 유용한 어떤 GMO를 만들 수 있을까? CD 나만의 형질 전환 생물 상상하기 ET 나만의 형질 전환 생물 발표 및 평가하기
3~4	나만의 형질 전환 생물 그리기	Ⓢ Ⓐ 형질전환 생물 그림으로 표현하기 CD 개인별 나만의 형질 전환 생물 그리기 ET 나만의 형질 전환 생물 발표 및 평가하기 CD 모둠별 형질 전환 생물 그리기 ET 모둠별 형질 전환 생물 발표 및 평가하기 TIP 평가는 PMI 활동지를 활용하여 동료 평가가 될 수 있도록 한다.
5~6	입체 모형 제작하기	Ⓔ Ⓣ Ⓜ 입체 형질전환 생물 모형 만들기 Co 내가 만들 형질전환 생물을 입체적으로 표현할 수 없을까? CD 평면좌표 이해하기 CD 도형의 이동(평형이동과 대칭이동) CD 공간좌표 이해하기 CD 입체 모형 만들기
7~8	입체 GMO 만들기	Ⓢ Ⓣ Ⓔ Ⓐ Ⓜ 입체 모형 만들기 Co 입체 모형을 만드는 데 적합한 재료는 무엇일까? CD 클레이를 이용하여 GMO 만들기 CD 123D catch 프로그램으로 입체 설계하기
9~10	3D 프린터 이해하기	Ⓢ Ⓣ Ⓔ Ⓐ Ⓜ 3D 프린터로 출력하기 Co 3D 프린터에 대해 알고 있는가? CD 3D 프린터의 원리 알아보기 CD 3D 프린터로 출력하기

| 11 | 미래 사회의
직업 찾기 | **ⓈⓉⒺⒶ** 나만의 형질전환 생물 만들기를 통해 생명공학의 현주소를 알아보고,
3D 프린터 등 발달한 미래사회의 직업 세계 예측하기
Co 미래사회에는 어떤 직업이 생겨날까?
CD 미래사회의 직업에 적합한 인재를 뽑는 구인광고를 설계한다.
ET 미래사회를 상상하고 나의 명함을 만들어 발표한다. |

이 동아리의 경우 동아리활동 특기사항에 다음과 같이 기록이 가능하다.

동아리활동	34	GMO-STEAM 활동으로 목화와 거미를 결합한 코튼스파이더를 구상해 유전자변형생물체에 대한 이해를 높임(3.10~5.30). UNIST에서 3D 프린터의 활용 및 작동법에 대한 교육을 받음. 이후 학생이 흥미를 느낀 3D 필라멘트에 대한 개인적인 심층적 탐구를 통해 PLA에 대해 조사를 하였고 이 점에서 탐구에 대한 열의를 느낄 수 있었음(6.1~7.21). 선암호수공원생태조사에 활발히 참여하였으며 특히 수질 플랑크톤 조사에 두각을 드러냄. 보고서 작성 시 탐구결과를 논리정연하게 정리하는 능력이 가장 돋보임(8.19~9.30). 풀빛제 동아리 전시에서 메탄올 불꽃쇼를 구상하고 공연하며 적극적으로 참여하는 모습에서 추진력과 도전정신을 엿볼 수 있었음(11.14~11.22).
	34	GMO-STEAM(3.10~5.30) 활동으로 유전자변형생물에 대한 이해를 높임. UNIST에서 디자인 및 인간공학부 교수님과 대학생들의 도움을 받아 3D 프린팅 기술 이해(6.1~7.21)활동을 하며 '나만의 열쇠고리' 도안을 설계, 3D 프린터기로 직접 제작하는 교육을 받았고, 구글 스케치업 등의 프로그램을 빠르게 익히고 능숙하게 활용하는 모습을 보임. 아두이노 기술이해(10.01~11.13)를 통해 아두이노의 개념과 활용법을 알게 됨. 풀빛제 동아리 전시(11.14~11.22)를 통해 동아리 회장으로서 전체적인 전시 구성계획에 동아리 부원들의 참여를 독려하며 이끄는 모습에서 리더십을 보였고, 불꽃 반응쇼를 안전하게 진행하며 방문자들에게 신선한 체험을 제공함.

전람회나 발명대회에 참가하여 보고서를 작성하였다면 교과학습발달상황의 세부능력 및 특기사항에 다음과 같이 기록할 수 있다.

〈교과학습발달상황의 세부능력 및 특기사항〉

'생명 기술의 발달'에 관한 논술형 평가에서 우리나라 전통기술의 우수성을 정확히 설명하고, 생명 기술과 관련된 윤리적 쟁점에 관하여 자신의 의견을 명확하게 제시하는 능력이 뛰어나며, 미래 기술 동향 사례를 알아보고 생명기술과 관련된 직업과 자신의 진로를 연관시켜 탐색한 진로 포트폴리오 제작능력이 뛰어나 우수학습활동 결과물 전시회에 참여함.

---

2) 자기소개서와 면접 활용법

가. 자기소개서 활용법

각종 보고서 관련 스펙이 있을 경우 자기소개서의 2번 항목에 보통 기록할 수 있다.

> 2. 고등학교 재학 기간 중 본인이 의미를 두고 노력했던 교내활동을 배우고 느낀 점을 중심으로 3개 이내로 기술해주시기 바랍니다. 단, 교외활동 중 학교장의 허락을 받고 참여한 활동은 포함됩니다. (1,500자 이내)

탐구토론대회의 예선에 참가한 학생의 경우 준비하는 과정에서 어떤 점을 배우고 느꼈는지를 중심으로 기술한다.

> 탐구토론 대회를 통해서 친구들과의 관계와 팀이 추구해야 할 목표 사이에서 균형을 잡는 리더로서의 역할을 배웠습니다. 본선에 진출한 저희 팀은 공공데이터를 통한 직업 전망 예측이라는 주제로 15분 프레젠테이션을 준비해야 했습니다. 저는 3명으로 구성된 팀의 팀장을 맡아 대회 준비를 이끌게 되었습니다. 시험을 앞두고 있어서인지 팀원들은 대회 준비에 적극적으로 참여하려 하지 않았고, 어쩌다가 모였을 때도 잡담을 하기 일쑤였습니다. 처음에는 마음이 급한 나머지 팀원들을 강압적으로 대회 준비에 참여시키려고 했지만, 팀원들과의 갈등만 커졌습니다. 곰곰이 생각해보니 팀원들을 억지로 이끌어나가려 해도 팀원들 자신이 대회 준비를 하겠다는 마음을 가지고 있지 않으면 대회 준비가 잘 이루어지지 않는다는 것을 깨달았습니다. 팀원들의 마음을 어떻게 움직일 것인지 고민한 결과, 제가 찾아낸 해답은 '솔선수범'이었습니다. 팀원들이 모두 집에 간 이후에도 학교에 남아 자료수집에 힘썼고 다른 팀의 반론에 대비한 방어 전략도 수립하였습니다. 팀을 위해서 누구보다 노력하는 저의 모습이 팀원들에게 감동을 주었고, 그 결과 성공적으로 프레젠테이션을 하여 최우수상이라는 좋은 결과를 거둘 수 있었습니다. 이 경험을 통해서 목표를 달성하는 것은 리더 혼자만의 의지로 되는 것은 아니라는 것을 느꼈습니다. 그리고 팀원들의 마음을 하나로 모으는 것이 리더의 역할이라는 것을 느꼈습니다.

청소년과학탐구대회(YSC) 보고서를 작성한 경우나 R&E 과제를 수행한 경우에는 생활기록부에 기록하지 못하지만 자기소개서에는 다음과 같이 기재가 가능하다.

2학년 말에 울산대학교에서 6주 동안 태양광 전지를 이용한 충전기에 대해 연구할 수 있는 프로젝트에 참여했습니다. 처음에는 브레드 보드를 이용해 저항과 발광다이오드, 건전지를 연결해서 불이 들어오는지를 확인하며 회로연결의 개념을 익힌 뒤 충전기에 필요한 회로와 정전압 IC나 커넥터 등의 쓰임새에 대해 수업을 들었습니다. 직접 태양광 충전기의 디자인부터 회로구성까지 결정해 시판을 목적으로 조별로 만드는 과정에서 서로 자신 있는 부분은 나서서 도우며 활동했고 디자인을 하는 과정에서는 3D 프린터 펜이나 점토형 스타이로폼, 물라스틱이라고 불리는 재료들을 접하면서 재료 선정에서의 시야를 넓힐 수 있는 경험이 되었습니다. 그리고 겉 부분에 어떤 재료를 사용할지, 누구를 대상으로 판매할지, 가격대를 얼마로 정할지, 어떤 기능을 중점적으로 다룰지에 대해 조원들과 많은 회의를 통해 스스로 결정하는 활동을 할 수 있었습니다. 이론으로 배울 수도 있었을 전기 분야에 대해 직접 부품들을 만지고 친구들과 서로 조사해온 내용들을 알려주는 활동을 통해 어려울 수 있었던 분야를 자연스럽게 이해할 수 있었습니다. 전자제품 개발자를 꿈꾸고 있는 저에게 마케터, 엔지니어, 디자이너, 테스터의 모든 역할을 체험할 수 있는 좋은 기회였습니다.

〈WISET 여대학원생 공학연구팀제 지원사업〉

울산대학교 의공학과 대학원생들과 '휴대폰 케이스에 따른 전자파가 인체에 미치는 영향'에 대해 연구했습니다. 흥미로운 주제에 기대도 컸지만, 전문성을 가진 언니들과 함께한다는 점이 처음에는 부담스러웠습니다. 하지만 오히려 주제에 관련해 가장 부족하다는 것을 인정하고 나니 영문자료 조사를 할 때도 더 명확하게 이해하려 노력했고, 처음 접한 SEMCAD X 같은 프로그램을 배우는 데 적극적인 모습을 보여줄 수 있었습니다. 또한 보고서를 여러 번 읽으며 흐름을 정확히 이해하려 노력하고 팀원들, 가족, 친구들 앞에서 발표연습을 했습니다. 대본을 외워 발표하는 습관 때문에 원활한 정보전달이 불가능했던 단점을 극복하기 위함이었습니다. 이러한 과정 덕분에 실전에서 당당한 태도를 지닐 수 있었고, 예상치 못한 질문에 적절히 답할 수 있었습니다. 이 활동을 통해서 공학도의 진로를 꿈꾸게 되었고, 부족한 것이 있더라도 자신감을 가지고 노력하면 성장할 수 있다는 것을 처음 진정으로 느꼈습니다.

나. 면접 활용법

명문대가 뽑아주는 면접의 모든 것 시리즈에서 보고서와 관련된 내용 중 연세대학교에서 면접에서 물어본 공통 문항이다.

대학	계열	전형	방식	사례 학부(과)	연도
연세대학교	자연	학교생활우수자	다대일	전기전자공학	2014

대학	계열	전형	방식	사례 학부(과)	연도
연세대학교	인문	학교생활우수자	다대일	경영학/ 독어독문학	2014

– 고등학교 재학 중 소그룹(5명 내외)으로 활동했던 경험 중에서 기억에 남는 일과 자신의 역할에 관해 이야기 해보시오.

– 교과 관련 학업 이외에 어떤 일에 몰두한 경험에 관해 이야기해보시오.

여기서 창의성을 발휘한 내용이 있는가를 물어보는 숙명여자대학교 면접 문항의 경우와 마찬가지로 보고서 작성 경험은 이런 면접 질문에 대해 적합한 답변이 될 수 있다.

04 보고서 관련 대회

과학 보고서 관련 대회는 다양하지만 교내 대회를 제외한 대외 수상은 생활기록부에 기록할 수 없다. 따라서 교내 대회가 입시에는 훨씬 더 중요하지만 학교장의 허락을 받고 출전한 대회의 경우 수상 내역을 기록할 수는 없지만 창의적 체험활동의 동아리활동 혹은 과목별 세부 특기사항에 과정과 내용에 대해서는 기록할 수 있다. 이 장에서는 보고서 관련해서 대학이나 사교육에서 개최하는 대회를 제외하고 공교육과 관련된 대회만 소개하기로 한다. 입시에 발 빠르게 움직이는 학교들은 이 대회에 출전하기 위해 교내 대회를 개최하고 있으며, 교내 대회 수상 실적을 생활기록부에 기록을 하고 있다. 공교육에서 가능한 과학 보고서 관련 대회의 종류를 정해보면 다음의 표와 같다.

대회명	교내 예선 대회 명칭 예시	주관기관
전국청소년과학탐구대회(탐구토론)	교내 탐구토론대회	한국과학창의재단
전국과학전람회	과제탐구 연구대회 과제탐구 보고서 대회	국립중앙과학관
학생 발명품 경진대회	교내 발명품 경진대회	국립중앙과학관

| 청소년과학탐구반(YSC) 발표대회 | 동아리활동보고서 대회 | 한국과학창의재단 |
| 과학 동아리활동 발표대회 | 동아리활동 경진대회
동아리활동 발표대회 | 한국과학교육단체총연합회 |

시도 대회나 전국대회에 참가자를 선발하기 위한 교내 대회의 명칭은 학교별로 창의적으로 붙일 수 있지만 형식은 대부분 전국대회 규정을 따른다. 이 대회들 중에서 학생 발명품 경진대회는 참가 자격이 1명으로 제한되어 있고, 전국과학전람회는 1명이 참가하거나 팀을 구성해서 참가할 수 있다. 나머지 대회는 반드시 팀을 구성해서 참가해야 한다. 최근에 대회의 트렌드는 창의적 융합인재 육성이라는 교육 목표하에 팀을 이루어 치러지는 종목이 많아지고 있다.

전국청소년과학탐구대회 탐구토론 종목

1 대회요강

대회개요

▣ 목적

전국 초·중·고 학생들이 과학적 기량을 겨루는 장을 마련하여 청소년의 과학에 대한 선호도를 높이고 창의적 탐구력을 함양시키며 이를 통해 우수한 청소년들의 과학적 소질을 개발하고 미래 과학기술 인력 육성에 공헌하기 위함.

　▣ 주최: 교육과학기술부

　▣ 주관: 한국과학창의재단

대회 일정(안)

구분	교내대회	지역청대회	울산대회	전국대회
실시일자	4월 중 실시	5. 14	6. 11	10. 15~16
결과발표	결과 발표	5월 말	6월 중순	10월 24일

출품부문 및 자격

▣ 출품부문

• 탐구토론

▣ 참가자격

• 탐구토론은 초 · 중 · 고등학생을 대상으로 함.

• 탐구토론은 3인이 1팀을 이루어 참여함.

• 종목별 지역대회 수상자에게 참가 자격이 주어지며, 전국 17개 시도에서 지역청 대회와 시 · 도 대회를 거쳐 선발된 학생들이 종목별 과학 탐구력을 겨루게 됨.

▣ 전국청소년과학탐구대회: http://www.kofac.re.kr/nysc

심사기준

■ 탐구토론

1. 심사배점

심사배점(100점)			
발표 팀(60점)		**반론 팀(30점)**	**평론 팀(10점)**
과학적 탐구력(20점)	발표(40점)	반론(30점)	평론(10점)

2. 심사규정

- 과학적 탐구력(20점)
  - 대회 전에 보고서를 제출해야 하며, 제출된 보고서를 바탕으로 외부전문가(심사위원)에 의해 탐구과정과 탐구결과를 평가함.
- 발표(40점)
  - 대회 당일 발표 팀의 탐구결과 발표를 평가함.
  - 발표내용: 문제 해결에 대한 창의성, 실험 과정의 논리성과 과학성, 결과에 대한 확신 등을 평가
  - 발표: 발표자의 태도, 발표 자료의 시각적 효과와 명확한 의미 전달 등을 평가
  - 토론: 정확한 과학적 지식, 명확한 답변, 적절한 설명, 진지한 태도 등을 평가
- 반론(30점)
  - 질문: 정확한 과학적 지식 바탕으로 한 명확한 질문, 발표 내용과 관련한 의미 있는 질문
  - 토론: 발표내용에 근거한 토론, 유의미한 질문, 상대방에 대한 존중, 진지한 태도 등을 평가
- 평론(10점)
  - 발표평론: 발표자의 발표자세, 발표내용, 탐구내용, 토론 과정에서 발표자의 답변 내용이나 태도 등에 대한 장단점 지적 및 평가
  - 반론평론: 반론 팀의 질문내용, 질문의 적절성, 토론 과정에서 질문자의 태도 등에 대한 장단점 지적 및 평가
  - 전체평론: 토론 전체에 대한 개관
- 기타
  - 토론에 대한 각 팀의 전반적인 인상에 따라 심사위원은 각 팀에 1점의 추가점수를 부여할 수 있다.
  - 한 시간을 초과할 경우 감점처리할 수 있다.

※ 지역청 및 지역대회의 경우 장소나 시간의 제약으로 일부 규정을 변경할 수 있으니 반드시 대회 요강을 확인해야 함.

◼ 전국대회

종목	부문	대상 (1위)	지도 교사상	금상 (2위)	지도 교사상	은상 (3위)	동상 (4위)	특별상 (5위)	학생소계
탐구 토론	초등부(1팀 3명)	1팀(3명)	1	1팀(3명)	1	2팀(6명)	4팀(12명)	8팀(24명)	16팀(48명)
	중등부(1팀 3명)	1팀(3명)	1	1팀(3명)	1	2팀(6명)	4팀(12명)	8팀(24명)	16팀(48명)
	고등부(1팀 3명)	1팀(3명)	1	1팀(3명)	1	2팀(6명)	4팀(12명)	8팀(24명)	16팀(48명)

- 수상자(팀)에게는 교육과학기술부장관상을 수여하며, 대상 학생 지도교사에게는 교육과학기술부장관 표창장을 수여한다.
- 입상 비율은 대상 1명, 금상 2명, 은상 4명, 동상 8명이며 나머지는 장려상을 수여하고, 탐구토론은 대상 1팀, 금상 1팀, 은상 2팀, 동상 4팀, 장려상 8팀으로 한다.
- 팀 수상의 경우 팀별 상장 1매만 발급한다.

4 대회준비 절차

대회일정(안)

순번	추진 내용	추진 일정	비고
1	일선 학교대회	4월이내실시권장	초 · 중 · 고등학교
2	지역청 대회 참가 신청	4월 말	각 지역교육청으로 참가 신청
3	지역청 대회	5월중순이내실시	
4	지역청 대회 결과 발표	5월 말	
5	지역청 대회 결과 시상	6월 말	각 학교로 상장 발송

6	대회 실시결과 및 울산대회 참가신청서 제출	5. 24.	
		5. 2.	
7	시도 청소년과학 탐구대회	6. 11.	
		5. 26.(목)	
8	대회 결과 발표	6월 중순	
9	대회 시상	6월 하순	각 학교로 상장 발송
10	시도대회결과 및 전국대회 참가신청서 제출	7월 중순 이후	
11	전국대회 참가 선정 학생 경진지도	7~9월 중순까지	
12	제29회 전국청소년과학탐구대회	10. 16.	
13	전국대회 결과 발표	10. 24.	한국과학창의재단 홈페이지
14	전국대회 시상	10. 25.	각 시도별 담당기관으로 상장 발송

실제 지도 절차

1. 학생 선발

각 학교에서는 학기 초에 과학의 달 기념행사의 일환으로 교내 과학대회 개최 계획을 수립하여 학교 실정에 맞게 대회를 실시한다. 교내 대회는 전국대회 규정을 바탕으로 각 종목별로 재능이 있는 학생을 선발할 수 있는 기준을 자체적으로 선정하여 하는 것이 우수한 학생을 뽑는 데 도움이 된다.

2. 탐구토론 대회 준비

탐구토론 대회는 미리 공개되는 문제에 대해 탐구할 주제를 선정하여 과학적 탐구를 진행하고 대회 당일 연구결과를 발표와 함께 탐구내용에 대해 토론을 하는 방식으로 경기가 운영된다. 따라서 과학적 탐구능력과 토론의 기술을 지도해야 한다.

1) 탐구토론대회 진행 방법
가) 4팀이 1조가 되어 발표 · 질문 · 평론 · 참관을 번갈아 하며 역할을 수행하며,
    발표 팀과 반론 팀의 토론 과정과 평론 팀의 평론내용을 평가한다.

나) 발표 팀이 연구결과에 대해 15분간 발표하면 반론 팀은 발표 팀의 발표를 듣고 연구과정 및 결과에 대해 의문점을 질문하거나 발표 팀의 견해에 대해 자신의 견해를 밝히는 등의 방법으로 반론을 펼친다. 또한 탐구내용이나 방법, 결과 해석 등에 대해서 이견을 제시하거나 발표자의 방법적 오류나 실수 등을 지적하며 토론을 진행한다. 발표 팀과 반론 팀의 토론은 15분간 진행한다.

다) 평론 팀은 발표 팀의 발표 내용과 발표 태도, 발표 팀과 반론 팀 간의 토론 내용, 반론 팀의 반론 태도 등에 대해 해설과 논평을 한다. 논평에 주어진 시간은 5분이다.

라) 발표 팀은 평론이 끝난 후 마무리 발언을 할 수 있는 시간 3분이 주어진다. 이 3분 동안 발표 때 하지 못했던 내용이나 토론 중에 시간 때문에 제대로 답변하지 못한 내용, 연구결과에 대한 적용, 발전 등의 내용을 정리해서 발표한다.

마) 연구 내용이나 결과에 대해 6분 동안 심사위원이 질문과 평가를 할 수 있으며, 발표 팀은 이에 답변을 해야 한다.

바) 한 팀의 발표가 끝나면 자리를 바꾸어 [발표 팀→참관, 참관 팀→평론, 평론 팀→반론, 반론 팀→발표]로 역할을 바꾸어 토론을 계속 진행하게 된다.

구분	항목	세부항목	점수	비고
발표 팀	과학적 탐구력	탐구과정 및 결과	20점	탐구 보고서 평가
	발표점수	내용/발표/토론	40점	토론내용 평가
반론 팀	반론점수	질문 · 평가/토론	30점	
평론 팀	평론점수	발표평론/반론평론	10점	
총점			100점	·

2) **과학 탐구 지도의 실제:** 탐구토론은 과학적 탐구가 중심이며, 토론은 탐구한 내용을 발표하고 검증하는 과정이다. 따라서 탐구 주제를 선정하고 과학적 방법으로 탐구를 진행하는 데 중점을 두어 지도해야 한다.

가) 주제선정: 탐구토론 대회에서 주제의 선정이 가장 중요한 사항이다. 주어진

문제를 해결할 수 있는 탐구 주제를 선정해야 하는데 학생들의 수준에서 해결 가능한 수준이어야 한다.

– 주제가 흥미 있고 일상생활에 적용될 수 있는 것이면 좋다.

– 탐구 내용이 참신하고 그 결과가 이용 가능한 것이면 좋은 주제라 할 수 있다.

– 이미 과학적으로 연구가 되었거나 산업적으로 이용되고 있는 주제는 지양한다.

전국청소년과학탐구대회 홈페이지(https://www.kofac.re.kr/?page_id=2048)/정보마당/자료실에 가면 전국대회 탐구토론 발표 자료가 올라와 있다. 발표 자료를 참고하면 전국대회 진출 팀의 탐구 주제와 탐구 수준을 파악할 수 있다.

나) 탐구활동을 위한 자료 수집: 탐구 주제가 선정되면 주제와 관련된 연구 결과나 관련 이론을 찾아 탐구 방향과 세부적인 탐구 주제를 설정한다. 특히 교사는 학생들이 탐구 주제와 관련하여 적절한 연구 활동과 올바른 지식을 습득할 수 있도록 방향을 제시해주고 지도 조언을 해주어야 한다. 그리고 용어의 정확한 뜻과 적절한 용어를 구사할 수 있도록 지도한다.

다) 실험 및 모형 제작: 문제를 해결하기 위해 실험을 해야 할 경우도 있고, 모형을 제작해야 할 경우도 있다. 실험의 경우 가설을 설정하여 실험하고, 실험의 공정성을 위해 변인통제를 철저히 하여 실험을 진행한다. 연구 내용에 따라 모형을 제작해서 발표 당일 직접 보여주며 시연하거나 설명하는 것도 좋은 방법이다. 그리고 MBL과 같은 첨단 실험 장비를 활용하거나 해당 분야의 전문가를 찾아가 조언을 구하는 것도 탐구의 수준을 높일 수 있는 방법이라 할 수 있다.

라) 연구 보고서 작성: 과학전람회 보고서 및 대학교 논문 작성법과 동일하다.

– 탐구 주제: 탐구할 주제와 활동 목표가 짧은 글 속에 나타나도록 쓴다.

– 탐구 동기: 탐구 동기를 읽으면 '어떤 계기에서 탐구를 시작하게 되었는가' 하는 전체 탐구활동의 겉모습이 확연히 드러나도록 쓴다.

– 탐구 실행: 탐구를 실행한 절차, 탐구기간, 탐구대상, 탐구방법(설문지, 실험, 방문 등)을 자세하게 나타낸다. 탐구실행 방법을 쓸 때에는 탐구한 과정이 날짜별, 작업별로 잘 나타나도록 기록한다.

– 탐구내용과 결과 정리: 탐구활동을 한 내용을 정리하여 모두 제시한다. 탐구 결과는 표나 그래프 등을 이용해 알기 쉽고 간결하게 쓰는 것이 좋다.

– 탐구활동을 한 결과 알게 된 점이나 느낀 점을 결론과 관계없이 간략하게 쓴다. 탐구내용에 따라 생략할 수도 있다.

– 논문 요약서: 논문의 핵심 내용을 1장으로 요약한다.

– 참고문헌: 다른 문헌에서 참고를 했거나 인용한 부분이 있으면 그 문헌을 분명하게 기록하고, 전문기관의 협조를 받은 사실이 있는 경우에도 그 사항을 밝혀두어야 한다. 다른 도서에서 인용한 도표나 사진도 그 출처를 반드시 밝혀야 한다.

– 연구 보고서 체계는 대개 아래의 4단계를 골격으로 하여 탐구 내용에 맞게 몇 단계를 추가한다.

◎ 4단계
  – 탐구동기(탐구를 하게 된 까닭이나 이유 등)
  – 탐구내용
  – 탐구방법 및 결과
  – 종합결론
◎ 추가
  – 이론적 배경(선행연구 고찰)
  – 연구를 위한 전제 조건
  – 가설설정
  – 적용 및 발전
  – 제언
  – 참고문헌

---

3) 토론 지도의 실제

가) 프레젠테이션 자료 제작

– 가급적 파워포인트로 작성하되 모든 내용을 전부 담으려 하지 말고 사진 등을 넣어 보는 사람이 쉽게 이해할 수 있도록 작성한다.

– 그림, 숫자, 통계자료 등은 그래프화한다.

- 불필요한 소리나 화면 전환효과는 삼간다.

나) 발표 및 토론
- 발음이 정확하고 성격이 차분하여 의사 전달을 잘할 수 있는 학생으로 선정한다.
- 사실이나 자료에 근거하되 막연한 표현이나 추측형 표현(~~했을 것이다)은 하지 않는다.
- 사족(음~, 에~, 저~ 등)은 가급적 쓰지 않는다.
- 상대방을 똑바로 보며 발표나 답변을 하며 인상을 쓰거나 부정적인 인상을 주지 않도록 한다.
- 발표나 토론 시 감정을 개입하거나 상대방을 비난하지 않도록 한다.
- 평론은 체크리스트 형식으로 평가할 항목을 미리 만들어 토론을 보며 체크하면 효과적이다.

다) 기타
- 발표자, 반론자, 평론자의 지도에서 가장 중점적으로 지도할 내용은 각 파트에 주어진 시간을 최대한 효율적으로 사용하는 것이다. 주어진 시간을 정확하게 맞추어서 시간 초과와 같이 눈에 보이는 감점은 절대 없도록 하기 위해 파트별로 '시나리오'를 적는 것이 효과적이다.
- 3명의 팀원이 모두 반론 내용과 평론 내용을 적어가면서 서로 협조하도록 지도한다.
- 승부에 대한 지나친 집착보다는 자신이 가진 능력을 최대한 발휘하는 데 만족하고 최선을 다하도록 지도한다.
- 학생 스스로가 자신이 연구한 분야에서는 최고라는 자신감을 가지고 토론에 임하도록 지도한다.
- 끊임없는 반복연습을 통해 부족한 부분을 스스로 느끼고 채울 수 있도록 하며 기회가 되면 교사나 학생 등 여러 집단의 사람들 앞에서 반복적으로 발표하고 질문에 답할 수 있도록 한다.

전국과학전람회

대회개요

■ 목적

우리나라의 과학기술진흥과 국민생활의 과학화를 촉진하기 위하여, 교육과학기술부에서 주최하고 국립중앙과학관이 주관하고 있으며, 매년 개최하는 전국대회이며 자연현상이나 과학 원리에 대한 장기간의 실험실습을 통한 심도 있는 연구 작품을 대상으로 하는 과학경진대회이다.

■ 주최: 교육과학기술부

■ 주관: 국립중앙과학관

■ 후원: 농림수산식품부, 지식경제부, 환경부

대회일정(안)

※ 일정은 지역에 따라 차이가 있고, 전국대회도 해마다 조금씩 달라짐.

일정	지역대회	전국대회
원서접수	12. 16	7. 12
서류심사	6. 3~6. 5	7. 13~8. 14
면담심사	6. 8~6. 10	8. 17~8. 18
결과발표 및 시상식	6. 17. 16:00	9. 7

 ## 출품부문 및 자격

■ 출품부문(8개 부문)

전국과학전람회규칙 제4조

- 물리, 화학, 동물, 식물, 지구과학, 농림수산, 산업 및 에너지, 환경

■ 출품자격: 전국과학전람회규칙 제5조

- 제○○회 전국과학전과의 연계 운영 방안

※ 시 대회 1, 2, 3등급 입상작 중 국립중앙과학관에서 배정한 출품 편 수에 따라 성적순 및 심사위원회 협의로 전국대회 출품자격을 부여한다(출품 편 수 및 자격은 전국대회 주관기관의 대회 규정에 따라 변경될 수 있음).

- 초 · 중 · 고 학생, 교원 및 일반인, 1인 1작품 및 단체 2인 이상 3인 이내(단, 외국인은 찬조 출품할 수 있음)

  ※ 학생부: 초등학생부, 중학생부, 고등학생부

  ※ 지도교원은 출품자와 동일 학교급(초등–초등, 중등–중등, 고등–고등) 소속을 원칙

- 작품의 제작자가 출품 전에 사망한 때에는 그 유가족이 작품을 출품할 수 있음.

 ## 대회안내

■ 국립중앙과학관: http://www.science.go.kr

 심사기준

■ 심사배점

심사배점(100점)						
1차-서류심사(30점)			2차-면담심사(70점)			
창의 · 탐구성 (15)	이론적 타당성 (10)	실용성 (5)	창의탐구성 (30)	이론적 타당성 (15)	실용성 (10)	노력도 (팀워크) (15)

※ 일반인 경우 예선심사를 거친 작품에 한하여 전국대회 출품 가능

■ 심사기준
- 창의성 · 탐구성
    - 작품의 우수성과 함께 출품자 학력(초중고 및 일반) 수준에서의 창의성 · 탐구성 반영
    - 과학적 착상(출품자의 아이디어)의 독창성
    - 문제 해결을 위한 접근방법 및 접근과정에서의 창의성 · 탐구성
- 이론적 타당성
    - 작품의 목적, 과정, 결론의 명확성 여부
    - 작품을 뒷받침하는 자료와 결론의 확실한 제시
- 실용성
    - 수요창출효과
    - 문제점의 해결이 가능하며 종전방식과 비교하여 개선과 발전 정도
    - 학문적 가치, 경제성, 현실성 여부
- 노력도
    - 작품 제작과 출품과정에 학생의 노력 및 직접 참여 정도(탐구일지 실적 등

을 반영)

- 단체작품은 출품자 전원의 참여도 반영

3 시상 및 수상자 특전

■ 전국대회

상명	시상자	대상		수량	상금	비고
대통령상	대통령	학생부		1점	1,000만 원 (지도교원 500만 원 포함)	학생부 지도교원은 2012년 과학의 날에 대통령 표창장 수여
		교원 · 일반부		1점	1,000만 원	
국무총리상	국무총리	학생부		1점	500만 원 (지도교원 250만 원 포함)	학생부 지도교원은 2012년 과학의 날에 국무총리 표창장 수여
		교원 · 일반부		1점	500만 원	
부문별 최우수상	교육과학기술부장관 농림수산식품부장관 지식경제부장관 환경부장관	학생부		6점	각 100만 원 (지도교원 각 50만 원 포함)	8개 부문 중 대통령상, 국무총리상 수상 부문을 제외한 6개 부문
		교원 · 일반부		6점	각 100만 원	
특상	"	학생부	초중고	96점	각 40만 원 (지도교원 각 20만 원 포함)	초/중/고 분리심사
		교원 · 일반부			각 40만 원	
우수상	"	학생부	초중고	98점	각 20만 원 (지도교원 각 10만 원 포함)	
		교원 · 일반부			각 20만 원	
장려상	과학기술관련 학회, 단체 및 정부출연 연구기관장 등	학생부		입선	장려금 (후원금액에 따라 한정 지급)	특별후원기관
		교원 · 일반부		입선	－	

■ 전국대회 수상자에 대한 특전

• 특상 이상 수상자에게는 KISF 출전자격 부여[KISF는 미국에서 개최되는 세
계학생과학경진대회(ISEF)의 한국대표 선발전임]

4 대회준비 절차

지역대회 일정(안)

순	추진 내용	추진 일정(안)	비고
1	전람회 출품희망 지도교원 사전 연수	11. 19	
2	개최요강 통보	12월 초	국립중앙과학관 개최 요강에 따라 수정될 수 있음.
3	작품제작 계획서 제출	12. 16	
4	예선대회(계획서 심사)	12. 17~12. 21	
5	계획서 심사결과 발표	12. 23	
6	예선 및 본선 입선 지도교원 연수	1~7월	
7	지도논문 계획서 제출	3. 10	
8	출품원서, 작품설명서, 학생작품지도논문 제출	6. 1~6. 2	
9	작품 반입 및 진열	6. 7. 13:00~17:00	
10	본선대회(작품 및 학생작품지도논문 심사)	서면심사: 11. 6. 3~6. 5 면담심사: 11. 6. 8~6. 10	
11	본선대회 심사 결과 발표	6. 14. 10:00	
12	시상 및 개관식	6. 17. 16:00	
13	작품 전시	6. 17~6. 23	
14	전시 작품 반출 전국대회 출품자 협의	6. 23. 15:00~17:00 6. 23. 17:00~	
15	전국대회 출품 제작지도	6. 20~7. 6	

16	전국 대회	원서 접수	7. 7	국립중앙과학관 일정에 따라 변경될 수 있음.
		작품 반입	8. 22	
		면담 심사	8. 23~8. 25	
		결과 발표	9. 2	
		시상식	9. 29	

 실제 지도 절차

1. 선행연구의 고찰 지도

선행연구는 인터넷을 통해 국립중앙과학관(http://www.science.go.kr)에서 전국 과학전람회에서 기발표된 출품작이나 유사한 작품이 있는지를 알아보고, 울산대학교의 도서관에서 국회도서관의 전자검색기능(http://www.nanet.go.kr/)에서 국내 관련 논문을 찾거나 riss4u DB 목록의 검색을 통해 국외 논문을 찾아본다. 논문들 중에서 원문 DB가 있는 참고문헌은 다운을 받고 원문이 없는 참고문헌 중 꼭 필요한 참고문헌은 현지 대학을 방문하거나 인터넷이나 도서관에서 찾아보게 한다. 또한 참고문헌에서 이해가 되지 않는 부분이나 전문가의 조언이 필요한 경우에는 대학 실험실을 방문하여 직접 설명을 듣거나 메일을 띄워 해결할 수 있게 한다. 또한 학교 자체에서 해결할 수 있는 문제들은 학생들과의 토의나 학교에 근무하시는 동료 과학교사들과의 협의를 통해 자체 해결한다. 선행연구에 대한 구체적인 자료들을 검색한 검색창은 아래와 같다. 또한 검색결과는 학생들의 보고서에 참고문헌으로 수록한다.

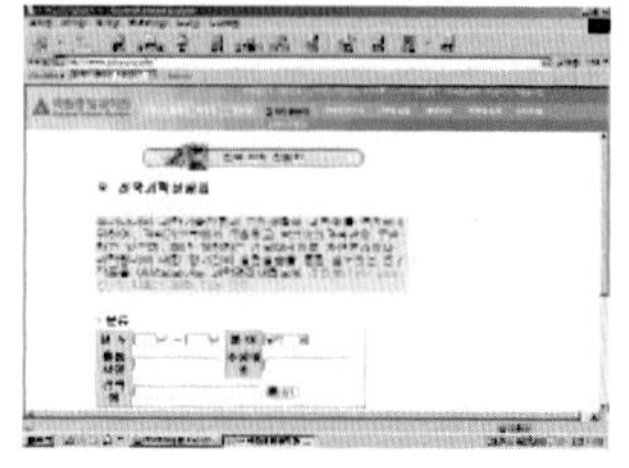

〈국립중앙과학관〉

〈국회도서관〉

〈riss4u〉

2. 실험 수행 및 결과도출 지도

가. 실험방법 설계 및 수행

실험방법의 설계는 선행연구 고찰을 통해 본 연구를 위해 필요한 실험 방법을 찾아 직접 설계하게 하고, 같이 토론을 통해 수정 보완하여 확정한다. 학생들이 실험을 설계하고 수행하게 하며, 전 과정에서 지도교사의 생각이 직접 개입되지 않도록 최대한 노력한다.

나. 결과도출

실험결과 정리를 위해 Microsoft Excel과 통계처리 프로그램인 SPSS의 사용법을 익히게 한다.

다. 프로그램의 모든 것을 익히기에는 시간이 부족하므로, 결과도출을 위해 필요한 평균산출, 표준편차 산출, pearson 계수 구하기, 도표 그리기, t-검증만을 익히도록 한다. 또한 자료의 결과를 그림으로 나타내기 위해서 포토샵의 기본을 익히게 한다. 다음에서 결과도출을 위해 사용된 프로그램을 나타내었다.

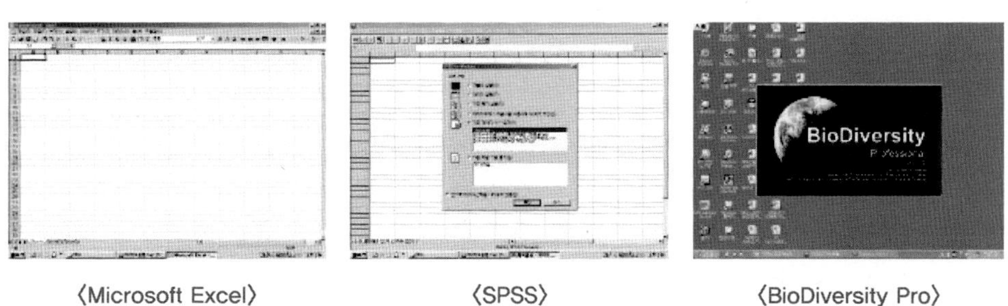

〈Microsoft Excel〉　　　　　〈SPSS〉　　　　　〈BioDiversity Pro〉

연구결과 산출을 위해 여러 가지 프로그램을 익히도록 지도하여 microsoft-excel 프로그램을 이용하여 자유롭게 그래프를 그릴 수 있게 되면, 자료를 다양한 방면으로 분석할 수 있게 된다. 또한 상관관계를 pearson 계수를 구하여 분석할 수 있게 된다. 또한 SPSS 프로그램을 이용하여 t-검증을 하게 해봄으로써 수학 교과 과정의 확률과 통계의 정규분포 곡선과 유의수준을 더 쉽게 이해하게 할 수 있다. 그 밖에도 시그마 플롯 프로그램과 BioDiversity Pro 등과 같은 프로그램과 사이트 사용을 통해 사이버 커뮤니티를 활용한 본 연구의 지도가 훨씬 더 수월해질 수 있다.

3. 결론도출 및 활용방안 지도

실험결과를 이용하여 올바른 결론을 도출하여 보고서를 작성하게 지도하며, 연구수행을 통한 적용방안 및 창의적인 활용방안을 마련하게 지도한다. 연구가 단순한 탐구활동이 아니라 연구목적에 맞게 활용되기 위해 적합한 방안의 연구와 더 알고 싶은 점에 대해 토론해보게 한다. 그 결과 및 과정은 학생보고서에 나타내도록 지도한다.

학생발명품 경진대회

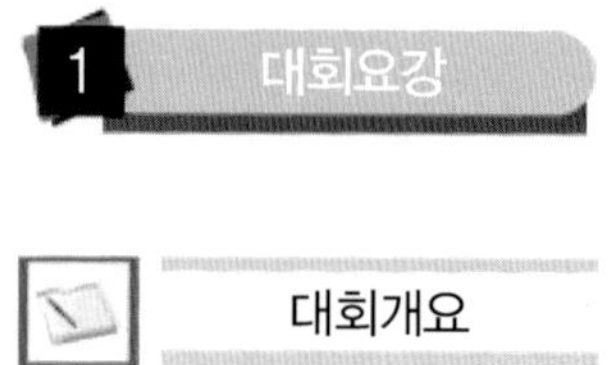

대회개요

■ 목적

초·중·고등학생을 대상으로 과학발명 활동을 통하여 창의력을 계발하며 과학에 대한 탐구심 함양과 자연을 슬기롭게 이용할 수 있는 능력을 길러주는 데 있다.

　■ 주최: 교육과학기술부 · 동아일보사

　■ 주관: 국립중앙과학관

■ 후원: 농림수산식품부, 지식경제부, 환경부, 중소기업청, 특허청, 한국연구재단, 한국과학창의재단

 대회일정(안)

일정	지역대회	전국대회
원서접수	12. 16	7. 12
서류심사	6. 3~6. 5	7. 13~8. 14
면담심사	6. 8~6. 10	8. 17~8. 18
결과발표 및 시상식	6. 17	9. 7

 출품부문 및 자격

■ 출품부문(5개 부문)

전국 학생과학 발명품 경진대회 규정 제3조

- 생활과학Ⅰ, 생활과학Ⅱ, 학습용품, 과학완구, 자원재활용

■ 출품자격

전국 학생과학 발명품 경진대회 규정 제4조

- 전국 초·중·고 재학생(초·중등교육법 제2조에 의한 학교)

※ 지도교원은 출품자와 동일 학교급(초등-초등, 중등-중등, 고등-고등) 소속을 원칙으로 한다.

■ 응모형태: 1인 1작품

 대회안내

◨ 국립중앙과학관: http://www.science.go.kr

2 심사기준 및 배점

심사기준

◧ 심사 배점

본 심사(100점)						
1차–서면심사(30점)			2차–면담심사(70점)			
창의 · 탐구성	실용성	경제성	창의 · 탐구성	실용성	노력도	경제성
(15)	(10)	(5)	(20)	(20)	(20)	(10)

(※ 본 기준은 심사협의회에서 일부 수정 · 보완될 수 있음)

◧ 심사기준

• 창의성 · 탐구성

 – 작품아이디어의 독창성 정도

 – 작품제작과정에서 도출된 문제 해결 노력 및 능력 정도

 – 작품의 학력(초 · 중 · 고) 수준에서의 창의성 · 탐구성 반영

• 실용성

 – 작품이 일상생활에서의 실제적 응용 정도

 – 기존의 작품 또는 제품과 비교하여 개선 · 발전시킨 정도

 – 작품이 일상생활에 기여할 것으로 기대되는 정도

• 노력도

 – 작품의 제작과 출품과정에 학생의 노력 및 직접 참여 정도(탐구일지 실적
 등을 반영)

- 경제성
    - 작품 제작의 경비 절감 및 경제적 파급효과

■ 면담 심사 시 유의사항

- 작품설명은 3분 이내에 작품 핵심을 정확히 설명할 것
- 출품자가 단순히 암기된 내용을 설명하기보다 작품내용을 잘 이해하고 있음을 보여주도록 할 것
- 작품의 착안점, 차별화된 장점과 우수성에 대해 강조하여 설명할 것
- 심사위원 요청 시 즉석에서 작동 시연되도록 준비에 만전을 기할 것

3 시상 및 수상자 특전

■ 전국대회

상명	부문	수량	시상자	시상 내역	비고
대상	종합	1	대통령	상장 및 장학금 250만 원(학생·지도교원)	지도교원은 2012년 과학의날에 대통령표창장 및 국무총리표창장 각각 수여
국상	종합	1	국무총리	상장 및 장학금 150만 원(학생·지도교원)	
금상	생활과학 I 생활과학 II 학습용품 과학완구 자원재활용	15	교육과학기술부부장관, 농림수산식품부장관, 지식경제부장관, 환경부장관, 중소기업청장, 특허청장, 동아일보사 사장, ㈜한국야쿠르트 사장	상장 및 기념품	부문별 수상 수는 출품 작품 수에 비례하여 배분

은상	생활과학 I	90	교육과학기술부장관, 농림수산식품부장관, 지식경제부장관, 환경부장관, 중소기업청장, 특허청장, 동아일보사 사장, (주)한국야쿠르트 사장, 한국연구재단 이사장	상장 및 기념품	부문별 수상 수는 출품 작품 수에 비례하여 배분
	생활과학 II				
	학습용품				
	과학완구				
	자원재활용				
동상	생활과학 I	191	교육과학기술부장관, 농림수산식품부장관, 지식경제부장관, 환경부장 관, 중소기업청장, 특허청장, 동아일보사 사장, (주)한국야쿠르트사장, 한국연구재단 이사장, 한국과학창의재단 이사장	상장 및 기념품	부문별 수상 수는 출품 작품 수에 비례하여 배분
	생활과학 II				
	학습용품				
	과학완구				
	자원재활용				
학교 단체상	초 · 중 · 고	16개 교	교육과학기술부장관	상장 및 우승기	
과학발명 탐구 장려금 지원	우수 수상 시 · 도 교육과학연구원 및 학교	5개 기관	(주)한국야쿠르트 사장	대통령상 시 · 도: 2백만 원 국무총리상 시 · 도: 1백만 원 종합성적우수시 · 도: 1백만 원 대통령상, 국무총리상, 수상학교 각 1백만 원	

- 학교단체상은 우수한 작품을 많이 출품하고, 과학발명지도에 가장 의욕적인 학교 중 해당 교육감 또는 교육과학연구원(과학전시관, 과학교육원)장이 추천하는 각 시 · 도별 1개교 시상

- 우수 교육과학연구원(과학전시관, 과학교육원) 선정은 금상 이상 10점, 은상 2점, 동상 1점으로 계산한 총점을 출품 작품 수로 나눈 평균점으로 함(단, 대통령상과 국무총리상 수상 시 · 도는 제외).

- 각 부문별 대상작품이 없을 경우 수상자 선정을 하지 않을 수 있음.

◼ 수상자에 대한 특전
- 해외 선진과학관 탐방 참가경비 지원(금상 이상 수상자) 또는 국제발명품대회

참가 지원(대상 및 희망자 등을 고려하여 예산 범위 내 추후 확정)

※ 세부 추진사항 및 일정은 추후 통보하며 개인사정 등으로 불참 시 포기한 것으로 간주

- 특허출원 시 무료변리지원(금상 이상 수상작품)

※ 전시 시작 후 6개월 이내 대한변리사회(02-3486-3486)에 개별적으로 신청·완료

- 우수수상자(은상 이하) 과학캠프 참가자격 부여: 초등부 수상자

 **4** 대회준비 절차

 지역대회 일정(안)

순	추진 내용	추진 일정	비고
1	발명대회 출품희망 지도교원 사전 연수	11. 19	별도 계획
2	개최요강 통보	12월 중	국립중앙과학관 개최 요강에 따라 수정될 수 있음.
3	작품제작 계획서 제출	12. 9	
4	예선대회 심사	12. 14~12. 17	작품제작 계획서 심사
5	예선대회 심사 결과 발표	12. 22	지역교육청, 학교급별 통보 연구원 홈페이지 게재
6	예선대회 입선 지도교원 연수회	12~4월	별도계획
7	지도논문 계획서 제출 (지도교원 신청서 포함)	3. 11	
8	작품설명서 및 학생작품지도논문 제출	5. 2	
9	작품 반입 및 진열	5. 9	
10	본선대회 심사	서면심사: 5. 3~5. 9 면담심사: 5. 11~5. 13	작품 심사
11	본선대회 심사 결과 발표	5. 17	

12	시상/개관식	5. 20	
13	작품 전시	5. 20~5. 24	
14	전시 작품 반출 전국대회 출품자 협의	5. 24 5. 24	
15	전국대회 출품 제작 지도	5. 20~6. 3	
16	전국 대회	원서 제출	6. 7	국립중앙과학관 일정에 따라 변경될 수 있음.
		서류 심사	6. 13~7. 3	
		작품 반입	7. 5	
		면담 심사	7. 6~7. 7	
		전시	7. 14~8. 10	
		결과 발표	7. 27	
		시상식	7. 27	

실제 지도 절차

1. 작품설명서란?: 제품설명서

〈차례〉

Ⅰ. 제작 동기 – 아이디어 얻기

Ⅱ. 작품 설명

   1. 작품 제작 재료 설명 – 재료 조사 및 재료의 특징 탐구

   2. 제작에 필요한 소모품 공구 설명 – 제작에 필요한 소모품 및 공구 탐구

   3. 설계도 그리기 – 설계도 그리기

   4. 제작 방법 설명(그림 및 사진) – 제작

   5. 작품 사용 설명(그림 및 사진) – 구체적으로 기술

   6. 작품 사용 시 유의점 – 제작 결과 탐구

Ⅲ. 맺는말

   1. 작품 발전 방향

   2. 제작 소감

   도움: 도움받은 자료 도움 주신 분

   * 국립중앙과학관 참고

---

2. 작품설명 차트 작성

가. 작품설명표 작성 양식(지역대회 양식)

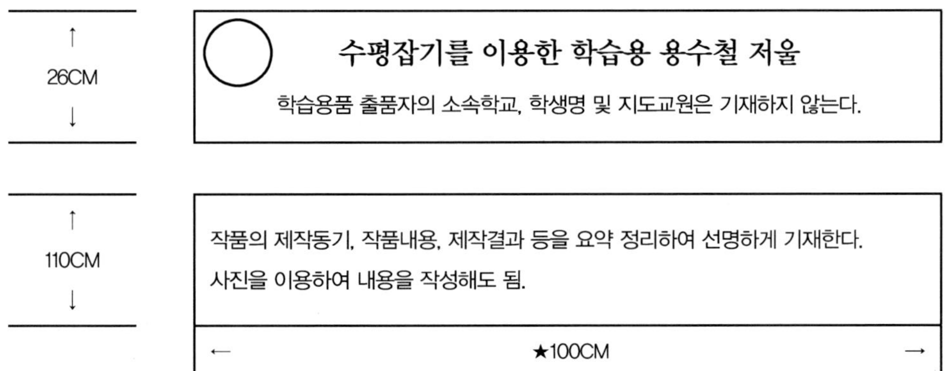

나. 작성 방법

1) 발명품명: 최대한 간결하게, 전체를 함축, 주목받은 어휘, 알기 쉽게 표현, 흥미로운 제목

2) 발명동기: 개조식 서술, 목적이 부각, 간략히 서술, 억지로 동기를 미화하는 것은 불가

3) 작품 내용(사용법 포함 가능)

　　가) 작품 요약 설명

　　나) 단계적 기술 기존 제품(선행 발명품) 분석, 표준 통계(단위 제시)

　　다) 간결한 원리도, 주요 부품 명칭 핵심 발명 클로즈업

　　라) 개선해가는 과정(1차 작품, 2차 작품, 3차 작품): 꼭 필요한가?

　　마) 문제점 – 개선점 – 비교, 진술

4) 사용방법: 간결한 순서도, 어떤 발명품인지 추측 가능하게

5) 발명 결과(종합적 표현: 추상적 표현이나 무리한 결론은 금물)

　　가) 창의성 측면에서

　　나) 실용성 측면에서

다) 경제성 측면에서 결과를 작성한다.

3. 전시 진열 방법

　　가. 전시: 성능, 특징 돋보이기, 이론에 맞게 적당한 크기, 견고하고 보기 좋
　　　　게, 조작이 간편하게
　　나. 진열: 전체의 조화: 눈에 잘 띄게

4. 발명 일지

가. 생각나면 기록하라(발명 수첩 휴대는 필수).
　　– 형식, 방법은 없다. 알아보면 된다. 그림, 글, 기호 등으로(아주 중요한 발
　　　명교육이다)
나. 주제탐색(아이디어 찾기)
　　– 우리 집에서 문제점을 찾아보자.
　　– 우리 학교에서 이것은 이렇게 했으면 하는 점을 찾아보자.
다. 주제 해결 방법 찾기: 혼자서, 친구와, 가족과, 교사와 다 같이(수십 가지)
라. 해결 방법 구체화 작업
　　– 구상도 그리기
　　– 설계도 그리기
마. 모형 작품 만들기
　　– 스티로폼, 아크릴, 종이 등으로

5. 발표 요령

가. 직접 작동하면서 설명
나. 결과를 중점적으로 설명
다. 침착하고 자연스럽게
라. 단정하고 명랑한 표정을 유지
마. 심사위원을 의식할 것

바. 내 발명품이 이 세상에서 최고라는 자신감을 갖고 이 발명품을 만들게 된 동
기는 ~이러하여 ~이러한 방법으로 ~이렇게 했더니(직접 조작을 하면서)
~이러한 결과 ~이것은 새로운 발명품이다.

과학동아리활동발표대회

대회요강

대회개요

◼ 목적

초 · 중 · 고등학생들이 과학을 통해 습득한 이론을 연구 · 탐구 · 실험 · 실습 ·
제작활동에 적용하고 활용하는 기회를 제공함으로써 과학 연구 활동을 생활화하는
자세를 심어주기 위함이다.

◼ 주최: 교육과학기술부

◼ 주관: 한국과학교육단체총연합회

대회일정(안)

일정	지역대회	전국대회
참가신청서	7. 7	8. 19
대회	7. 14	9. 3
결과발표		9월 말
시상식		10. 22

 ### 출품부문 및 자격

■ 운영방침

- 평상시 각 학교 현장에 조직되어 활동하고 있는 과학 동아리, 클럽활동반 등 과학 관련 동아리의 활동 전반적인 면을 주된 발표 내용으로 한다.
- 연구 중심이 아닌 활동 중심의 동아리활동을 주된 내용으로 한다.
- 전국의 시·도·군·구의 교육청에서 지정되어 과학 동아리들이 참가한다.
- 지원금을 받은 동아리는 각 시·도 과교총에서 개최하는 예선대회에 의무적으로 참가한다.
- 17개 시·도 과교총에서는 초·중·고 학교 급별로 한국과교총에서 배정한 동아리 수만큼 선발하여 전국대회에 참가시킨다.
- 시·도 과교총에서는 동아리들이 연초에 활동 계획서를 받은 후 적절한 시기에 중간보고서를 통해 활동 상황을 점검하고, 지도한 후에 최종보고서를 통한 발표대회를 거쳐서 전국대회에 참가시킨다.
- 전국 발표대회에는 지도교사 1명과 학생 2명만 참가하여 발표를 한다.
- 과학전람회적인 것은 탈피해야 하며 동아리의 순수성이 있어야 한다.

■ 참가자격

※ 각 시·도 학생 수에 비례하여 배정된 팀 참가

※ 초등학교, 중학교, 일반계고등학교, 과학고등학교 및 과학영재학교 각 팀당 대표학생 2명과 지도교사 1명

 ### 대회안내

한국과학교육단체총연합회 http://www.kofses.or.kr

심사기준

심사구분		심사기준	배점
보고서 및 달성도		① 보고서는 체계적인가?	20
		② 계획에 따라 활동이 전개되고 목표에 도달했는가?	
활동 내용 및 과정	창의성	① 주제가 과학 동아리활동에 부합되는 것인가?	20
		② 활동 내용 및 방법이 독창적인가?	
	참여도	① 동아리활동 중 학생의 참여와 역할이 바람직한가?	20
	현실성 기여도	① 활동 결과물 및 활동과정이 현실적으로 파급 가능한가?	20
		② 과학이나 과학교육 발전에 도움이 되는 활동인가?	
발표도		① 학생 중심의 발표이며 체계적이고 논리적인가?	20

◾ 전국대회

구분		최우수상	금상	은상	동상	장려상	계
동아리 팀 수	초등학교	1	2	3	4	13	23
	중학교	1	2	3	4	13	23
	고등학교	1	2	3	4	13	23
시상명		교육과학 기술부 장관상	삼성전자 대표이사 사장상	한국 과교총 회장상	한국 과교총 회장상	한국 과교총 회장상	69

※ 시상식 참가는 최우수상 수상자만, 나머지 수상자는 시 · 도 과교총으로 우송한다.
※ 상장은 동아리(단체) 이름으로 시상한다.

◾ 전국대회 수상자에 대한 특전

- 최우수상 수상 학생과 교사는 해외탐방 특전을 부여한다.

지역대회 일정(안)

■ 과학 동아리활동 계획서 제출
- 제출 일자: 5월 6일
- 제출 장소: 과학 교육 팀에 직접 제출
- 제출 서류: 참가신청서, 연간 활동 계획서 5부(A4 용지 5쪽 이내)

■ 과학 동아리활동 중간보고서 제출
- 제출 일자: 7월 29일
- 제출 장소: 과학 교육 팀에 직접 제출
- 제출 서류: 중간보고서 A4 용지 5쪽 이내 5부

■ 지역대회 일시
- 일시: 9월 6일
- 참가대상: 교육청에서 지정한 각 학교 과학 동아리
- 제출서류: A4 용지 20쪽 이내의 제본 보고서 6부 및 저장 CD, 출품원서

실제 지도 절차

1. 지도 관련 사항

　과학 동아리 발표대회를 통하여 학생들 스스로가 활동과제를 해결할 수 있도록 지도하는 데에 있어서 과학 동아리활동 주체자인 학생의 활동과 교사 및 학부모의 지원 그리고 교육기관의 지원이 함께 조화를 이루어야 한다.

2. 동아리활동 과정 지도

가. 과학 체험 활동에 대한 지도

1) 구성원들을 모둠으로 구성하여 모둠별로 혹은 전체적으로 참여하도록 한다.

2) 과학 체험 활동 후 체험 보고서를 작성하도록 한다.

나. 환경/생태 체험 활동에 대한 지도

1) 구성원들을 모둠으로 구성하여 모둠별로 혹은 전체적으로 참여하도록 한다.

2) 환경/생태 체험 활동 후 체험 보고서를 작성하도록 한다.

다. 프로젝트 활동에 대한 지도

1) 구성원들을 모둠으로 구성하여 모둠별로 혹은 전체적으로 참여하도록 한다.

2) 프로젝트 활동으로 과학시화 그리기, 과학용어 문자 디자인하기를 한다.

라. 과학탐구활동에 대한 지도

1) 구성원들을 모둠으로 구성하여 모둠별로 혹은 전체적으로 참여하도록 한다.

2) 과학 탐구 활동 후 탐구 보고서를 작성하도록 한다.

마. 과학 캠프 활동에 대한 지도

1) 구성원들을 모둠으로 구성하여 모둠별로 혹은 전체적으로 참여하도록 한다.

2) 과학 캠프 활동 후 탐구 보고서를 작성하도록 한다.

05 우수 활동보고서 사례

1) 인문 영역

[사례 1]

◼ 탐구주제: 감성 마케팅이 10대 여학생에게 미치는 영향

<table>
<tr><td colspan="2" align="center">- 목 차 -</td></tr>
<tr><td>

Ⅰ. 탐구동기
  1. 탐구동기
  2. 연구의 필요성 및 목적
Ⅱ. 탐구계획
  1. 선행연구
  2. 참고문헌
Ⅲ. 이론적 배경
  1. 마케팅의 정의
  2. 다양한 마케팅
  3. 마케팅 성공사례

</td><td>

Ⅳ. 탐구내용 및 방법
  1. 탐구과제
  2. 탐구방법
  3. 탐구내용
  4. 제한점 및 예상되는 어려운 점
Ⅴ. 탐구결과 및 결론
  1. 탐구결과
  2. 결과분석
  3. 결론
Ⅵ. 느낀 점

</td></tr>
</table>

Ⅰ. 탐구동기

1. 탐구동기

팀원 모두가 흥미를 가지고 있는 공통된 관심사에 대해 토의하던 중 우리가 조사해보고 싶어 하는 주제를 포괄적으로 담고 있는 '마케팅'이라는 소재를 찾게 되었다. 팀원 3명은 모두 평소에 사회나 심리 분야에 공통된 흥미가 있었다. 이렇게 마케팅이라는 주제를 정하고 보니 사람들의 심리를 이용한 여러 가지 마케팅 전략들에 대해 조사를 하게 되었으며 특히 현대사회에 들어서면서 소비자의 욕구와 취향이 다양하고 복잡해지기 때문에 마케팅이 중요해 지고 있다는 것을 알게 되었다. 또한 마케팅이 현대사회에 있어서 기업이나 소비자 등 전반적인 사회에 큰 영향을 끼치고 있다는 것을 알게 되었다. 마케팅 전략에는 여러 가지 종류가 있는데 '감성 마케팅'이 소비자의 감성을 건드린다는 것에 흥미를 느꼈고 일반적인 소비에서 가장 보편적으로 활용된다고 판단하여 세부적인 주제를 정하게 되었다. 이 주제에 대해 자세히 조사한다면 감성이 마케팅에 미칠 수 있는 영향력, 미래의 전망 등을 알 수 있을 것이다.

2. 연구의 필요성 및 목적

1) 연구의 필요성

마케팅이란, 제품을 생산자로부터 소비자에게 원활하게 이전하기 위한 기획활동으로 시장조사, 상품화 계획, 선전, 판매 등이 있다. 지금은 다양한 성격과 개성을 가진 사람들에 맞춰 개발되는 새로운 상품이 등장하면서, 그에 맞는 마케팅 전략이 필요한 시대가 되었다. 이러한 마케팅은 21세기 현대사회에 들어오면서 물건 판매에 있어 그 중요성이 점점 커지고 있다.

최근까지 활용되고 있는 마케팅에는 잠재의식을 자극하는 서브리미널 효과, 자기합리화에 따라 소비하도록 하는 소크라테스의 효과, 향수를 자극해서 추억이 깃든 물건을 판매하는 향수 자극의 효과 등 여러 가지가 있다. 그런데 이러한 전략들을 살펴본 결과 마케팅은 돈을 직접 벌고 직접 소비하는 어른들에게 초점이 맞추어져 있는 경우가 대부분이었다. 또한 소비 횟수가 많은 10대 청소년들을 위한 마케팅은 보기 드물다는 것을 알 수 있다. 여학생들은 상품 디자인/기능/분위기/가격 등 다양한 요소를 꼼꼼히 따져보고 신중하게 구매의사를 결정한다. 그러므로 10대 소녀를 위한 마케팅의 필요성을 느끼게 되었다.

2) 연구의 목적

현대사회에서 '상품'이라고 하면, 단순히 우리의 눈에 보이는 물건만을 가리키는 것이 아니라, 서비스 또한 포함한 것이다. 소비자에게 상품을 판매해야 하는 입장에 있는 판매자는 '상품'의 종류가 더욱 다양해짐에 따라 소비자를 만족시키기 위한 마케팅 전략에도 더욱 신경을 쓰게 되었다. 본 연구는 많은 마케팅 전략 중에서도, 현대사회에서 여성을 위해서 상품화되는 상품에 적용되는 다양한 마케팅 전략을 알아보고, 그것들을 종합하여 10대 여학생에게 적합한 맞춤형 방법을 만들기 위한 것이다. 심리를 이용한 다양한 마케팅 전략을 소비자도 알게 함으로써 사회 활동을 더욱 원활하게 하는 합리적인 소비가 가능해진다. 또한, 조사자들은 한 가지 주제에 존재하는 많은 소주제를 이용한 설문조사를 함으로써 솔직한 시민들의 의견을 들을 수 있고, 조사를 계속할수록 더욱 체계화된 결과에 도달할 수 있다.

Ⅱ. 탐구계획

1. 선행연구

1) 선행연구 내용

지난 8월 25일 울산대공원 동문 부근에서 간단한 설문조사를 시행했다. 이 조사는 바넘 효과가 사람들에게 심리적으로 어떤 작용을 하는 것인지 알아보기 위한 것이었다. 바넘 효과란 사람들이 보편적으로 가지고 있는 성격이나 심리적 특징을 자신만의 특성으로 여기는 심리적 경향을 뜻한다.

조사는 아이가 있는 가족에게 특화된 A 샐러드와 양이 푸짐하고 평범한 B 샐러드가 있을 때 어떤 걸 고를 것인지 스티커를 붙이는 방식이었다.

조사 결과 130명 중 92명이 A 샐러드를, 38명이 B 샐러드를 선택했다. 설문조사 과정에서 지켜본 결과 50~60대의 여성들이 B 샐러드를 선택하는 경향이 있다는 것을 알 수 있었다.

다음에 조사를 할 때에는 항목별로 분류해서 객관화된 데이터로 결과가 나올 수 있도록 연령별로 나누어서 조사하면 좋을 것이라고 느꼈다. 시간이 촉박해서 A, B 선택에만 초점을 두고, 누가, 왜 그런 선택을 했는지 알 수 있는 근거가 부족했다. 또, 조사 결과를 데이터화 시킬 때 근거가 없었기 때문이다. 조사 계획을 자세히 세우고 설문지를 작성해서 조사한다면 시간도 절약할 수 있고 정확한 데이터를 이용해 쉽게 결과표를 작성할 수 있을 것이다.

2) 선행연구 결과

설문조사 결과 및 참고문헌을 통해 마케팅이 소비자의 심리에 언제, 어떻게 영향을 미치는지 파악할 수 있다.

〈바넘효과 설문조사 통계〉

제목	저자	출판사	출판연도
스타벅스 감성 마케팅	김영한	넥서스	2003
유행색과 컬러 마케팅	IRI색채연구소	영진 닷컴	2003
시장을 움직이는 49가지 마케팅의 법칙	정연승	한스 미디어	2010
프린세스 마케팅	하라다테 미키	오늘의 책	2007
감성 마케팅의 색채심리가 상품이미지에 미치는 영향에 관한 연구: 국내 6대 커피 음료 패키지 디자인 색채 전략을 중심으로	차일권	강원대학교 (논문)	2004

2. 참고문헌

〈참고문헌 목록〉

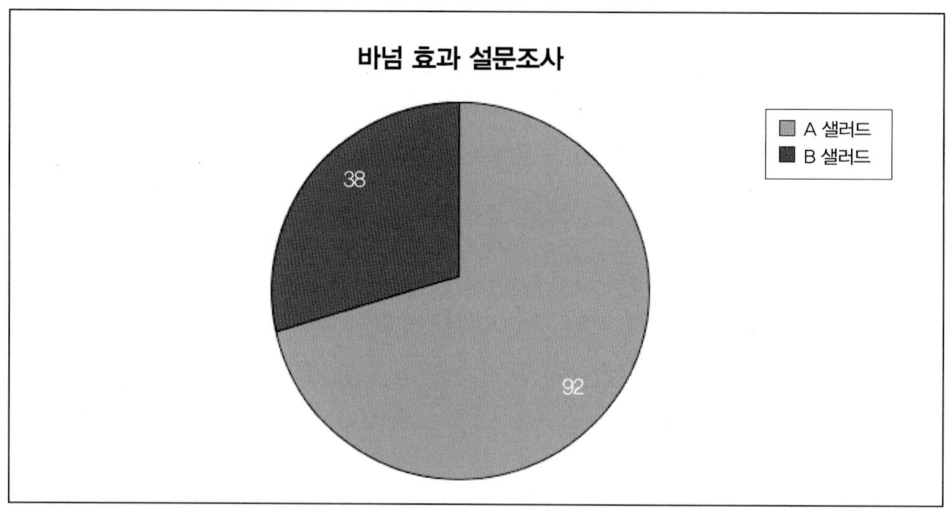

Ⅲ. 이론적 배경

1. 마케팅의 정의

경제성장과 뉴미디어의 발달, 그리고 정보통신의 발달은 우리에게 물질적인 풍요로움과 선택의 기회를 주고 있다. 시장에는 하루가 다르게 신상품이 나오고 있으며 또한 소비자의 욕구(Needs)에 맞는 제품은 계속해서 개발되고 소비자에게 선보이고 있다. 이러한 물질적인 풍요로움 속에서 현재의 시장은 소비자가 시장을 주도하는 상황이 더욱 심화되고 있다. 바로 시장에 상품이 넘쳐나는 포스트 인더스트리얼 시대를 맞고 있는 것이다.

상품을 구매함에 있어서 단순히 기능적인 면만을 기준으로 하여 상품을 선택하던 과거의 시장 상황과는 달리 현재의 소비자는 상품을 통해서 자신의 정신적, 심리적인 만족을 가지고자 한다. 이것은 경제 성장과 더불어 기술의 발달로 인하여 각각의 기업들의 생산된 상품의 질적인 측면은 평준화를 이루게 되었으며 다량의 상품이 시장에 선보이게 됨으로써 소비자의 선택의 폭은 자연히 넓어지게 된 것이다. 이뿐만 아니라 이러한 시장의 변화로 인한 소비자의 생활을 질적으로 향상시키는 결과를 가져왔다.

현대사회의 소비자는 상품 그 자체가 가지고 있는 기능적인 면보다 개개인이 지니고 있는 감성과 추구하는 이미지가 결합된 상품을 얻고자 하는 데 있다. 이러한 소비자의 구매 행태의 변화로 인하여 시장의 변화뿐만이 아니라 기업의 상품에 대한 가치의 척도 또한 변화를 가져오게 되었다.

여기서 우리가 말하고 있는 '이미지'라고 하는 것은 우리 인간의 감성과 관계된 부분으로 감성이라고 하는 것은 대상으로부터 감각되고 지각되어 표상을 형성하게 되는 인간의 인식능력이라고 할 수 있다. 따라서 이성과 대립되는 의미로 사물을 본능적으로 받아들이는 느낌과도 같은 것이라 하겠다.

2. 다양한 마케팅

마케팅에는 사물을 본능적으로 받아들이는 것을 이용한 여러 가지 마케팅이 존재한다. 크게는 무의식을 이용한 마케팅, 감정을 이용한 마케팅, 감각을 이용한 마케팅, 의식을 이용한 마케팅 등으로 나눌 수 있다. 이러한 마케팅의 종류는 매우 다양하다.

1) 무의식을 이용한 마케팅의 법칙

▶후광의 법칙

후광의 법칙은 미국의 심리학자 에드워드 손다이크에 의해 정리된 이론으로서, 어떤 사람을 평가할 때 그 사람에게 하나의 현저하게 우수한 특징이 있으면 그 사람의 다른 특징도 모두 좋게 보이고, 반대로 현저하게 나쁜 특징이 있으면 그 사람의 다른 모든 특징을 나쁘게 평가하는 경향성을 말한다. 사회심리학에서는 주로 어떤 사람에 대한 인상이나 인성, 업무수행 능력을 평가하는 데 나타나며, 마케팅에서는 상점, 상품, 브랜드에 대한 태도 및 평가와 관련하여 나타난다.

▶밴드왜건 효과

밴드왜건 효과는 남이 하니까 나도 한다는 식의 의사결정을 내리는 현상으로 소위 '친구 따라 강남 간다'는 식의 타인의 선택에 따라 의사결정에 영향을 받는 현상을 말한다. 즉, 소비자들이 시장 안에서 유행을 추종하여 소비하는 것을 뜻한다. 기업에서는 밴드왜건 효과를 소비자의 충동구매를 부추기는 데 자주 활용하고 있다. 밴드왜건 효과는 다수의 소비자들이 사용하는 제품을 보고 따라서 소비한다는 점에서 사회적 증거 효과와 비슷하다. 하지만 밴드왜건 효과가 유행을 추종하여 무의식적으로 모방하는 소비를 의미하는 데 비해 사회적 증거는 다수의 선택으로 그 제품에 대한 신뢰성이 형성되어 의식적 판단을 바탕으로 소비를 한다는 데 차이가 있다.

2) 감정을 이용한 마케팅

▶희귀성의 법칙

희귀성은 경쟁 심리를 부추겨 소비자들의 제품 구매 시 실제 제품이 제공하는 가치보다 더 큰 가치를 얻는 것으로 착각하게 만드는 효과를 발휘하는 것이다. 어떤 대상이 점차 희귀해져서 선택의 자유를 침해하게 된다면 소비자는 그 대상을 이전보다 더 강렬하게 소유하려는 심리적 저항을 하게 된다.

▶청개구리 효과

청개구리 효과는 어떤 대상에 대해 선택의 자유가 제한되거나 위협을 당하게 되면, 그 자유를 유지하기 위한 동기가 유발되어, 그 자유를 이전보다 더 강렬히 원하게 된다는 사실에 근거를 두고 있다. 하지만 청개구리 효과는 희귀성의 효과와는 소비자 행동 측면에서 차이가 있다. 희귀성 효과는 소비자가 구매할 수 있는 시간과 수량을 박탈함으로써 소비자의 심리를 자극한다. 그렇지만 청개구리 효과는 직접적으로 소비자의 반발 심리와 호기심을 자극하는 것이다.

3) 감각을 이용한 마케팅

▶알파벳의 법칙

알파벳 마케팅 혹은 알파벳의 법칙이란 알파벳이 가지는 상징성과 간결함 등을 이용해 소비자들의 호기심과 상상력을 자극하는 마케팅 기법이다. 알파벳이 지니는 상징성 내지 간결함은 소비자들에게 원하는 메시지를 간결하고 함축적으로 전달함으로써 기업이나 제품 브랜드의 인지도를 높이는 데 매우 효과적으로 사용될 수 있다. 또한 복잡하고 어려운 개념을 단순화할 수 있는 장점도 있다. 이성보다는 소비자의 감성을 겨냥한 마케팅 기법의 일종이다.

▶컬러의 법칙

컬러 마케팅 혹은 컬러의 법칙은 색상으로 소비자의 욕구를 자극시키는 기법을 말한다. 소비자의 구매력을 자극하는 가장 중요한 요인을 색상으로 보고, 이를 활용해 소비자의 구매를 결정짓게 하는 마케팅 기법이다. 기업의 제조기술이 상향평준화되면서 제품 자체보다는 브랜드와 디자인 등이 강조되고 있고, 디자인의 한 속성으로서 색상이 강조되고 있으며, 디자인의 한 속성으로서 색상이 강조되고 있다. 일반적으로 소비자들은 색채에 대해 감성적 반응을 보이므로 이것이 구매 충동과 연결될 수 있다는 것이 컬러 마케팅의 기본 논리다.

4) 의식을 이용한 마케팅

▶디드로 효과

디드로 효과는 하나의 제품을 구매함으로써 그 제품과 연관된 제품을 연속적으로 구매하게 되는 현상을 일컫는다. 디드로 효과는 디드로 통일성이라고도 불리는데 18세기 프랑스 철학자 디드로가 서재용 가운을 선물 받은 뒤 가운에 맞춰 책상을 교체한 일화에서 유래됐다. 디드로의 수필 「나의 옛 실내복과 헤어진 것에 대한 유감」에서 디드로는 친구에게 선물로 가운을 받으면서 다른 것들도 다 바꾸게 된 일화를 소개한다, 새로운 가운을 입게 된 디드로는 새로운 가운에 맞춰 책상을 바꾸고 싶어졌고, 책상을 새로 바꾸고 나니 서재를 새로 단장하게 되었고, 서재를 바꾸고 나는 방 전체를 바꾸게 되었다. 이 일화는 한 가지의 제품에 맞춰 다른 제품까지 바꾸고 싶어지는 소비 심리를 대표하면서 디드로 효과가 되었다.

▶플라시보 효과

플라시보 효과는 약효가 전혀 없는 약을 먹고도 약효 때문에 병이 나은 것같이 느끼는 것을 말한다. 플라시보란 생물학적으로 아무런 효과가 없는 중성적인 물질이지만 그것이 효과가 있다고 믿는 사람들에게는 실제 효과가 나타나는 약물이나 물질을 의미하며, 사람들의 의식과 믿음이 우리 생활에 얼마나 큰 영향을 미치는지에 대해 알려주는 효과이다. 반대로 그것이 거짓임이 밝혀졌을 때 분명 효과가 있다고 느꼈음에도 불구하고 소비 행위를 하지 않는 경우이다. 플라시보 효과는 가짜 약이라는 말 그대로 신체나 건강상의 효과에서 유독 강하게 작용하고 있으며, 약이나 건강식품 등에서 플라시보 효과를 통한 소비가 강하게 나타난다.

3. 마케팅 성공 사례

▶스타벅스의 SNS 마케팅 성공 사례

계속되는 경제침체에 기업들은 마케팅 비용에 대한 진지한 고민을 하게 되었다. 하지만 경제 침체에도 불구하고 온라인 마케팅 비용은 꾸준하게 증가하고 있다. 그러던 중 반가운 마케팅 채널이 등장했는데 그것은 SNS였다. 많은 기업이 SNS 마케팅에 투자하며 뛰어들었는데 가장 성공적인 SNS 마케팅 성공 사례로는 스타벅스가 있다. 스타벅스는 1971년 시애틀의 작은 커피숍으로 시작하게 됐는데 현재는 세계적으로 유명한 커피전문점이 되었다. 그렇다고 스타벅스가 계속해서 승승장구했던 것은 아니다. 2000년 당시에는 경제침체로 인해서 값비싼 스타벅스의 커피를 사 먹기 부담스러워했고 질 좋고 싼 커피들이 많이 나와 스타벅스를 압박했다. 2007년에는 스타벅스 주가가 40% 대폭락하기도 했다. 하지만 스타벅스는 6명의 소셜미디어 팀을 꾸리고 11개 채널에 걸쳐 SNS 마케팅에 접근하기 시작했다. 결국 2년 뒤인 2009년에는 비즈니스 위크 선정 상위 100위 글로벌 기업 중 SNS상의 고객과의 연관도를 보였고 많은 관심을 또한 받게 되었다. 그로 인해서 다시 스타벅스 매출은 상승했고 주가도 다시 올랐다, 지금 스타벅스는 주목 받는 기업이 되었다.

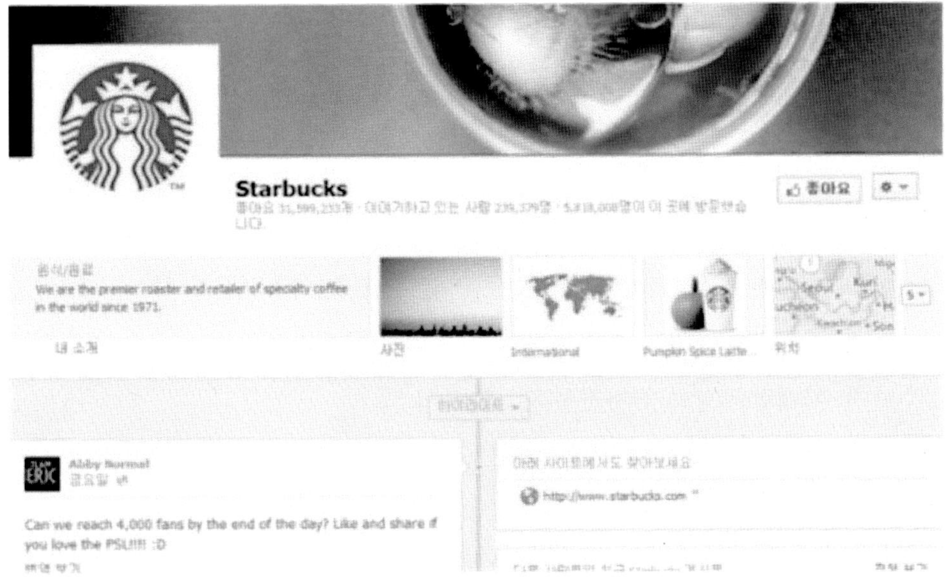

〈스타벅스 마케팅 관련 사진〉

〈스타벅스 마케팅이 성공한 이유〉

① 채널과 그 특징을 잘 파악했다. 페이스북은 소비자와 소통하는 방향으로 활용하고 트위터는 시시각각 의견을 교류하는 쪽으로 활용했다. 페이스북 네트워크 성격을 이해하고 단순히 뉴스를 전달하는 것뿐 아니라 팬들끼리 대화의 기회를 만드는 역할을 했다. 트위터는 의미 있는 활동보다는 커뮤니케이션 수단으로 소비자들을 위해 열어두고 질문에 대한 답변을 최대한 빨리 해주었다. 이처럼 SNS 마케팅을 진행하기에 앞서 그 채널을 이해하고 분석, 파악했던 것이 성공의 큰 요인이 되었던 것이다.

② 마케팅에 일관성을 두었다. 직원들과 고객은 특정 분야에서 소통을 하도록 하고 전체적으로는 중앙에서 관리를 했다. 특정한 주제에서 전문가로서 고객과 소통하도록 하지만 개인적 활동은 하지 않도록 했다. 스타벅스는 고객을 위한 접근과 경험에 대해 지속적인 일관성이 있기를 원했기 때문이다. 현재도 이러한 일관성을 계속 유지하며 운영하고 있다.

③ 항상 새로운 시도를 한다. 새로운 시도는 항상 위험이 따르지만 스타벅스는 이러한 시도를 두려워하지 않았다. 예를 들어 그 당시 다른 기업은 자신의 동영상을 퍼 가면 기업의 이미지를 망칠 수도 있다는 생각에 퍼 가기를 금지했지만 스타벅스는 마음껏 퍼 가도록 했다.

이처럼 스타벅스는 경제침체를 맞아 좌절을 맛보기도 했지만 꾸준한 노력과 도전으로 SNS 마케팅 성공 사례로 거듭날 수 있게 되었다.

* 출처: 마케팅 세상보기/차가운 도시남자

▶해외 항공사 '제트 블루'의 마케팅 성공 사례

고객이 질문을 할 때에 신속하고 빠른 답을 원하는 것은 당연하다. 그런데 대부분의 기업은 일률적인 고객대응 서비스하기 마련이다. 제트블루의 트위터의 목적은 명확한 스케줄 고지 및 고객상담이었다(갑작스러운 결항 소식 등 실시간을 통보).

제트블루는 트위터를 오픈하고 신속한 답변 처리를 위해 트위터 업무를 나누었다. 이들 담당자는 재택근무를 하는 주부 사원들이 대부분이었다. 그렇기 때문에 고객의 불만을 실시간으로 처리할 수 있었고 해결되지 않은 고객의 문제는 전화번호와 이메일까지 확보해 끝까지 책임지고 처리하게 하였다. 이로 인해 제트블루는 기업 브랜드 인지도와 신뢰도라는 두 마리 토끼를 잡았다.

트윗

JetBlue Airways @JetBlue
We gave @BloombergNews an insider's view of our operations.
Check out their videos here: bit.ly/z0gppD
Promoted by JetBlue Airways

5:14 AM - 28 2월 12 MHJohnston님이 홍림 via CoTweet · 자세히
답글 리트윗 관심글 담기

JetBlue Airways @JetBlue 4시간
@hclou Sorry to hear! Please give us a call at 1-800-JETBLUE (538-2583) and an agent will be able to assist with available options.
Heather C. Lou님에게 한 답글

JetBlue Airways @JetBlue 5시간
@MarleeMatlin As we look at what the next gen of LiveTV can offer, added accessibility (as well as content) are definitely on the radar.

JetBlue Airways @JetBlue 5시간
@MarleeMatlin While Continental uses LiveTV on some of their planes like JetBlue, theirs is a different setup allowing CC toggle.

JetBlue Airways @JetBlue 5시간
@jcmcnair A super stylish eye mask and ear plugs so you can catch some shut-eye in peace ;) Enjoy your flight!
Josh McNair님에게 한 답글

JetBlue Airways @JetBlue 5시간
@kalyshaclark It may be your first time with us but hopefully not your last! We look forward to seeing you on many future flights!
Kalysha Clark님에게 한 답글

〈제트 블루의 마케팅 관련 자료〉

트위터를 통해 자신의 문제를 해결한 고객의 반응은 어떨까? 고객 서비스 창구보다 빨리 그것도 실시간으로 트위터에 올린 몇 자만으로 자신의 문제를 해결해준 것이라고 느끼고 긍정적인 반응이 나오게 되는 것이다. 자칫 제트블루의 서비스에 불만족을 느끼고 등을 돌릴 뻔한 고객을 우호적인 고객으로 바꾼 것이다. 이러한 고객들은 충성고객으로 바뀔 확률도 높아진다. 이것이 바로 제트블루의 트위터 마케팅 성공요인이다.

＊ 출처: UxKorea Marketing/마케팅 팀

Ⅳ. 탐구내용 및 방법

1. 탐구과제

1) 어떤 감성 마케팅이 10대 여학생들의 소비를 불러일으키는가?

2) 소녀 마케팅의 기대효과는 무엇인가?

3) 일반 마케팅과 소녀 마케팅의 효과 차이는 무엇인가?

2. 탐구방법

우리는 이번 연구를 시작함에 앞서 먼저 10대가 아닌 다른 여러 연령대의 여성을 대상으로 먼저 감성 마케팅 중 하나인 바넘 효과을 이용하여 설문조사를 해보았다. 같은 연령대는 아니었지만 감성 마케팅이 물건을 구매함에 있어 마케팅이 중요한 역할을 한다는 사실을 알 수 있었다. 그리고 이러한 설문조사를 먼저 해봄으로써 우리가 10대 여학생들에게 설문조사를 할 때 어떻게 해야 될지에 대한 방향을 제시해주었다.

10대 소녀들을 위한 새로운 마케팅 제작을 위해서는 어떤 감성 마케팅이 소녀들의 소비를 촉진시키는지 알아보아야 한다. 이것을 알아보기 위해서 우리는 '설문조사' 방법이 가장 적합하다고 판단하여 인문계 고등학교 1학년 여학생 100명을 대상으로 조사를 시행하기로 하였다.

* 분석방법: 인문계 고등학교 1학년 여학생들을 대상으로 한 설문조사의 질문을 하나하나 분석한다. 그리고 각 질문의 대답 중 과반수가 선택하는 것을 좀 더 많은 소녀에 해당된다고 판단, 그 대답을 중심으로 소녀들을 위한 마케팅을 제작한다.

* 일반화 방법: 설문조사를 통해 소녀들의 감성을 자극하는 마케팅을 알아보고, 그 결과를 바탕으로 새로운 소녀 마케팅을 제작한다. 이후 소녀 마케팅과 일반 마케팅을 서로 비교해본다. 그리고 그 과정에서 소녀 마케팅이 우리 소녀들에게 더 적합하다는 것을 증명한다.

3. 탐구내용

1) 설문지 양식

〈마케팅이 10대 여학생에게 미치는 영향에 대한 설문조사〉

1) 당신은 포스트잇을 사러 구암문구에 갔다. 원래 사려고 했던 노란색 포스트잇을 사려고 손을 뻗은 순간 구암문구 방송에서 오늘만 특별히 구암문구에서 포스트잇과 삼색볼펜을 묶어서 1,300원에 판다고 한다(원래 사려고 했던 포스트잇의 가격은 1,000원이다). 당신은 이러한 상황에서 포스트잇 하나가 아닌 세트상품을 구매할 것인가?
① 매우 그렇다 ② 그렇다 ③ 보통이다 ④ 그렇지 않다 ⑤ 매우 그렇지 않다
– 희귀성의 법칙

2) 당신은 백화점에서 쇼핑을 하던 중 목이 말라 콜라를 마시기로 한다. 백화점 음료코너에는 그냥 빨간색의 코카콜라와 이번에 새로 나온 디자인의 콜라가 있었다. 새로 나온 디자인의 콜라는 그냥 일반 오리지널 콜라에 비해 가격이 2배 이상 비싸다. 당신은 새로 나온 콜라의 가격을 보고도 살 것인가?

① 매우 그렇다 ② 그렇다 ③ 보통이다 ④ 그렇지 않다 ⑤ 매우 그렇지 않다
– 컬쳐코드의 법칙

3) 당신은 제주도로 휴가를 갈 예정이다. 숙박시설을 정해야 했는데 당신이 평소에 자주 찾는 여행 블로그에서 제주도에는 선비치 리조트가 좋다고 말한다. 그 블로그를 평소에 신뢰하기 때문에 그 블로그를 처음에 선택하려고 했다. 그 이외에도 인터넷에서 찾아보니 여러 숙박시설이 많이 있었다. 이 상황에서 당신은 처음에 생각했던 블로그 추천 리조트를 선택할 것인가?

① 매우 그렇다 ② 그렇다 ③ 보통이다 ④ 그렇지 않다 ⑤ 매우 그렇지 않다

– 블로그 법칙

4) 불금인 오늘~ 당신은 야식으로 치킨을 시켜 먹기로 한다. 음식책자를 뒤져보니 교촌치킨, 멕시칸치킨, 또래오래 등 여러 가지 치킨집들이 많았다. 그리고 얼마 전 학교에서 친구들이 땅땅치킨이 맛있다는 소리를 듣게 되었다. 원래 시키는 가게는 교촌치킨이다. 이러한 상황에서 당신은 땅땅치킨에 주문을 하겠는가?

① 매우 그렇다 ② 그렇다 ③ 보통이다 ④ 그렇지 않다 ⑤ 매우 그렇지 않다

– 입소문 법칙

5) 당신은 휴대폰을 바꾸기 위해 휴대폰 가게에 갔다. 원래는 공부를 하기 위해 폴더 폰으로 사기로 했지만 그 옆에 새로 나온 폰이 눈에 띄었다. 그 폰은 공부하는 학생들을 위한 폰으로 나왔다고 한다. 직접 살펴보니 스터디 플래너 기능과 인터넷 강의와 사전효과가 완전 최신형이었고 잠을 깨워준다는 기능도 있었다. 이러한 상황에서 당신은 폴더 폰이 아닌 최신형 폰을 선택하겠는가?

① 매우 그렇다 ② 그렇다 ③ 보통이다 ④ 그렇지 않다 ⑤ 매우 그렇지 않다

– 플레이 법칙

6) 당신은 안경을 바꾸기 위해 안경점을 가려고 한다. 안경점은 집 주위에 3군데가 있다. 두 곳은 일반 동네 안경점으로 가격도 싸고 주인아저씨와도 아는 사이이다. 남은 한 군데는 얼굴형과 이미지에 따라 자신에게 어울리는 안경을 추천해준다고 광고에서 본 안경점이었다. 당신은 아저씨와의 관계를 살짝 접은 채 새로 생긴 안경점을 선택하겠는가?

① 매우 그렇다 ② 그렇다 ③ 보통이다 ④ 그렇지 않다 ⑤ 매우 그렇지 않다

7) 얼마 전 에뛰드 매장에 갔다 온 친구가 거기서 산 뱀파이어 레드 틴트의 색이 마음에 들지 않는다며 불평한다. 그런데 당신은 그 제품의 디자인도 마음에

들고 색도 나름 괜찮다고 생각한다. 그렇다면 당신은 뱀파이어 레드 틴트를 살 것인가?

① 매우 그렇다 ② 그렇다 ③ 보통이다 ④ 그렇지 않다 ⑤ 매우 그렇지 않다

8) 당신은 렌즈를 산다는 친구를 따라서 성남동에 있는 오 렌즈에 같이 갔다. 오 렌즈에서는 크리스마스 시즌을 맞아 1+1 행사를 하고 있다. 친구는 나에게 돈을 나누어서 같이 사자고 말한다. 당신은 지금 렌즈가 많아서 별로 필요하지는 않은 상황이지만 친구와 같이 사면 가격이 2,500원밖에 하지 않는다. 이러한 상황에서 당신은 이 렌즈를 구입할 것인가?

① 매우 그렇다 ② 그렇다 ③ 보통이다 ④ 그렇지 않다 ⑤ 매우 그렇지 않다,

9) 당신이 처음 렌즈를 사러 안경점에 갔다. 원래는 3만 원을 가지고 와서 만 원으로는 렌즈를 사고 2만 원으로 마이비 카드를 충전하려고 했다. 그런데 왠지 비싸게 주고 사는 렌즈가 눈 건강에 좋을 것 같다. 당신은 원래대로 만 원짜리 렌즈를 살 것인가, 아니면 2만 원짜리 렌즈를 사고 만 원으로 마이비를 충전할 것인가?

① 매우 그렇다 ② 그렇다 ③ 보통이다 ④ 그렇지 않다 ⑤ 매우 그렇지 않다

4. 제한점 및 예상되는 어려운 점

① 연구대상 수준을 다양하게 하지 못하고, 인문계 고등학교 여학생 100명을 대상으로 한 설문조사를 바탕으로 했기 때문에 연구의 결과를 모든 10대 여학생들에게 일반화하는 데 어려움이 있을 수 있다.

② 마케팅은 심리적인 영향을 받아 개인차가 존재하기 때문에, 정확하고 객관적인 결과를 도출해내기 힘들다.

③ 마케팅이 보편화됨에 따라 이미 조사된 내용이 많기 때문에 새로운 결론에 도달하기 힘들다.

Ⅴ. 탐구결과 및 결론

1. 탐구결과

<10대 여학생 100명의 설문조사 통계표>

문제 \ 보기	①	②	③	④	⑤
1)	12	48	16	16	8
2)	6	6	13	41	34
3)	2	20	47	27	4
4)	17	53	16	10	4
5)	16	42	23	14	5
6)	4	29	39	19	9
7)	1	47	37	7	8
8)	6	37	24	26	7
9)	6	33	29	22	10

2. 결과 분석

1) 당신은 포스트잇을 사러 구암문구에 갔다. 원래 사려고 했던 노란색 포스트잇을 사려고 손을 뻗은 순간 구암문구 방송에서 오늘만 특별히 구암문구에서 포스트잇과 삼색볼펜을 묶어서 1,300원에 판다고 한다(원래 사려고 했던 포스트잇의 가격은 1,000원이다). 당신은 이러한 상황에서 포스트잇 하나가 아닌 세트상품을 구매할 것인가?
① 매우 그렇다 ② 그렇다 ③ 보통이다 ④ 그렇지 않다 ⑤ 매우 그렇지 않다

설문조사 결과 그렇다에 대한 의견이 48표로 절반에 가까운 가장 많은 표를 얻었다. 설문 대상인 10대 여학생들은 결정을 해야 하는 상황에서 망설였을 것이다. 하지만 제시문에서는 오늘 하루라는 한정된 기간을 정해주었고 또한 주위에 수많은 경쟁자가 있다는 것을 암시해 주변에 수많은 경쟁자가 있다는 것을 소비자로 하

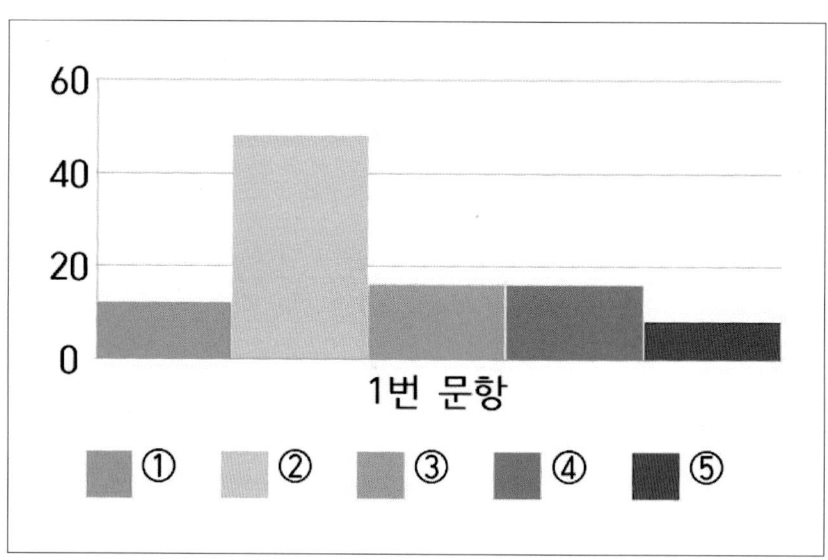

여금 느끼게 했다. 이렇게 경쟁심을 유발하는 희귀성의 법칙은 우유부단한 소비자의 결정을 도와주는 데 최고의 도우미 역할을 하게 된다. 이러한 이유로 1번 질문에서는 그렇다 등 긍정적인 답변이 부정적인 답변보다 많이 나왔고 이 질문에 적용된 희귀성의 법칙이 10대 여학생들에게 효과적으로 작용한다는 것을 알 수 있다.

2) 당신은 백화점에서 쇼핑을 하던 중 목이 말라 콜라를 마시기로 한다. 백화점 음료코너에는 그냥 빨간색의 코카콜라와 이번에 새로 나온 디자인의 콜라가 있었다. 새로 나온 디자인의 콜라는 그냥 일반 오리지널 콜라에 비해 가격이 2배 이상 비싸다. 당신은 새로 나온 콜라의 가격을 보고도 살 것인가?
① 매우 그렇다 ② 그렇다 ③ 보통이다 ④ 그렇지 않다 ⑤ 매우 그렇지 않다

설문조사 결과 그렇지 않다의 의견이 41표로 가장 많았다. 컬쳐코드의 법칙이란 이미 우리의 의식으로 잡아버린 '문화적 무의식'이라는 제3의 의식을 말한다. 이 설문조사에서 10대 여학생들은 평소에 자신이 늘 보던 빨간색의 코카콜라를 생각했을 것이다. 새로 나온 디자인의 콜라가 새롭게 느껴지긴 했으나 평소에 자신이 가지고 있던 코카콜라에 대한 의식과 비싼 가격이 소녀들에게 매력적으로 다가가지

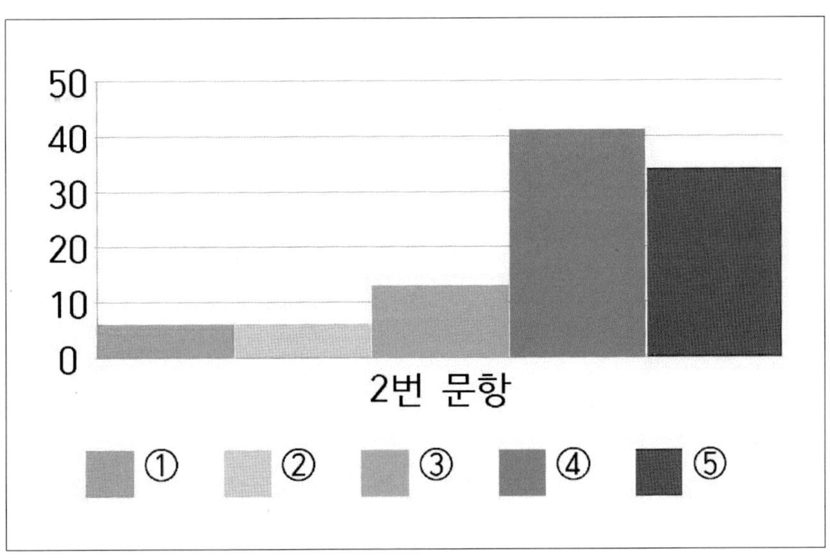

못했다. 이러한 이유로 2번 질문에서는 그렇지 않다와 매우 그렇지 않다 등 부정적 답변이 긍정적인 답변보다 많이 나왔고 이 질문에 적용된 컬쳐코드의 법칙은 10대 여학생들에게 효과적으로 작용하지 않는다는 것을 알 수 있다.

　-컬쳐코드의 법칙

3) 당신은 제주도로 휴가를 갈 예정이다. 숙박시설을 정해야 했는데 당신이 평소에 자주 찾는 여행 블로그에서 제주도에는 선비치 리조트가 좋다고 말한다. 그 블로그를 평소에 신뢰하기 때문에 그 블로그를 처음에 선택하려고 했다. 그 이외에도 인터넷에서 찾아보니 여러 숙박시설이 많이 있었다. 이 상황에서 당신은 처음에 생각했던 블로그 추천 리조트를 선택할 것인가?
① 매우 그렇다　② 그렇다　③ 보통이다　④ 그렇지 않다　⑤ 매우 그렇지 않다

설문조사 결과 보통이다의 의견이 47표로 많았지만 그 외 부정적인 의견(그렇지 않다-27표, 매우 그렇지 않다-4표)이 긍정적인 의견(그렇다-20표, 매우 그렇다-2표)보다 많았다. 블로그 법칙은 기업체에서 진행하는 마케팅 행위라는 인식이 상대적으로 덜하다. 기존의 온라인 마케팅의 경우 배너가 뜨고 프로모션이 진

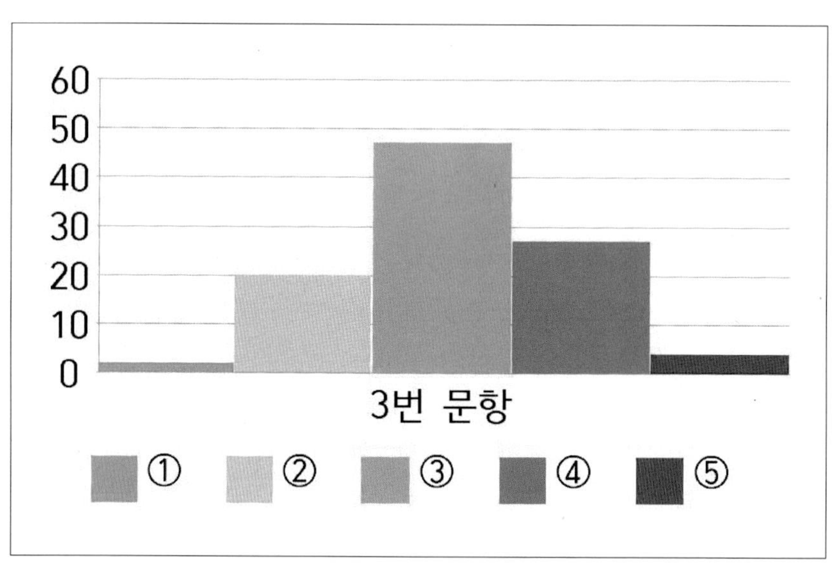

행되는 것은 오프라인상에서 진행되는 마케팅 활동을 온라인에 옮겨놓은 듯한 느낌이 든다. 반면에 블로그는 개인들이 자유롭게 사용하는 사적인 공간이기 때문에 기업체에서 개설한 블로그 역시 마케팅 행위라기보다는 다른 많은 블로그처럼 재미있고 쉽게 즐길 수 있다는 장점이 있다. 즉, 놀이(Entertainment)와 마케팅(Marketing)이 융화되어 엔터마케팅의 역할을 한다는 것이다. 그러나 인터넷이 많이 발달되어 있고 그 인터넷을 누구보다도 잘 아는 10대 여학생의 입장에서는 블로그도 좋지만 다른 정보가 블로그 이외에도 많았기 때문에 이러한 장점에도 불구하고 부정적인 의견이 많이 나왔다. 이를 보아 3번 질문에 적용된 블로그 법칙은 10대 여학생에게 효과적으로 작용하지 않는다는 것을 알 수 있다. ―블로그 법칙

4) 불금인 오늘~당신은 야식으로 치킨을 시켜 먹기로 한다. 음식책자를 뒤져보니 교촌치킨, 멕시칸치킨, 또래오래 등 여러 가지 치킨집들이 많았다. 그리고 얼마 전 학교에서 친구들이 땅땅치킨이 맛있다는 소리를 듣게 되었다. 원래 시키는 가게는 교촌치킨이다. 이러한 상황에서 당신은 땅땅치킨에 주문을 하겠는가?

① 매우 그렇다 ② 그렇다 ③ 보통이다 ④ 그렇지 않다 ⑤ 매우 그렇지 않다

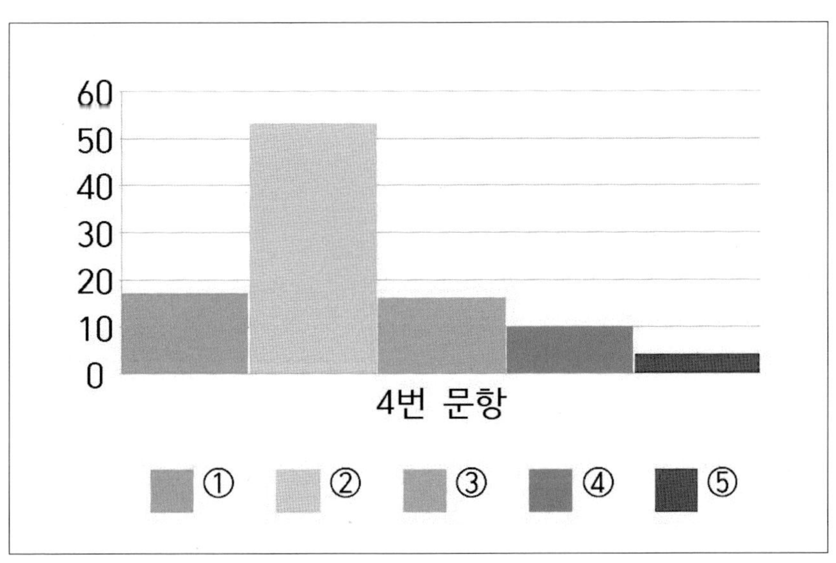

    설문조사 결과 그렇다(53표)와 매우 그렇다(17표)의 의견이 나머지 의견에 비해 많았다. 4번 문항에 적용된 마케팅 법칙은 '입소문마케팅'이다. 인터넷 시대에 널리 이용되는 블로그 마케팅은 전형적인 입소문 마케팅이다. 자신과 비슷한 일반 소비자가 제품을 사용해보고 올린 후기는 장점만 부각하는 광고보다 훨씬 믿음직스럽다. 설문조사에서는 블로그가 아닌 친구의 추천으로 바뀌어 제시되었다. 설문 대상인 10대 소녀들은 광고가 아닌 친구의 추천이라는 점에서 신뢰감을 느꼈을 것이다. 이러한 이유로 4번 질문에 적용된 입소문 마케팅은 10대 여학생들에게 효과적으로 적용된다는 것을 알 수 있다. ―입소문 법칙

5) 당신은 휴대폰을 바꾸기 위해 휴대폰 가게에 갔다. 원래는 공부를 하기 위해 폴더 폰으로 사기로 했지만 그 옆에 새로 나온 폰이 눈에 띄었다. 그 폰은 공부하는 학생들을 위한 폰으로 나왔다고 한다. 직접 살펴보니 스터디 플래너 기능과 인터넷 강의와 사전효과가 완전 최신형이었고 잠을 깨워준다는 기능도 있었다. 이러한 상황에서 당신은 폴더 폰이 아닌 최신형 폰을 선택하겠는가?
① 매우 그렇다 ② 그렇다 ③ 보통이다 ④ 그렇지 않다 ⑤ 매우 그렇지 않다

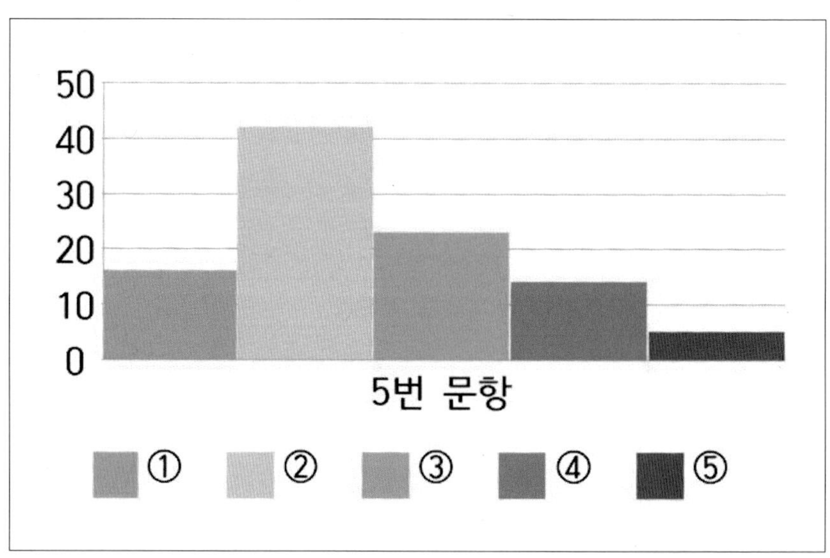

설문조사 결과 매우 그렇다(16표)와 그렇다(42표)의 의견이 그렇지 않다(14표)와 매우 그렇지 않다(5표)의 의견보다 많았다.

플레이법칙이란 'play'의 유희, 오락, 기분전환의 의미에 착안한 효과로서, 소비자가 기쁜 감정을 느낌으로써 소비행위가 일어나는 현상을 말한다. -플레이 법칙

〈성공 사례 Ⅰ -폭스바겐의 테마파크, 아우토슈타트〉

자동차의 디즈니랜드라고 불리는 곳으로 2000년에 완공되어 독일의 명소가 된 곳이다. 아우토슈타트는 소비자가 새 자동차를 구입하고 설레는 마음으로 출고되는 차량을 직접 인도받는 곳이다. 폭스바겐 소비자는 어두컴컴한 공장에서 차량을 인도받는 것이 아니라, 영화에서나 나올 법한 첨단 시스템으로 무장한 유리타워에서 자신의 자동차가 인도되는 모습을 지켜볼 수 있다. 아우토슈타트는 폭스바겐 소비자뿐만 아니라 테마파크를 이용하기 위해 방문하는 관광객들도 상당수이며, 방문자 중 7%는 해외관광객일 정도로 둘러볼 곳이 많다.

 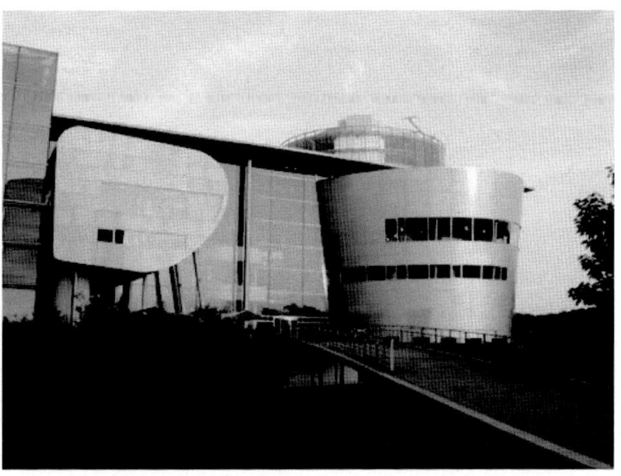

〈성공 사례 Ⅱ-wii〉

닌텐도 위(Wii)-TV에 연결하여 여러 명이 즐길 수 있는 닌텐도에서 출시한 게임기이다. 가족 구성이 점점 핵가족화되어 가고, 가족 간의 대화가 줄어들면서 플레이들은 단순한 기능만 제공하는 제품보다는 재미와 볼거리가 포함된 제품을 만들고자 하는 생각에서 닌텐도 위가 출시되었다.

6) 당신은 안경을 바꾸기 위해 안경점을 가려고 한다. 안경점은 집 주위에 3군데
가 있다. 두 곳은 일반 동네 안경점으로 가격도 싸고 주인아저씨와도 아는 사
이이다. 남은 한 군데는 얼굴형과 이미지에 따라 자신에게 어울리는 안경을
추천해준다고 광고에서 본 안경점이었다. 당신은 아저씨와의 관계를 살짝 접
은 채 새로 생긴 안경점을 선택하겠는가?
① 매우 그렇다 ② 그렇다 ③ 보통이다 ④ 그렇지 않다 ⑤ 매우 그렇지 않다

보통이다의 의견이 39표로 가장 많았고 근소한 차이로 그렇다의 의견이 뒤따랐
다. 맞춤 마케팅이란 다른 사람과 구분되는 자신만의 개성을 추구하는 소수의 고객
을 대상으로 주문 생산, 소량 판매하는 것을 말한다. 각각의 소비자들이 남들과 차
별화된 개성을 추구하면서 일반 대중시장은 기존의 동질성을 상실하고 있다. 또한
시장은 점점 더 작게 세분화되고 있다. 10대 여학생은 유행에 민감하지만 개성 있
는 모습을 남들에게 보이고 싶어 한다. 이러한 심리가 자신에게 특화된 제품을 선
호하게 하는 것이다. ―맞춤 마케팅

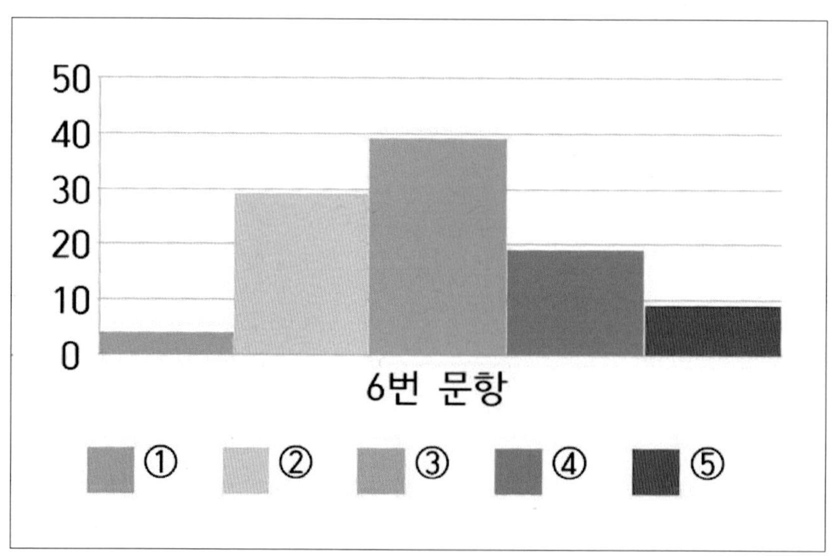

7) 얼마 전 에뛰드 매장에 갔다 온 친구가 거기서 산 뱀파이어 레드 틴트의 색이 마음에 들지 않는다며 불평한다. 그런데 당신은 그 제품의 디자인도 마음에 들고 색도 나름 괜찮다고 생각한다. 그렇다면 당신은 뱀파이어 레드 틴트를 살 것인가?
① 매우 그렇다 ② 그렇다 ③ 보통이다 ④ 그렇지 않다 ⑤ 매우 그렇지 않다

설문조사 결과 그렇다(47표)의 의견이 나머지 의견에 비해 많았다. 문항을 읽어 보면 나는 에뛰드에서 출시된 뱀파이어 레드틴트를 사려고 하지만, 주위 사람들의 반응이 좋지 않은 것을 볼 수 있는데, 여기에서는 소크라테스의 법칙이 나타난다. 소크라테스 법칙이란 사람들이 자발적으로 자신의 태도를 일관성 있게 유지하려는 현상을 말하는데, 이 법칙에서는 인식상의 부조화가 나타나면 편하고 원하는 쪽으로 해석하기도 한다. 그리고 비슷한 법칙으로는 칵테일 효과 또한 나타난다고 볼 수 있다. 만약 내가 뱀파이어 레드 틴트를 사기로 결심했다면, 그것에 대한 정보만 눈에 들어오고, 주위 사람들이 그 제품에 대한 단점을 늘어놓는다고 해도 장점이 더 크게 보이는 경향이 있다. 그래서 주위 사람들의 방해에도 불구하고 본인은 꿋꿋이 자신의 생각을 따르게 되어 그 제품을 사게 된다. 이런 사람들의 심리를 이용하여 제품을 판매하고자 하는 법칙이 소크라테스 법칙/칵테일 효과이다.

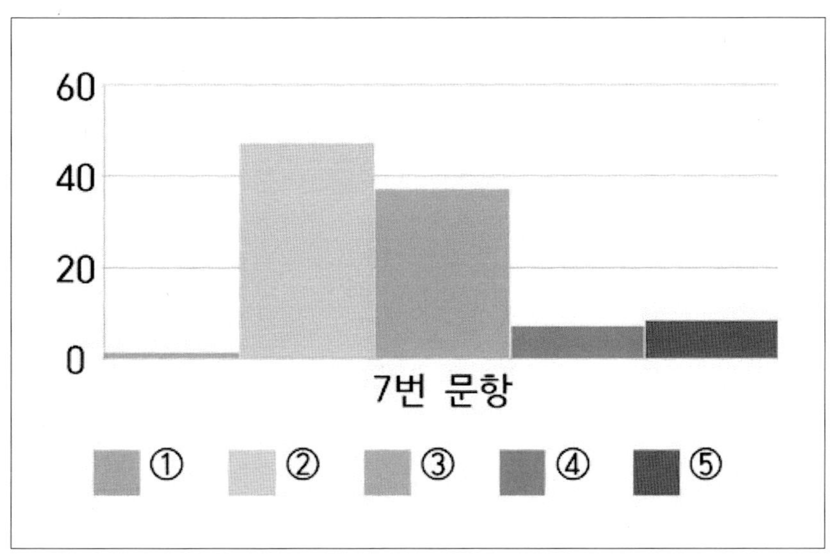

〈사례〉

① 인터넷 쇼핑몰의 고객 관리용 메일링 서비스(○○○님, 교보문고에서 주문하
  신 상품은 잘 받으셨나요?)

② 인터넷상의 대출배너광고(대출 광고의 경우 사금융을 이용하는 대부분이 자
  기 신분 노출을 꺼린다는 점과 돈이 급하게 필요하다는 점을 이용하여 "24시
  간 언제 어디서나! 전화 없이, 심사 없이 즉시 대출"이라는 카피를 사용하여
  돈이 필요한 사람들의 머릿속에 쉽게 각인될 수 있도록 하였다.)

8) 당신은 렌즈를 산다는 친구를 따라서 성남동에 있는 오 렌즈에 같이 갔다. 오
  렌즈에서는 크리스마스 시즌을 맞아 1+1 행사를 하고 있다. 친구는 나에게 돈
  을 나누어서 같이 사자고 말한다. 당신은 지금 렌즈가 많아서 별로 필요하지
  는 않은 상황이지만 친구와 같이 사면 가격이 2,500원밖에 하지 않는다. 이러
  한 상황에서 당신은 이 렌즈를 구입할 것인가?

① 매우 그렇다 ② 그렇다 ③ 보통이다 ④ 그렇지 않다 ⑤ 매우 그렇지 않다,

이 질문에서는 크리스마스 시즌이라는 것과 1+1행사를 제시했다. 10대 소녀들

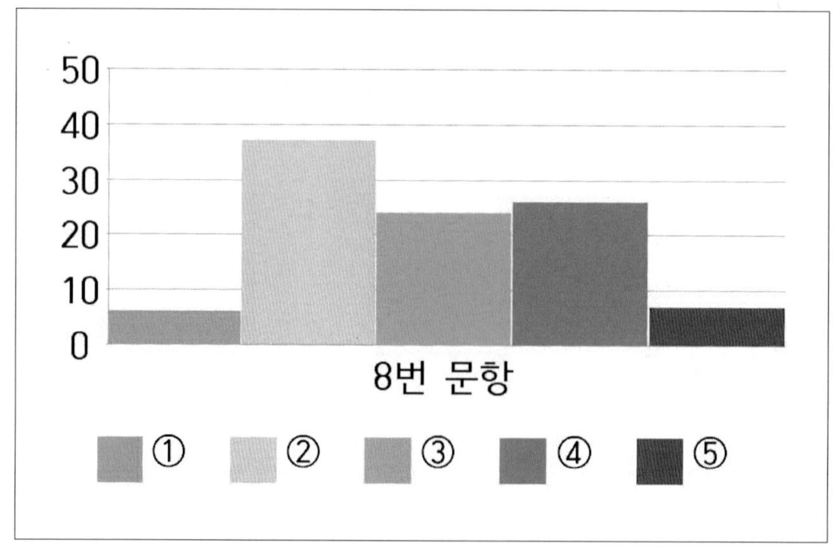

은 크리스마스 시즌이라는 한정된 기간이라는 점에서 이 기간 안에 사지 않으면 행사가 끝날 것이라는 초조함을 느끼게 됐을 것이다. 또한 망설일 시점에서 1+1행사와 저렴한 가격을 제시하여 선택에 있어 도움을 주게 된다. 설문조사 결과 그렇다와 매우 그렇다 등에 대한 긍정적인 의견이 부정적인 의견에 비해 좀 더 많다는 것을 알 수 있다.

즉, 희귀성의 법칙의 한 부분이라고 할 수 있는 9번 문항은 설문대상인 10대 여학생에게 효과적으로 작용한다는 것을 알 수 있다.

9) 당신이 처음 렌즈를 사러 안경점에 갔다. 원래는 3만 원을 가지고 와서 만 원으로는 렌즈를 사고 2만 원으로 마이비 카드를 충전하려고 했다. 그런데 왠지 비싸게 주고 사는 렌즈가 눈 건강에 좋을 것 같다. 당신은 원래대로 만 원짜리 렌즈를 살 것인가, 아니면 2만 원짜리 렌즈를 사고 만 원으로 마이비를 충전할 것인가?
① 매우 그렇다 ② 그렇다 ③ 보통이다 ④ 그렇지 않다 ⑤ 매우 그렇지 않다

문항 9번을 보면 원래는 만 원짜리 렌즈를 사고 2만 원으로 마이비 카드 요금을

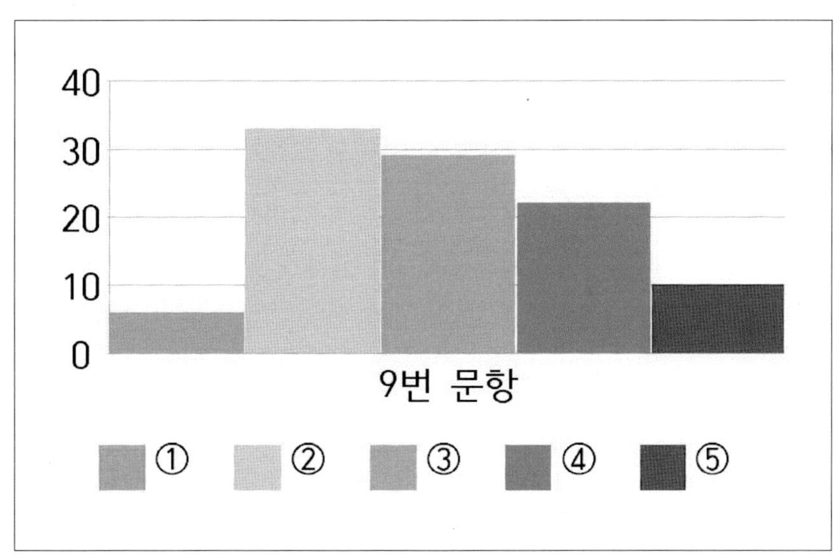

충전하려고 했지만, 나중에는 눈 건강을 고려하여 2만 원으로 렌즈를 사고 만 원으로 마이비 카드를 충전할 것인지, 아니면 원래대로 할 것인지를 묻는 문제이다. 여기서 그렇다, 보통이다 등의 비교적 긍정적인 대답을 얻을 수 있었던 것으로 보아, 자신의 의지보다는 건강을 우선적으로 생각하고, 또 자신이 한 결정이 옳다고 생각하는 것을 볼 수 있다. 처음 조사를 시행하기 전에는 눈의 건강보다는 색깔, 디자인 등을 우선시하여 결정하는 학생들을 대상으로 하는 것이기 때문에, 비교적 부정적인 반응을 예상했지만, 우리의 예상을 벗어난 결과를 보여주었다. 그러므로 이 마케팅 전략 또한 10대 여학생에게 알맞다는 결과에 도달할 수 있다.

3. 결론

우리는 이때까지 소비자를 끌어들이는 많은 마케팅 전략에 대하여 알아보았다. 그리고 그중 몇 가지 특정 마케팅 전략을 간추려 직접 10대 여학생 100명에게 적용하여, 10대 소녀들에게 알맞은 것에는 무엇이 있는지 알아보았다. 앞의 설문조사지를 보면 총 9가지의 마케팅 전략이 적용된 질문이 있고 그것에 대한 학생들의 의견을 물어보고 있다. 조사를 시작하기 전에도 10대 여학생들에게 적용하면 알맞을 것 같은 것을 선택한 후 적용한 질문이었지만, 그중에서도 좋은 반응을 얻은 마케팅 전략이 있는가 하면, 예상했던 것만큼의 반응을 얻지 못한 것도 있었다. 9개의 마케팅 전략 가운데서 10대 여학생들의 지지를 많이 받았던 것은 '희귀성의 법칙'과 '입소문의 법칙'이었다. '희귀성의 법칙'은 말 그대로, 제품이 남아 있는 수가 더 적을수록 더 사고 싶어 하는 마음을 가지게 하는 것이고, '입소문의 법칙' 또한 소수의 사람들의 입소문을 타고 다른 많은 사람들에게 전달되도록 하여 제품을 홍보하는 방법이다. 우리 팀원은 10대 여학생들의 큰 지지를 얻은 이 2가지의 마케팅 전략을 응용하여 '소녀 마케팅'이라는 새로운 마케팅 전략을 만들게 되었다.

소녀 마케팅이란 10대 여학생을 위하여 제작된 새로운 마케팅 전략으로, 기존에 있던 희귀성의 법칙과 입소문의 법칙을 결합한 방식이다. 소녀 마케팅은 이름 그대로 감성이 풍부한 소녀들을 대상으로 적용되기 때문에 10대 여학생들이 좋아하는 아기자기한 이미지를 이용하여 소비자에게 접근한다. 그리고 다양한 종류의 제품을 소량으로 생산하여 한정판매 하는 것으로 소비자의 소비 심리를 자극한다. 또한, 여러 가지 판매상품에 대해서 가장 빠르고 냉정하게 판단해줄 수 있는 특정 소비자들을 모아 그 사람들에게는 무료로 제품을 이용할 수 있는 혜택을 준다. 물론, 혜택을 준다고 해서 자신의 마음에 들지 않았던 제품도 아주 좋은 것처럼 홍보하라는 뜻은 아니며, 솔직한 소비자들의 반응을 보고 제품을 조금씩 발전시켜 가는 것을 목적으로 한다. 지금까지 여러 가지의 마케팅 전략이 많았지만, 각각의 연령층에 맞는 맞춤형의 마케팅은 존재하지 않았기 때문에 아무리 좋은 마케팅 전략이라고 할지라도 저마다 단점이 존재했다. 그러나 소녀 마케팅을 만들어 10대 여학생이라는 특정 연령층을 사로잡아 소비자 스스로 만족감을 느끼고, 판매자 또한 특정 연령의 두터운 고객층을 확보하여 새로운 제품의 생산을 쉽게 하는 등 효율적인 경제 활동을 가능하게 한다.

소녀 마케팅은 연구의 목적에서도 말했듯이 다른 여러 가지 마케팅에 대해 알아보고 설문조사를 통해 10대 여학생에게 맞는 마케팅을 만들어본 것이다. 먼저 어떤 특정 대상에 포커스를 맞춘 마케팅을 만들기 위해서는 여러 가지 마케팅에 대한 사전 지식이 필요했다. 밴드 왜건 효과, 바넘 효과, 후광의 법칙 등 여러 가지 마케팅에 대해 알아본 다음 다양한 마케팅을 직접 시민들에게 적용시켜 보는 과정이 필요했다. 우리는 여러 가지 마케팅 중 바넘 효과를 선택해 시민들에게 설문조사를 통해 적용시켜 보았고 바넘 효과라는 마케팅을 가지고 한 것이 일반 시민들에게 효과가 있다는 것을 증명할 수 있었다. 이러한 과정들 후에 10대 여학생의 입장에서 채택한 몇 가지의 마케팅을 가지고 설문지를 작성한 후 직접 10대 여학생 100명을 대상으로 조사하였다. 이 결과 우리는 10대 여학생들에게 맞는 마케팅 중 희귀성의 법칙과 입소문의 법칙이 가장 적합하다는 결론을 내렸고 이 결과를 가지고 소녀 마케팅을 만들 수 있었다.

이렇게 만든 소녀 마케팅은 앞으로 다른 대다수의 어른을 대상으로 한 마케팅에 비해 좀 더 10대 여학생에게 적합한 맞춤형 방법이 될 것이다. 또한 10대 여학생들은 심리를 이용한 다양한 마케팅 전략을 알게 됨으로써 사회활동을 더욱 원활하게 하는 합리적인 소비가 가능해진다. 조사자들은 한 가지 주제에 존재하는 많은 소주제를 이용한 설문조사를 함으로써 솔직한 시민들의 의견을 들을 수 있었고, 조사를 계속할수록 더욱 체계화된 결과에 도달할 수 있었다.

Ⅵ. 느낀 점

처음에 이 대회를 시작할 때에는 어떤 대회인지도 정확히 모른 상태로 신청을 하게 되었다. 이렇게 오랜 시간 진행되는 것도 몰랐는데 막연하게 직접 주제를 정해서 논문을 쓰는 것이라는 생각에 들뜬 마음이 컸다. 생애 처음으로 논문을 쓰면서 많은 것을 느끼고 많은 것을 배웠다. 짧지 않은 시간 동안 세 명이서 서로 의견을 교환하며, 협력하며 논문을 완성해나가는 재미도 있었다. 첫 번째로 대공원에서 예비 조사를 할 때는 계획을 미리 정하지 않고 해서 서투른 점이 많았다. 하지만 김종욱 선생님께서 해주셨던 조언들이 큰 도움이 되었다. 설문조사를 할 때 기본적으로 필요한 사항들이나 논문을 쓸 때 틀을 어떻게 잡아가야 하는지 등을 알려주셨는데 그것이 실제 이 논문을 완성할 수 있는 원동력이 되었다. 그래서 그런지 두 번째 설문조사는 훨씬 더 수월했다. 10대 여학생에게 어울리는 마케팅 전략에 대해 생각해 보고 각 전략에 맞는 상황을 만들어내는 과정도 재미있었고 설문지를 작성하는 친구들도 재미있게 읽어주어서 기분이 좋았다. 논문을 쓰면서 마케팅에 관해서 여러 가지 지식을 얻을 수 있었다. 한 가지 가장 아쉬운 점이 있다면 자료조사와 설문조사를 통해 만들어낸 소녀마케팅을 직접 10대 여학생에게 적용해보지 못했다는 것이다. 다음에 다시 논문을 쓸 기회가 있다면 조금 더 체계적인 계획을 세워서 목표를 달성하고 싶다.

[사례 2]

■ 탐구주제: 영어 조기교육의 실태 조사

- 목 차 -

Ⅰ. 서론
1. 연구의 필요성
2. 연구의 목적

Ⅱ. 이론적 배경
1. 조기교육
2. 언어습득장치
3. 우리나라의 영어교육
4. 다른 나라의 영어교육

Ⅲ. 탐구내용 및 방법
1. 탐구방법
2. 탐구내용

Ⅳ. 탐구결과 및 결론
1. 탐구결과
2. 결론

Ⅴ. 느낀 점

Ⅰ. 서론

1. 연구의 필요성

영어가 전 세계의 공용어가 되고 나서 우리나라를 포함한 대부분의 나라는 영어 교육을 매우 중요하게 여기고 있다. 최근 주변에서 자주 볼 수 있는 영어 조기교육 은 끊임없이 찬반 논란이 벌어지고 있다. 그런 상황은 우리가 직면해 있는 문제이 다. 그래서 우리는 더 귀를 기울일 수 있었는데 그것에 대해 더 자세히 알아보기 위 하여 우리는 연구를 통하여 영어 조기교육에 대한 여러 지식을 얻고, 영어 조기교 육을 실시하는 원인이 무엇이고 우리 주변에서 실제로 얼마만큼 영어 조기교육이 이루어지고 있는지 또, 영어 조기교육이 일찍 배운 만큼이나 효과적인지를 알아보 고자 한다. 또한 이러한 영어 조기교육에 대한 많은 의견들에 대하여 깊이 있게 연 구한 뒤 영어 조기교육의 필요성에 대하여 이야기해보고자 한다.

2. 연구의 목적

이번 연구를 통하여 우리는 영어 조기교육이 무엇인지, 타국의 영어 조기교육방법은 어떤지 또한 영어 조기교육의 실시 배경을 비롯하여 영어 조기교육이 점차 활성화되어 가는 이유가 무엇인지에 대하여 파악하고자 한다. 또한 두 차례의 현장조사를 통하여 영어 조기교육이 얼마만큼 시행되고 있으며, 영어 조기교육에 대한 사람들의 의견을 들어보고자 한다.

Ⅱ. 이론적 배경

1. 조기교육

조기교육은 학령에 도달하지 않은 아동에게 일정한 커리큘럼에 따라 실시하는 교육으로 대체로 만 4~5세 아동을 대상으로 유아의 지적 잠재력을 조기에 개발하거나 훈련시키는 것을 목적으로 한다. 독일의 F. W. A. 프뢰벨과 J. 코메니우스가 영어 조기교육의 창시자이다. 음악이나 외국어 교육 등은 조기교육이 효과적이라고 알려져 있다. 그러나 어떤 분야나 조기교육이 좋은 것은 아니다. 예컨대 성악의 본격적 훈련은 변성기 이후가 적당하다. 조기교육을 실시하는 방식에서도 유아의 발달단계상 놀이형식을 띤 교육이 적합하다.

조기교육을 하는 이유는 어린 나이에 영어와 영어권 문화에 노출시킴으로써 모국어와 같이 언어습관을 몸에 익히게 하는 것이라고 볼 수 있다. 영어가 전 세계의 공통언어로 자리 잡으면서 유아기부터 영어를 시작하는 것은 세계의 추세이고 우리나라에서도 특히 영어교육에 대한 관심은 나날이 커지고 있는 것은 사실이다. 왜냐하면 언어학적 관점에서 보면 외국어 습득은 어릴수록 효과적이고 습득속도가 빠르다.

즉, SAD(Language Aquisition Device)가 왕성한 시기는 사춘기 이전의 유아기나 유년기이며, 이때에는 어떤 언어라도 그 언어에 맞는 환경에 노출시키게 되면 그 환경에 빨리 적응하며 언어를 신속히 습득할 수 있다. 그리고 신경 생리학적 관점에서 보면 외국어를 학습하는 데 있어서 어렸을 때는 뇌 조직이 매우 유연하기 때문에 언어를 효과적으로 습득할 수 있다고 한다. 또, 심리 사회적 관점에서는 인간은 성숙해가면서 언어적인 자아가 완전히 정립된다. 이 자아는 여러 것이 섞여 새로운 언어의 학습 능률을 떨어뜨린다고 한다. 그리고 사회화가 점점 진행되면서 사고력과 판단력이 자신의 관념에 뿌리를 두기 때문에 어릴 때보다 덜 유연하여 새로운 언어를 습득할 때 어려움을 겪을 수 있다.

2. 언어습득장치

언어습득장치[Language acquisition device(LAD), 言語習得裝置]란 인간의 언어습득 과정에 있어 중심적 역할을 하는 뇌 속의 가상 장치를 말하는데 미국의 언어학자이자 비판적·실천적 지식인인 노암 촘스키(Noam Chomsky)가 펼친 언어습득이론인 생득주의이론(언어능력은 선천적으로 타고난다는 것을 주요 내용으로 하는 이론)에 나오는 내용이다.

유아는 부모의 말을 무의식적으로 듣게 되고, 언어습득장치가 그 말을 흡수하여 얼마 지나지 않아 자신도 모르는 사이에 모국어를 인지하게 된다. 아이의 언어습득장치에 언어 특질이 선천적으로 내재되어 있기 때문에 아이는 굳이 배우지 않아도 각기 다른 품사를 구별하고, 자동적으로 단어를 순서대로 배열할 수 있는 언어능력, 즉 언어의 문법 형식을 지정하고, 적절한 문법을 선택하는 방법인 언어 이론을 갖추게 되는 것이다. 언어습득장치는 어린 나이에만 작동되며, 사춘기로 접어들면 이 능력은 현저히 저하된다.

3. 우리나라의 영어교육

우리나라는 영어를 공용어로 사용하고 있지 않지만 영어 조기교육을 매우 중시한다. 우리나라의 영어교육을 말할 때 주로 ESL과 EFL을 자주 이용해서 말을 한

다. ESL은 English as Secondary Language라는 뜻으로 '제2 언어로서의 영어'
이다. 이는 영어를 제2의 모국어로 사용하는 국가의 모습으로 볼 수 있다. 반면에
EFL은 English as Foreign Language라는 뜻으로 외국어로서의 영어이다. 우리
나라는 EFL에 속한다고 볼 수 있다.

4. 다른 나라의 영어교육

미국식 영어 조기교육은 학습자의 자발적인 참여에 중점을 두고 있고 내용 중심
접근방식과 데일리 루틴 교수법을 바탕으로 하고 있다. 데일리 루틴 교수법은 영어
를 번역한 그대로인 '매일매일 반복적으로 하는 일과'를 말한다. 이로써 영어의 개
념과 언어의 습득을 일상으로 하여 적응하는 방법이다.

영국식 영어 조기교육은 데일리 루틴 교수법과 의사소통 중심 교수법을 중심으
로 한다. 영국은 보다 활동적인 수업을 진행하는데 게임, 노래, 다양한 놀이로 영
어가 자연스럽게 습득될 수 있도록 한다. 이러한 활동으로 유아가 자유롭고 보다
쉽게 새로운 언어를 습득할 수 있게 한다.

캐나다식 영어 조기교육은 외국인 영어 교육의 방법들이 여럿 섞여 있다. 그것
들을 바탕으로 내용 중심 교수법을 두고 언어학습에 중점을 두고 있지 않고 영어
적 지식이 아닌 지성, 인성, 신체 발달, 창의성 개발 등의 다중적인 전인교육을 행
하여 여러 분야에서 다재다능할 수 있도록 한다. 그리고 수학, 과학, 사회성, 체육,
올바른 의사소통 방법 등에 대해 배우고 단지 배움에서 끝나는 것이 아니라 직접체
험 및 현장학습도 대단히 중요한 부분으로 다루고 있다. 이로 보아 캐나다의 영어
조기교육은 활동을 중심으로 하는 방식을 채택하였다.

Ⅲ. 탐구내용 및 방법

1. 탐구방법

자료 조사는 실내 조사와 현장 조사로 나누어서 시행한다. 실내 조사는 책과 논문을 비롯한 여러 매체를 통해서 영어 조기교육에 대한 지식과 사례를 보며 조기교육에 대한 우리의 생각을 정리해보고 사람들의 견해가 어떨지 예상해보는 등의 과정을 거친다. 현장 조사는 부모님들의 견해와 그의 자녀들의 견해를 알아보기 위한 목적이었기 때문에 부모님들과 자녀들이 많이 모이는 행사장에 가서 스티커 설문조사를 진행한다. 질문은 부모님들을 위한 질문을 2개 만들었고 자녀들을 위한 질문 역시 2개를 만들어 동시에 물어본다. 그 후 각 질문에 대한 스티커의 개수를 세어 통계를 내어 결과를 확인하고 영어 조기교육의 실태를 분석한 후, 표나 그래프 등을 이용하여 결과를 일반화시킨다.

〈현장 조사 계획〉

	1차 설문조사	2차 설문조사
일시	2012년 9월 8일(토)	2013년 1월 8일(화)
장소	울산 과학관	삼일여고 교내
대상	미취학 아동 및 초등학생 학부모	삼일여고 1학년

2012년 9월 8일 토요일 울산 과학관에서 개최하는 울산 수학 축전을 맞이하여 과학관을 찾으신 학부모님들과 미취학 아동 및 초등학생을 대상으로 설문조사를 진행한다. 영어 조기교육에 대한 인식 및 영어 조기교육의 실시 시기, 영어 조기교육의 적정 시기에 대해 묻는다.

2013년 1월 8일 화요일 삼일여고 교내에서 1학년들을 대상으로 문항을 작성하여 설문조사를 진행한다. 영어 조기교육을 실시한 시기, 영어 조기교육의 적정 시기, 영어 조기교육에 대한 생각(만족도)에 대한 세 개의 문항에 대해 묻는다.

2. 탐구내용

1) 1차 현장 조사 실시

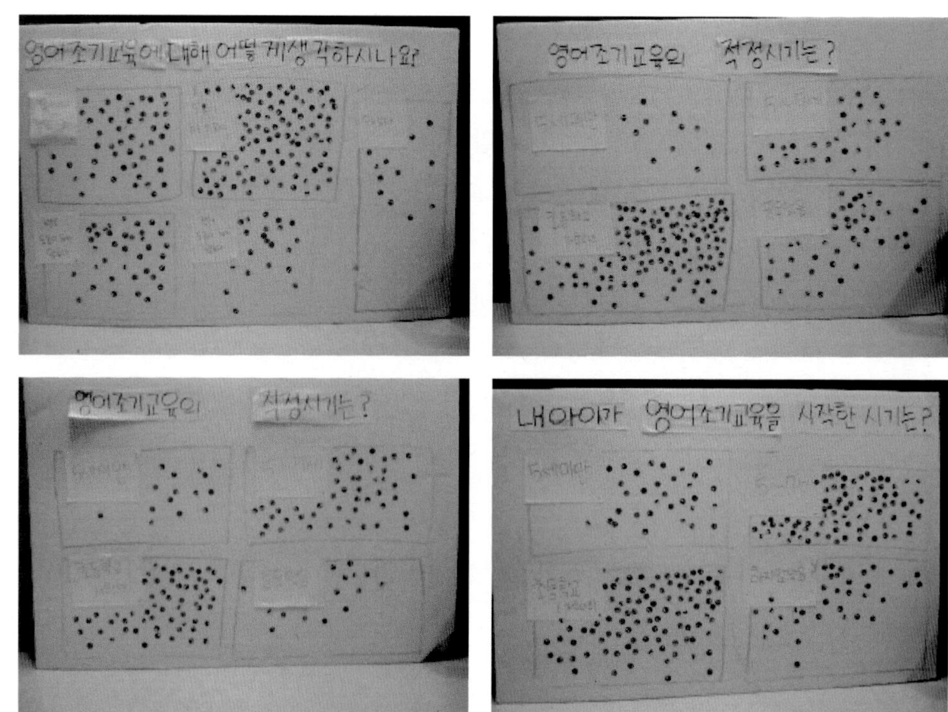

미취학 아동 및 초등학생을 대상으로 영어 조기교육을 현재 실시하고 있거나 경험했던 아이들에게 설문조사에 응해줄 것을 부탁하였다. 영어 조기교육에 대한 개념을 간략하게 설명하고 영어 조기교육에 대해 어떻게 생각하는지와 영어 조기교육의 적정 시기가 언제라고 생각되는지에 대해 물었다.

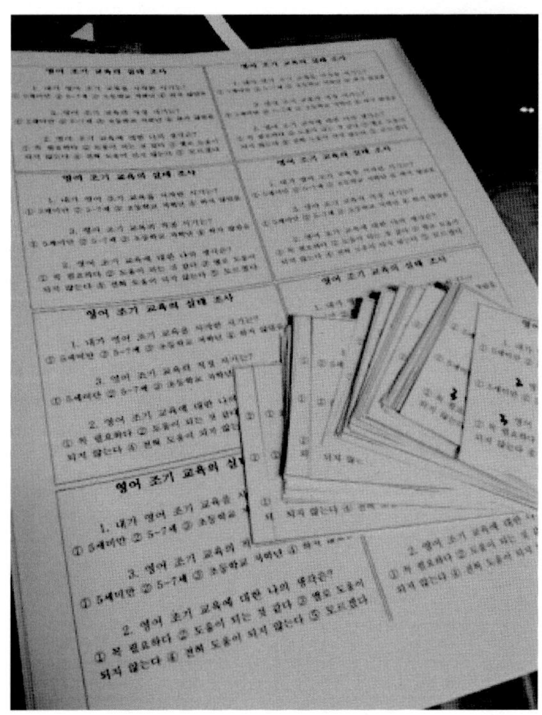

　　삼일여자고등학교 1학년을 대상으로 영어 조기교육에 대한 설문을 진행하였다. 다수의 학생들이 영어 조기교육에 대한 확실한 개념을 묻고, 영어 조기교육을 실시한 시기, 영어 조기교육의 적정 시기, 영어 조기교육에 대한 생각(만족도)에 대한 문항에 응하였다.

Ⅳ. 탐구결과 및 결론

1. 탐구결과

1) 1차 현장 조사 결과

〈미취학 아동 및 초등학생을 대상으로 진행한 설문조사〉

질문 1. 영어 조기교육에 대해 어떻게 생각하는가?

대답	통계
꼭 필요하다.	50
도움이 되는 것 같다.	97
별로 도움이 되지 않는다.	38
전혀 도움이 되지 않는다.	21
모르겠다.	12

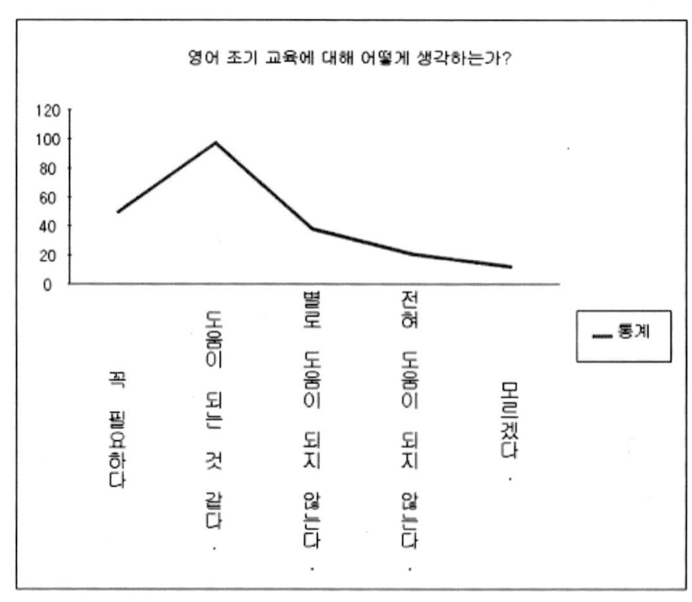

질문 2. 영어 조기교육의 적정기는?

대답	통계
5세 미만	11
5~7세	33
초등학교 저학년	124
필요 없음	43

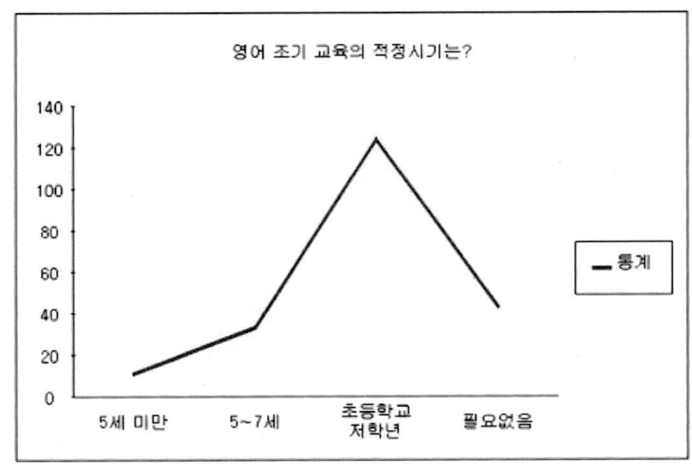

⇒ 미취학 아동 및 초등학생을 대상으로 영어 조기교육에 대해 어떻게 생각하는 가에 관한 질문과 영어 조기교육의 적정 시기가 언제라고 생각하는가에 관하여 설문조사를 진행하였다. 아이들은 초등학교 저학년에 영어 조기교육을 시작하는 것이 가장 적절할 것 같고 조기교육을 하는 것은 안 하는 것보다 확실히 도움이 되는 것 같다고 했다. 그 결과 영어 조기교육에 대해 어떻게 생각하는가에 대한 물음에 총 218명 중 도움이 되는 것 같다가 97명으로 가장 많았으며, 꼭 필요하다가 50명으로 두 번째로 많았다. 영어 조기교육이 도움이 된다고 다수의 아이들이 여기고 있다는 것을 알 수 있었다. 영어 조기교육의 적정 시기가 언제라고 판단되는가에 대한 질문에 총 211명 중 초등학교 저학년이 124명으로 가장 많았으며, 필요 없다고 생각하는 아이들이 43명, 5세에

서 7세까지가 33명, 5세 미만이 11명으로 초등학교 저학년을 적정 시기라고
응답한 아이들이 압도적으로 많았다.

〈부모님들을 대상으로 진행한 설문조사〉

질문 1. 내 아이가 영어 조기교육을 시작한 시기는?

대답	통계
5세 미만	32
5~7세	78
초등학교 저학년	97
하지 않았음	36

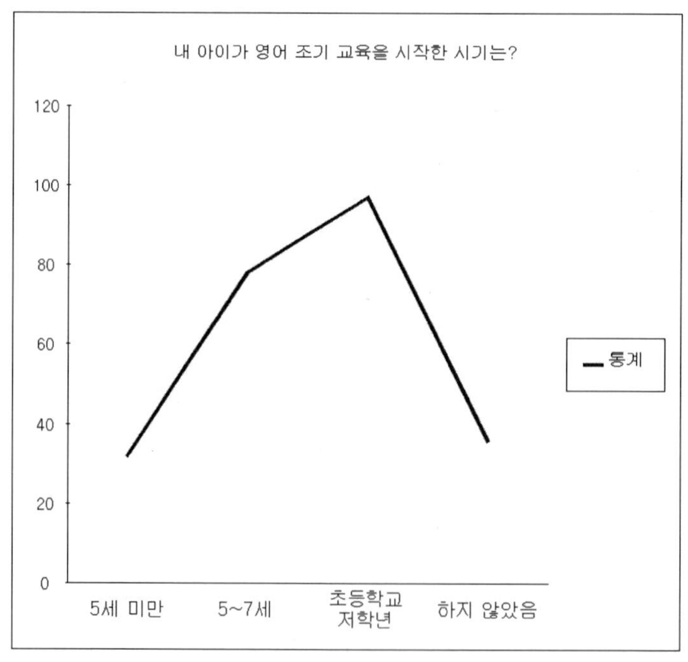

질문 2. 영어 조기교육의 적정기는?

대답	통계
5세 미만	15
5~7세	48
초등학교 저학년	61
필요 없음	15

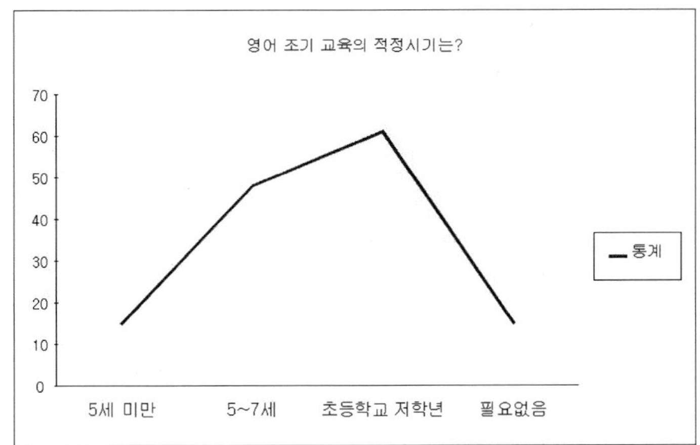

⇒ 부모님들을 대상으로 진행한 설문조사는 자신의 자녀가 영어 조기교육을 시작한 시기와 적정 시기가 언제라고 생각하는가에 대하여 물었다. 총 243명이 참여한 자녀의 영어 조기교육 시작 시기를 묻는 질문에서 초등학교 저학년이 97명으로 가장 많았고, 5세에서 7세까지가 78명, 하지 않았음이 36명, 5세 미만이 32명이 답하였다. 또한 영어 조기교육의 적정 시기에 대해서 묻는 질문에 참여한 139명 중 61명으로 초등학교 저학년이 가장 많은 부분을 차지하였고, 5세에서 7세까지가 48명으로 뒤따랐다. 5세 미만이 적정 시기라고 생각한다는 분들과 필요 없다고 생각하시는 분들이 각각 15명씩 답해주셨다.

2) 2차 현장 조사 결과

1. 내가 영어 조기교육을 시작한 시기는?

선택지	5세 미만	5~7세	초등학교 저학년	하지 않았음
총계	5	25	70	20

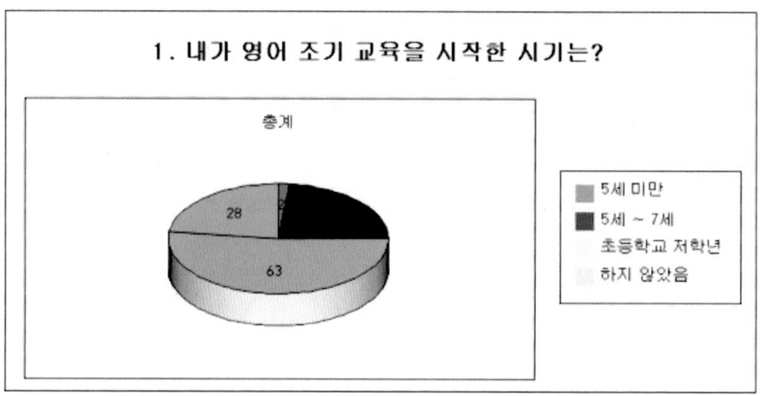

⇒ ○○여고 1학년 121명을 대상으로 진행한 설문조사에 대한 결과를 보면, 영어 조기교육을 초등학교 저학년 때 가장 많이 했음을 알 수 있다. 또한 5세에서 7세까지와 하지 않았음에 답한 학생들의 수가 같으며, 5세 미만에 시작했다는 학생이 2명으로 매우 적다는 것이 앞의 설문조사와 차이점임을 한눈에 알 수 있다.

2. 영어 교육의 적정 시기는?

선택지	5세 미만	5~7세	초등학교 저학년	필요하지 않음
총계	15	35	65	5

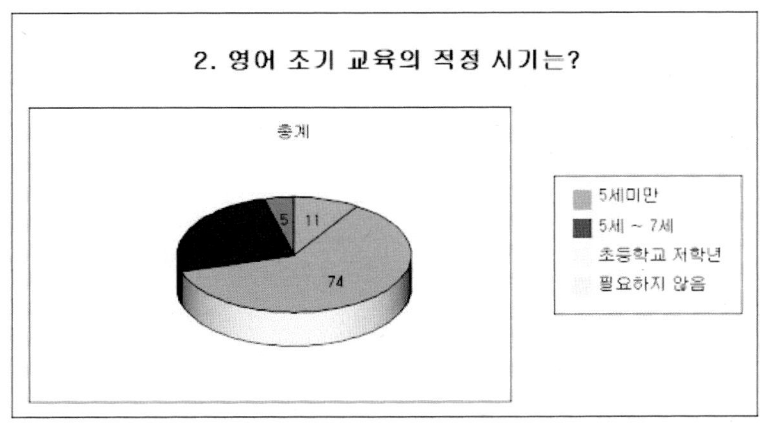

⇒ 영어 조기교육의 적정 시기에 대한 물음에 대하여 총 121명의 학생들 중 초등학교 저학년에 74명, 5세에서 7세에 31명, 필요하지 않음에 11명, 5세 미만에 5명이 답하였다.

3. 영어 조기교육에 대한 나의 생각은?

선택지	꼭 필요하다	도움이 되는 것 같다	별로 도움이 되지 않는다	전혀 도움이 되지 않는다	모르겠다
총계	17	54	27	8	15

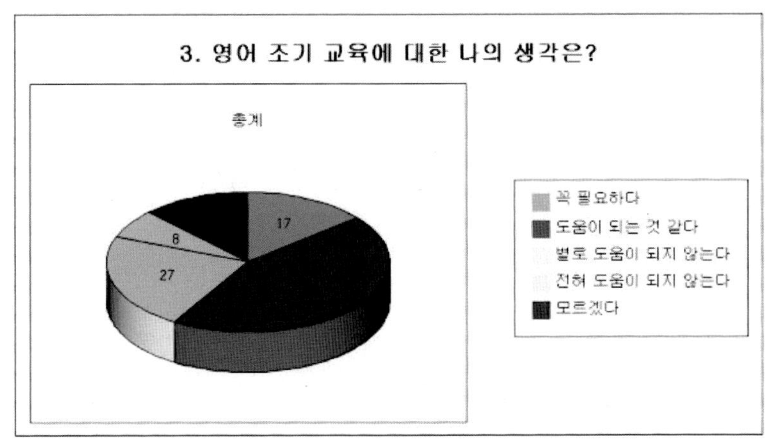

⇒ 영어 조기교육에 대한 생각, 즉 만족도를 묻는 질문에 응한 121명의 학생들 중 도움이 되는 것 같다가 54명, 별로 도움이 되지 않는다가 27명, 꼭 필요하다가 17명, 모르겠다가 15명, 전혀 도움이 되지 않는다가 8명이었다.

3번 선택지 1번 선택지	꼭 필요하다 (+5)	도움이 되는 것 같다 (+3)	모르겠다 (+0)	별로 도움이 되지 않는다 (−3)	전혀 도움이 되지 않는다 (−5)
5세 미만	0	0	0	1	1
5~7세	3	11	5	7	2
초등학교 저학년	11	34	5	13	1

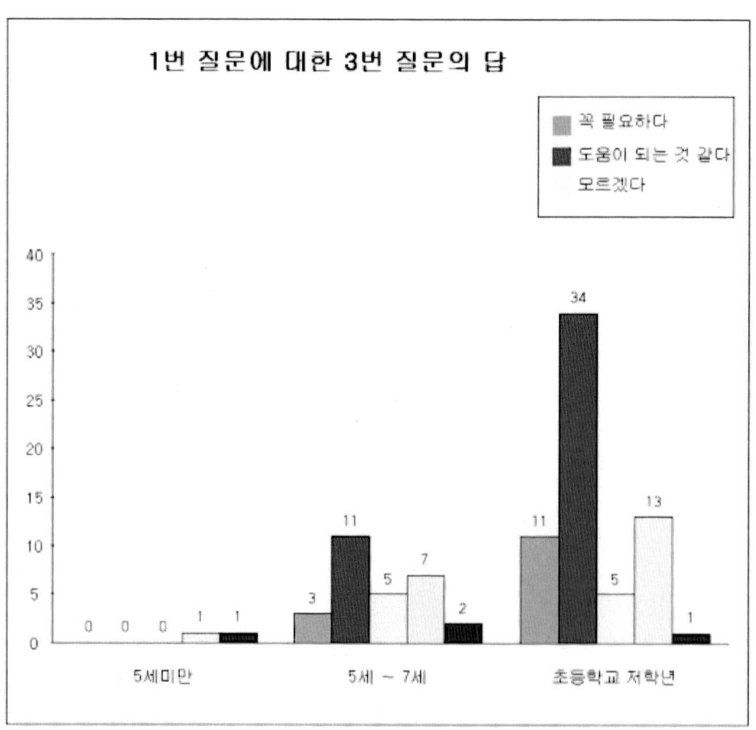

⇒ 영어 조기교육 경험을 5세 미만, 5세에서 7세, 초등학교 저학년 3단계로 나누었을 때 각 시작한 시기에 따른 영어 조기교육에 대한 만족도가 다르지 않을까라는 의문이 들었다. 그리하여 꼭 필요하다를 +5점, 도움이 되는 것 같다

는 +3점, 모르겠다를 0점, 별로 도움이 되지 않는다를 −3점, 전혀 도움이 되지 않는다는 −5점으로 정하여 각 시기별로 만족도를 알아보았다.

1번 선택지	5세 미만	5~7세	초등학교 저학년
명수	2	28	63
총합	−8	17	113
평균	−4	0.61	1.79

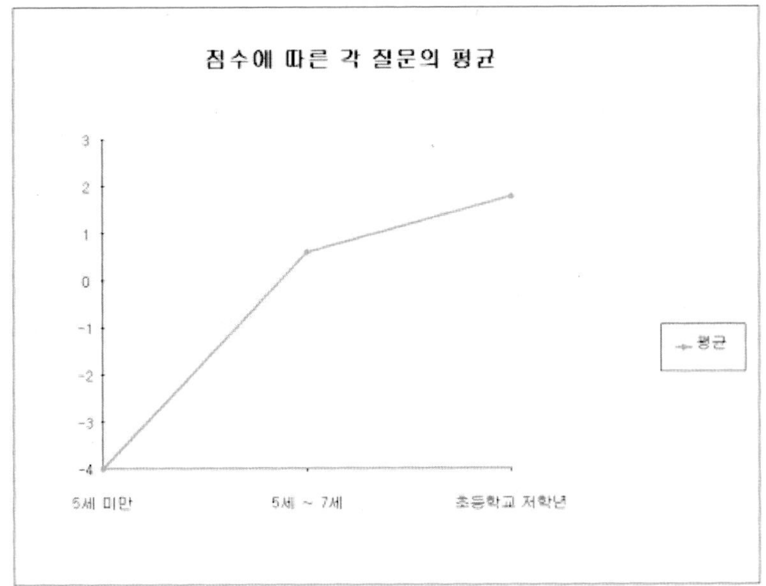

⇒ 영어 조기교육에 대한 시기별 만족도를 비교할 때, 각 시기별 인원이 달라서 한눈에 비교하기 어려워 평균을 내어 꺾은선그래프를 이용하여 결과를 나타내었다. 그래프를 보면 5세 미만에서 5세에서 7세까지, 초등학교 저학년으로 갈수록 영어 조기교육에 대한 만족도가 증가하고 있음을 알 수 있다.

2. 결론

국어, 영어, 수학을 흔히 주요과목이라고 말한다. 영어는 과목의 개념에서 그치는 것이 아니라 우리 생활 곳곳에 퍼져 있다. 영어의 영향력이 점점 커지면서 영어와 관련된 논란 또한 증가하고 있다. 그중 지금 이야기하고자 하는 내용은 영어 조기교육에 관한 것이다. 영어 조기교육을 '학교, 공교육으로 인해서 배우기 이전에 영어를 일찍 배우는 것'으로 개념을 정리하고 이에 맞게 여러 문항을 만들어 미취학 아동 및 초등학생과 부모님, 고등학생을 대상으로 설문조사를 진행하였다.

우선 영어 조기교육을 실시하고 있거나 실시했던 미취학 아동 및 초등학생에게 그에 대한 생각을 묻고, 영어 조기교육을 실시하기에 적정하다고 생각되는 시기가 언제인지 물었다. 결과를 보면 다수의 아이들이 영어 조기교육이 도움이 된다고 여기고 있다는 것을 알 수 있었다. 또한 영어 조기교육의 적정 시기가 언제라고 판단되는가에 대한 질문에 초등학교 저학년을 적정 시기라고 응답한 아이들이 압도적으로 많았는데 우리도 이와 같은 생각이다. 어느 정도 한국어를 사용할 줄 알고, 한국어에 익숙해진 뒤 제2 외국어인 영어를 배우기 시작하는 것이 이것도 저것도 제대로 알지 못하는 상태에서 무턱대고 영어를 배우는 것보다 효과적일 것이라고 생각했기 때문이다. 그리고 직접 영어 조기교육을 경험한 바로 영어 조기교육이 효과가 꽤 있는 듯하다고 느낀다. 영어를 한 번도 접해보지 않고, 학교나 공교육 시설에서 처음으로 영어를 배우는 경우, 영어가 어렵게만 느껴지고 영어에 거부감을 느껴 스스로 습득하기가 힘들 것이라 예상되기 때문이다.

부모님들도 자녀들, 즉 미취학 아동 및 초등학생과 생각이 비슷했다. 앞의 통계 수치와 비교하면 비교적 서로 차이가 많이 나지는 않지만 그중에서는 초등학교 저학년에 영어 조기교육을 하는 것이 가장 적절하다고 판단하신 분들이 많으셨다. 그리고 초등학교 저학년에 하는 것이 가장 적절할 것 같다고 하신 부모님들께 인터뷰를 요청하였는데, 그중 하나의 견해를 말하자면 "아이들이 모국어를 완전히 습득해서 잘 사용하기도 전에 제2 외국어를 배워서 사용하게 만들면 아이들의 입장에서는 머리에 혼란이 와서 모국어까지도 잘 못하는 경우가 생긴다. 그렇기 때문에 모국어를 완전히 습득해 잘 말할 수 있는 초등학교 저학년 때 배워도 늦지 않고 잘 습득할 수 있다"고 하셨다.

삼일여고 1학년 121명을 대상으로 진행한 설문조사에 대한 결과를 보면, 영어 조기교육을 초등학교 저학년 때 가장 많이 했음을 알 수 있다. 영어 조기교육의 적정 시기에 대한 물음 또한 초등학교 저학년에 답한 학생들이 가장 많았다. 영어 조기교육에 대한 생각, 즉 만족도를 물었는데, 이를 영어 조기교육 경험을 한 시기를 3가지로 나누어서 시기에 따라서 만족도를 비교해보았다. 각 문항에 점수를 정한 뒤 총합을 구하여 인원수로 나누어 평균을 구하였다. 5세 미만에 응답한 학생들은 −4점으로 가장 낮은 만족도를 보였으며 5세에서 7세가 0.61점, 초등학교 저학년이 1.79로 가장 높은 만족도를 보였다. 일찍 영어를 시작한 학생들보다 설문에 참여한 세 그룹 모두 가장 적정하다고 여긴 초등학교 저학년에 영어 조기교육을 실시했을 때가 만족도가 가장 높다는 것을 알 수 있었다. 또한 고등학교 1학년과 부모님들이 답한 자신의 자녀들의 영어 조기교육 실시 시기를 비교하면 5세 미만이나, 5세에서 7세 사이에 영어 조기교육을 실시하는 경우가 증가했음을 짐작할 수 있었다.

앞으로 영어는 더욱 필요성이 증가할 것이고 영어를 잘해야만 한다는 부담 또한 커져갈 것이다. 이에 따라 부모들은 어린 자녀들에게 영어를 좀 더 일찍 교육시켜야 한다고 생각할 것이고 영어 조기교육의 연령대가 점차 어려질 것으로 예상된다. 영어 조기교육을 무작정 좋다, 나쁘다 논할 수는 없지만 영어 조기교육을 무조건 이른 나이에 실시하는 것보다 적정한 나이에 실시하는 것이 옳다고 생각한다.

Ⅴ. 느낀 점

설문조사를 진행하면서 조금의 어려움이 따랐었다. 1차 설문조사를 실시한 날에 비가 왔었다. 비를 피하며 실내에 계신 분들께 설문조사를 하다가 비가 조금 그치자 밖으로 나와서 조사를 했는데 또다시 비가 오는 바람에 제작한 것이 젖어서 글씨가 번질까 봐 비를 피하는 게 꽤나 힘들었다. 그리고 현장에서 직접 실시한 설문조사뿐만 아니라 실내 조사에서도 어려운 점이 있었다. 여러 자료를 찾는 과정이 매우 힘들었다. 좀 더 풍부한 정보를 얻기 위해 각종 도서를 비롯하여 학위 논문을 읽는 것 또한 힘들었긴 했지만 읽은 내용 중 연구에 필요하고 유용한 정보를 분별해내고 종합하는 일이 더욱 힘들었다.

그러나 현장 조사 도중에 끊임없이 관심을 보여주시고 질문해주시고 의견을 말씀해주시며 연구에 꼭 도움이 되었으면 좋겠다고 응원해주시는 분들을 보니 보람이 있었다. 또한 아이의 영어 조기교육에 대해서 고민하면서 다른 엄마들은 어떤지 알아보고 싶었는데 조사 결과를 알려 달라고 하시더니 보시고는 고맙다고 해주셔서 오히려 감사했다. 신중하게 하기 위해서 꼼꼼히 질문을 읽으시고는 조사에 응해주시는 분들도 많이 보여서 좋았다. 또한 여러 의견을 내주시며 꼭 좋은 결과가 있었으며 좋겠다며 조언해주시는 분들 덕에 궂은 날씨에도 힘을 내서 열심히 한 것 같다.

조사에 참여해준 학생들은 대부분 영어 조기교육을 받아보았다. 그러나 또 다른 조사인 조기교육에 대한 만족도 조사에서도 생각보다 꽤 괜찮은 결과가 나왔다. 우리는 '별로 도움이 되지 않은 것 같다'가 가장 많이 나올 것이라고 예상했기 때문이다. 그리고 자녀들은 초등학교 저학년에 영어 조기교육을 시작하는 것이 가장 적절할 것 같고 조기교육을 하는 것은 안 하는 것보다 확실히 도움이 되는 것 같다고 했다. 마찬가지로 부모님들도 역시 그의 자녀들과 생각이 비슷했다. 자녀들의 통계보다는 대답 간에 서로 차이가 많이 나지는 않지만 그래도 그중에서는 초등학교 저학년에 영어 조기교육을 하는 것이 가장 적절하다고 하셨다. 이것으로 보아 부모님과 그의 자녀의 의견이 모두 초등학교 저학년에 영어 조기교육을 시작 하는 것이 가장 적절하다는 결론이 나왔다. 다음에 이러한 주제를 가지고 연구를 할 기회가 온다면 초등학교 저학년이 가장 적절한 시기가 맞는지 그렇다면 그 이유는 무엇인지, 아니라면 영어 조기교육을 시작하기에 적절한 시기는 언제인지 좀 더 많은 자료를 찾아 타당한 근거를 제시할 수 있도록 연구해보아야겠다고 생각했다.

<참고문헌>

손민숙, 2002, 조기영어 너무 빨리 하지 마라, 대인교육

최문주, 2008, 영어 조기 몰입교육의 교육과정 비교, 세종대학교 교육 대학원
　　　학위 논문, 페이지 4~7, 52~59

언어습득장치, 두산백과

조기교육, 두산백과

2) 자연 영역

[사례 1] 전국과학전람회 특상 수상

■ 탐구 주제: 과학적인 개체 수 산정을 통한 울산지역 까마귀의 생태 연구[1]

- 목 차 -[2]

1. 연구동기 및 목적
2. 이론적 배경
　　가. 까마귀과(corvidae)
　　나. 울산에서 월동하는 까마귀
3. 연구내용 및 방법
　　가. 조사지 개황
　　나. 개체 수 파악을 위한 모니터링
　　다. 까마귀 개체 산정 방안 연구
　　라. 일주행동 연구
　　마. 대숲 상태 조사
　　바. 식생조사
　　사. 토양분석

4. 연구결과
　　가. 개체 수 파악을 위한 모니터링
　　나. 까마귀 개체 산정 방안 연구
　　다. 일주행동 연구
　　라. 대숲 밀도 및 성장상태 조사
　　마. 식생조사
　　바. 토양조사
5. 결론
6. 활용 및 전망
7. 참고문헌

---

1) 제목은 보고서의 내용을 한눈에 파악할 수 있도록 정한다.

2) 일반 학위 논문이나 학술지의 목차와 동일한 체계를 따른다.

<까마귀 군무>

1. 연구동기[3] 및 목적

설을 맞이하여 할머니 댁에 갔다가 집으로 돌아오는 길에 언양 휴게소를 들렀는데 하늘이 까맣게 될 정도의 까마귀 떼가 나는 것을 보았다. 아주 많은 수의 까마귀가 한 번에 같은 방향을 향해 날아가니까 장관이어서 넋을 놓고 까마귀 떼를 바라보고 있었는데 아버지께서 까마귀 떼가 예전엔 흉조였지만 요즘은 길조라고 하시며 울산에 살면서부터 저런 까마귀 떼를 많이 보셨다고 하셨다. 그때부터 울산에 까마귀 떼가 날아오는 것에 대해 호기심을 가지고 있었다. 그런데 마침 11월 말쯤 텔레비전을 보다가 YTN 뉴스에서 울산의 까마귀 떼에 대해서 방영하는 것을 보게 되었다. 머리에 털이 없고 무리를 지어 날아다녀 떼까마귀로 불리는 까마귀 떼가 2002년부터 몽골과 시베리아 등지에서 날아와 10월 말부터 3월까지 태화강에서 월동한다는데 한강 하구와 전북 만경강에 1만여 마리, 제주도에 5천여 마리에 비하

면 울산의 까마귀는 전국 최대 규모로 4만 6천여 마리에 이른다고 하였다. 그만큼 울산의 환경이 크게 개선되어서 생태도시로 거듭나고 있다는 사실을 알려주는 까마귀는 우리에게 귀중한 자원이라고 하였다. 그래서 이런 까마귀 떼에 대해 더 자세히 알고 싶었다. 첫 번째로 까마귀가 언제 우리나라에 월동을 하고 하루 동안의 일주운동은 어떻게 되는지 알아보고자 하였다. 둘째, 까마귀 떼가 왜 우리나라의 수많은 대숲 중에 하필 울산의 대숲 그것도 태화강 중류에 있는 삼호대숲에 많이 서식하는지 그 이유가 무엇인지 알아보고 싶었다. 마지막으로 까마귀에 대한 호기심으로 인터넷을 찾아보다가 까마귀 떼의 개체 수에 대한 매스컴의 발표 자료를 보았다. 자료가 모두 같은 것이 아니라, 어떤 발표 자료엔 6만 마리라고도 하고 다른 것엔 3만 마리라고도 하고 또 다른 것엔 5만 마리라고도 하였다. 이렇게 불특정하게 추정되는 까마귀의 개체 수를 더 정확하고, 효율적으로 산정하는 방법은 없는지에 대해 탐구해보고 싶었다.

2. 이론적 배경[4)]

가. 까마귀과(corvidae)

전 세계적으로 25속 113종이 살고 있다. 한국의 새(LG 상록재단 2002)에 의하면 한국에는 6속 9종이 기록되어 있으며, 이에 해당하는 종은 어치, 잣까마귀, 물까치, 까치, 붉은부리까마귀, 떼까마귀, 갈까마귀, 까마귀, 큰부리까마귀 등이다.

1) 지능
까마귀류는 조류 중 가장 높은 지능을 가지고 있다.
– 도로에 호두와 같은 견과류를 떨어트려 자동차가 지나갈 때 깨지면 먹는다.

---

4) 이론적 배경은 2페이지를 넘지 않도록 한다. 내용이 부실한 보고서 일수록 이론적 배경의 비중이 크다. 이론적 배경은 최소한의 연구 지식만을 기술한다.

– 일본의 큰부리까마귀는 전철 선로에 돌을 올려놓는 장난을 했다고도 하고 도
  쿄 시내의 분리수거봉지 속에 먹을 만한 곳을 골라 그곳만 찢는 행동도 자주
  한다고 한다.

2) 먹이

까마귀류는 다양한 먹이를 먹는 잡식성이지만 종류에 따라 먹이가 약간씩 다르다.
먹이를 여러 장소에 나누어 저장할 줄 알며 주로 땅이나 나무 틈에 숨겨둔다. 미
처 파먹지 못한 것은 식물이 발아하고 확산되는 데 상당한 도움을 준다.

3) 생활방식

보통 새들이 한 가지를 잘하는 전문가(specialist)로 진화한 반면에 까마귀류는
만능선수(generalist)로 적응하였다. 까마귀류는 대개 무리를 지어 생활하며 떼까
마귀는 수천, 수만 마리가 모이기도 한다.

서로 경계를 서주며 높은 곳에서 보초를 서는 개체들이 있다. 보초들은 높은 곳
이나 눈에 띄는 곳에 앉아 주변을 경계하며 포식자가 보이면 소리를 내서 동료들에
게 알리고, 경우에 따라서는 여러 마리가 몰려와서 포식자를 쫓아버리는 협동심을
보인다.

〈무리를 이루는 이유〉

① 좋은 먹이 터를 찾기 위해

② 포식당할 가능성이 적어서

③ 추운 겨울에 서로에 기대에 보다 따뜻하고 안락하게 잠을 잘 수 있어서

4) 몸의 특징

– 부리: 튼튼하고 뾰족하여 벌레를 잡거나 땅을 파는 데 적합하다.

– 다리: 일반 맹금류보다 길어 나뭇가지뿐만 아니라 땅에서도 잘 걸어 다닌다.

– 날개 끝: 맹금류처럼 갈라져 있어 바람을 효율적으로 이용할 수 있어 먼 거리
  를 이동하거나 범상(soaring)을 할 수 있다.

나. 울산에서 월동하는 까마귀

1) 떼까마귀
- 영명: Rook
- 학명: *Corvus frugilegus pastinator*
- 떼까마귀 C. f. pastinator 성조

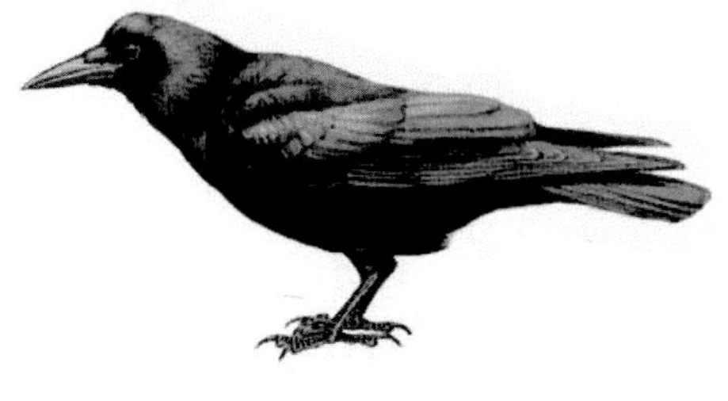

- 외형적 특성: 깃털은 검은색이나 빛의 각도에 따라 금속성 푸른색, 녹색, 자주색으로 빛났다. 부리와 다리는 검은색이며 동공도 어두운 갈색이어서 구별이 어렵다.
- 크기: 몸길이 47cm. 수컷이 암컷보다 조금 큰 편이다.
- 소리: 일반적으로 평이하고 단조롭게 "꺄아ー, 꺄아ー" 하고 울며, 놀라거나 경계할 때는 보다 소리가 강해지고 빨라진다. 목에서 뱉거나 삼키는 소리, 부리를 부딪치는 소리 등을 복잡하게 내며 구애한다.
- 서식 습성: 집단 성향이 강하며 떼 지어 다니는 경향이 강하지만 짝과의 유대 관계가 상당히 강하여 거의 평생 동안 먹이를 먹거나 잠을 잘 때에도 항상 짝이 함께 다닌다.
- 행동 특성: 사람들에게 친숙한 유원지나 일부 도시 지역에서는 상당히 가까이까지 접근하기도 하지만 보통 경계가 심하여 사람을 멀리한다.

- 번식: 하나의 나무에 여러 개의 둥지를 만들어 집단 번식한다. 알은 2~8개 사이를 낳으며 보통 4개 정도이다. 암컷이 포란하며 기간은 16~18일이다. 부화 후 10일 동안은 수컷이 주는 먹이를 먹지만 이후에는 암컷이 먹이를 준다. 32~33일이 되면 어미로부터 독립한다.
- 서식지: 취식지로는 경작지를 선호하며 번식지는 숲이 등성한 스텝 초원과 강변 평지를 좋아한다. 겨울에는 큰 나무들이 많은 도시나 마을 주변, 그리고 해안과 저지대를 좋아한다.
- 철새로서 서식기간: 삼호대숲에, 11월부터 3월까지 5개월간 분포한다.
- 먹이 종류: 잡식성. 벼나 밀, 보리 등의 낙곡류, 풀뿌리, 풀씨, 겨울 보리 등의 일부 농작물에 손해를 주기는 하나, 병충해를 일으키는 농작물 해충을 잡아먹는 양과 비교하면 손해보다 이로움이 많은 새이다.
- 떼까마귀 유조: 어린 것은 성조에 비해 잘 울지 않는다.

2) 갈까마귀

- 학명: *Corvus monedula*

몸길이 약 33cm, 날개길이 21~24cm이다. 머리 꼭대기와 뒷머리는 보랏빛 광택이 나는 검은색이고 턱밑과 멱은 푸른색 광택이 나는 검은색이다. 목띠와 그 아래로 이어지는 아랫면은 연한 잿빛이다. 나머지 부분은 모두 검다.

먹이는 딱정벌레(갑충)나 나비 유충, 파리, 다른 조류의 새끼, 쥐, 개구리 등의 동물성을 비롯하여 버찌·딸기·포도·감자·곡류 등 다양하다.

시베리아 남부와 아무르, 우수리, 중국 북동부 및 북서부, 몽골, 티베트 등지에서 번식하고 한국·일본·중국(동부)·타이완 등지에서 겨울을 난다.

〈갈까마귀 성조〉

〈갈까마귀 유조〉

3. 연구내용 및 방법

가. 조사지 개황

까마귀의 서식지와 비교 대숲은 그림 2에서와 같다. A지역은 섬이며 생태다리로 연결이 되어 있고, 조경 사업을 통해 대나무 간벌이 이루어진 지역이다. B지역은 까마귀의 월동지로 사람의 출입이 없고 간벌이 이루어지지 않은 지역이다. C지역은 십리대숲으로 산책로가 대숲 중앙을 통과하고 조경사업을 통해 대나무 간벌이 이루어진 지역이다.

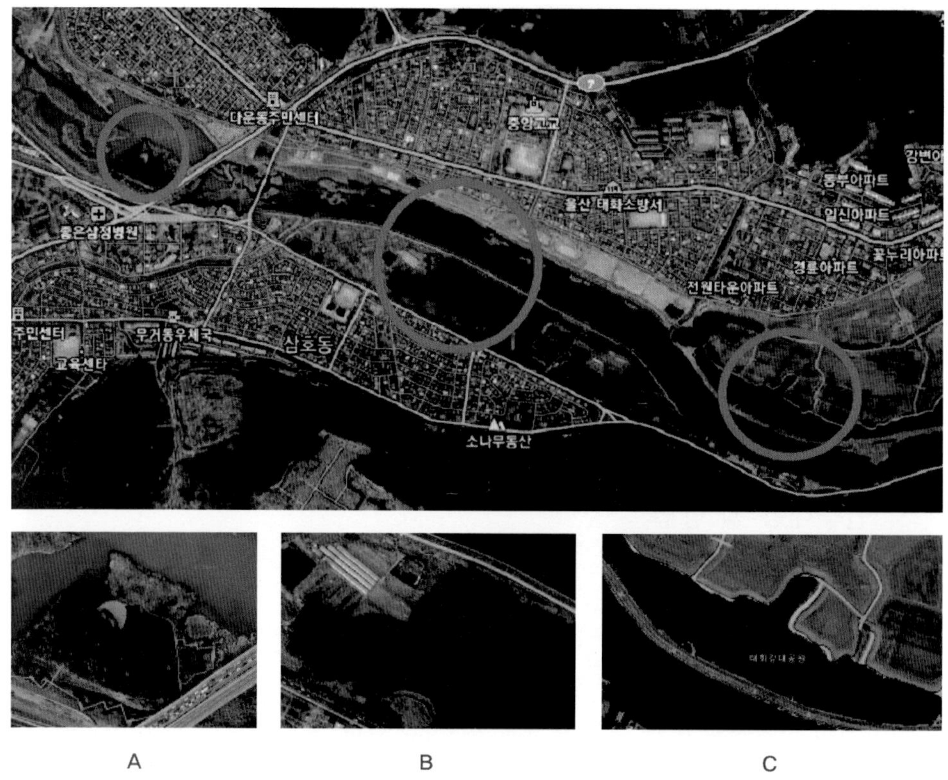

〈대숲 조사지역(A: 삼호섬 대숲, B: 삼호대숲, C: 십리대숲)〉[5]

까마귀 생태조사를 위한 지역은 B지역이며, 까마귀의 월동과 주변 환경과의 상관관계를 알아보기 위한 지역은 A, B, C지역이다. 까마귀의 귀소는 B지역에서만 이루어지며 A, C지역에서는 귀소가 이루어지지 않는다.

나. 개체 수 파악을 위한 모니터링

삼호대숲과 인근에 서식하는 까마귀의 모니터링 조사는 쌍안경과 필드스코프를 사용하였다. 까마귀는 아침에 서식지를 떠나 먹이활동을 하고 저녁에 귀소하는 일주 행동을 보인다. 까마귀는 귀소를 위해서 서식지 주위를 빙빙 돌다가 차례로 서

---

5) 포토샵이나 그림판을 활용하여 자료를 가공한다.

식지로 들어가게 되는데 이를 보통 '까마귀 군무(群舞)'라고 부른다. 까마귀의 군무 시에는 무리가 소집단을 이루어 빙글빙글 돌다가 귀소하므로 정확한 개체 수 파악이 힘들다. 하지만 아침에 서식지를 떠날 때는 한 방향으로 날아오르므로 개체 수 파악은 일출 1시간 전부터 일출 때까지 대숲에서 날아 나오는 개체 수를 디지털 캠코더를 이용하여 촬영하여 산정하였다. 기초 조사를 위해서 처음 일주일간은 매일 모니터링 하였으며 이후부터는 일주일 단위로 모니터링 하였다. 일출 시간과 일몰 시간의 온도와 습도는 기상청 홈페이지를 활용하여 측정망과 가장 가까운 자료를 이용하였다.

다. 까마귀 개체 산정 방안 연구

효과적인 까마귀 개체 수 산정 방안을 위하여 모니터링을 통해 촬영한 자료를 분석하였다. 까마귀가 화면에서 사라지는 시간의 평균을 구해 각 화면을 캡처하여 총 개체 수를 산정하고 난 후 까마귀 개체 수를 효율적으로 산정하는 방안에 대해 연구하였다.

라. 일주행동 연구

삼호대숲에 귀소하는 까마귀의 귀소 시간을 알아보기 위해 삼호대숲에 처음으로 까마귀가 출현하는 시간과 마지막으로 삼호대숲에 날아 들어가는 시간을 측정하였다. 귀소 시간과 들어가는 시간이 일몰 시간이나 기온 혹은 습도와 어떤 관계가 있는지 알아보기 위해 SPSS 프로그램[6]을 이용하여 상관관계를 분석하였으며, Biodiversity Pro[7] 프로그램을 이용하여 분석하였다. 또한 대숲에서 날아 나가는 시간과 일출 시간, 기온, 습도와의 상관관계도 분석하였다.

---

6) 전문 프로그램

7) 전문 프로그램

마. 대숲 상태 조사

1) 대나무 숲의 밀도

대나무의 생장상태를 확인하기 위해 우선 대나무의 밀도를 조사하였다. 대나무 숲의 밀도는 각 조사지역에서 가로, 세로 2m 방형구를 설치하여 조사했다. 방형구 내에 서식하고 있는 대나무의 개체 수를 육안으로 조사하였다. 밀도는 단위면적당 개체 수로 나타내어

밀도=특정 종의 개체 수/단위면적(m^2)

상대밀도=특정 종의 밀도/전체 종의 밀도의 합×100

으로 나타냈다. 삼호섬 대숲, 삼호대숲, 십리대밭을 비교해보았다.

2) 대나무의 굵기

대나무의 생장상태를 확인하기 위한 대나무의 굵기는 각 개체의 1m 높이의 줄기를 버니어 캘리퍼스를 이용해 굵기를 측정했다. 마디에 걸리지 않도록 주의를 기울여 측정한 뒤 평균을 구해 비교하였다.

3) 대나무의 잎

대나무의 생장상태를 확인하기 위해 대나무 잎을 조사해보았다. 3지역에서 임의로 5개체를 선정해 가장 아래쪽의 잎을 관찰해보았다. 잎의 크기, 색, 상세한 특징 등을 관찰하였다.

바. 식생조사

까마귀의 배설물에 의해 삼호대숲에 식생이 어떤 영향을 받는지 알아보기 위해 삼호대숲과 주변의 식생을 조사하였다. 식물동정은 식물도감을 이용하였으며 디지털카메라를 이용하여 촬영을 하였다.

사. 토양분석

대나무 숲의 생물다양성이 환경과 무슨 연관이 있는지 알아보기 위해 우선 토양을 조사해보았다. 각 지역 토양의 pH를 측정하기 위해 채취한 뒤 물 10ml에 토양을 5g씩 녹여 pH 미터기로 측정해보았다. MBL을 이용해 10cm 아래의 토양의 온도를 측정했고 토양에 백지를 문질러서 남은 흔적을 비교해 습도를 알아보았다. 각 토양의 공극률을 알아보기 위해 부식물을 치운 토양에 물 40ml를 부어 흡수되는 시간을 초시계로 측정하였다. 또한 부식물의 양과 종류를 자와 육안으로 관찰해보았다.

자세한 분석을 위해 울산과학대학 토양분석실에 의뢰하여 치환성무기양이온, 유기물함량을 분석하였다.

4. 연구결과

가. 개체 수 파악을 위한 모니터링

개체 수 파악을 위한 모니터링은 12월 일주일간 예비조사를 실시한 후 2009년 12월 26일부터 까마귀 월동이 끝나는 2010년 4월 25일까지 실시하였다.

〈모니터링 결과〉[8)]

날짜	일출 시간 (시간)	첫 비상 (시간)	마지막 비상 (시간)	기온 (℃)	습도 (%)	일몰 시각 (시간)	첫 출현 (시간)	첫 귀소 (시간)	마지막 귀소 (시간)	기온 (℃)	습도 (%)
09/12/26	7:30	ND	ND	−1.5	52	17:15	15:56	ND	ND	3.1	22
09/12/31	7:31	ND	ND	−4.5	45	17:19	16:49	17:36	17:55	−2.9	24
10/1/1	7:32	7:02	7:07	−5.2	47	17:20	ND	ND	ND	1.8	32
10/1/2	7:32	7:05	7:13	−3.3	62	17:21	16:15	17:43	17:53	8.2	58
10/1/4	7:33	7:05	7:13	−1.3	39	17:23	16:23	17:39	18:07	6.1	51
10/1/9	7:33	7:04	7:13	−2	45	17:27	16:30	17:45	18:00	4.3	29
10/1/10	7:33	7:04	7:12	−1.3	68	17:28	16:49	17:47	18:06	3.4	46
10/1/16	7:31	7:00	7:07	−4.7	62	17:34	16:58	17:46	18:07	4.1	18
10/1/17	7:31	7:01	7:09	−5.7	50	17:34	17:03	17:52	18:10	5.3	18
10/1/20	7:30	ND	ND	12.3	88	17:38	17:17	17:55	18:13	15.3	82
10/1/23	7:29	6:48	7:08	−3.8	48	17:41	17:12	17:58	18:15	1.5	35
10/1/24	7:28	6:55	7:14	−1.7	59	17:42	17:05	18:04	18:21	5.3	36
10/2/6	7:19	ND	ND	−4.2	33	17:55	17:00	ND	18:36	3.1	40
10/2/7	7:18	6:44	7:02	−4.8	68	17:56	17:34	18:12	18:32	7.6	56
10/2/21	7:03	6:38	6:52	−1.4	74	18:10	17:11	18:13	18:34	9.5	52
10/2/28	6:55	6:26	6:33	4.2	91	18:17	17:16	18:00	18:42	11.7	75
10/3/1	6:53	6:45	6:55	7.4	94	18:17	17:30	18:09	18:45	4.9	91
10/3/7	6:45	6:20	6:32	3.2	77	18:23	17:03	18:37	18:57	4.7	68
10/3/14	6:36	6:03	7:16	4	88	18:29	17:41	18:45	18:55	10.5	70
10/3/21	6:26	5:54	6:07	5.2	34	18:35	17:48	18:48	19:02	8.4	24
10/3/28	6:16	5:49	6:00	4.4	88	18:41	17:55	18:12	19:05	6.9	71
10/4/4	6:06	5:36	5:47	1	74	18:46	17:51	18:52	19:11	12.8	42
10/4/11	5:56	5:37	5:40	11.2	70	18:52	17:45	18:53	19:09	10.9	79
10/4/18	5:47	ND	5:26	5.7	69	18:58	ND	18:57	19:04	13.7	56

ND: No Data
※ 사례 선정일을 노란색으로 표시함.

---

8) 창의적인 연구 내용이 아닐 경우에는 보고서에 연구를 위해 얼마나 노력을 했는지가 담겨있으면 좋은 점수를 받을 수 있다.

　정확한 캠코더 촬영을 통해 총 개체 수를 확인할 수 있었던 횟수는 3회로 1월 17일, 3월 14일, 4월 4일이었다. 각 날짜별로 파악된 총 개체 수는 1월 17일에 55,410마리, 3월 14일에 21,752마리, 4월 4일에 3,442마리로 4월이 지나면 대부분의 까마귀들이 월동을 끝내는 것으로 나타났다.

〈까마귀 모니터링〉

　까마귀는 2005년의 논문(이기섭)에 의하면 2005년 2월 삼호대숲에 떼까마귀 24,000마리, 3월에 21,000마리, 2006년 1월에 18,000마리, 2월에 28,000마리로 최대치는 28,000마리였다. 갈까마귀도 동일한 시기에 7,000마리 정도가 관찰된 것으로 보고되었다. 하지만 본 연구기간 동안에는 갈까마귀는 한 마리도 찾아볼 수 없었으며, 최대 개체 수는 55,410마리로 훨씬 더 많았다. 이는 개체 수 산정방법에 따라 큰 차이를 보이거나 2005년과 2010년의 개체 수가 많은 차이가 있음을 알 수 있다. 따라서 본 연구에서는 개체 수를 보다 과학적으로 추정할 수 있는 객관적인 산정방법을 연구하고자 한다.

나. 까마귀 개체 산정 방안 연구

1) 까마귀 개체 산정 방안 연구

까마귀 모니터링을 한 결과, 오후에는 까마귀가 '군무'를 추기 때문에 동영상이나 사진으로 찍었을 때 겹쳐서 셀 수가 없다. 그리고 군무를 추는 고도가 각각 달라 아주 높은 곳에서 출 때는 캠코더나 사진기에 포착되지 않는다. 또한, 까마귀 무리들이 한 무리씩 날아오는데, 그 시간적 틈이 길뿐만 아니라 그 틈이 불규칙적이기 때문에 오후에 까마귀 수를 세는 것은 어렵다. 하지만 아침에는 까마귀가 군무를 추지 않고 삼호대숲에서 나와 한 방향으로, 연속적으로 날아간다. 또한 캠코더와 사진기에 포착이 잘되어 컴퓨터 캡처했을 때 개체 수 산정이 가능하기 때문에 아침에 까마귀 숫자를 세는 것이 효율적이고 정확한 산정이 가능하다.[9]

〈아침과 저녁 까마귀 모니터링 결과-까마귀 행동적 특성〉

아침(비상)	저녁(군무)
– 까마귀가 삼호대숲에서 나와 한 방향으로 날아간다. – 연속적으로 계속 날아간다. – 까마귀가 군무를 추지 않는다.	– 불연속적으로 한 무리씩 날아온다. – 한 무리씩 날아오는 시간적 틈이 길고, 그 시간적 틈이 일정하지 않다. – 까마귀가 군무를 춘다.

---

9) 기존의 전문가들이 쓰는 방식이 아닌 학생들만의 창의적인 개체수 산정 방식은 오랜 관찰의 결과로 나온 것이라 더 값어치가 있다.

오전에 캠코더와 망원경, 필드스코프를 이용해 모니터링을 하였다. 이때, 정확한 까마귀 개체 수를 알아내기 위해 캠코더를 고정시켜 촬영하였다. 그리고 오전에 캠코더로 모니터링 한 것을 컴퓨터로 옮겨 1초 단위로 캡처를 했다.

까마귀 개체 수 산정에 있어서, 까마귀가 삼호대숲에서 비상하기 시작해서 화면에 사라지는 시간 간격을 조사한 다음 그 수치들을 평균하여 '평균 간격'을 구했다. 그 간격을 기준으로 각 시간대 개체 수를 모두 세어, 변화한 수를 조사하여 까마귀 총 개체 수를 산출했다. 일주일에 최소 1번씩 모니터링을 하였고, 그중 1월 17일, 3월 14일, 4월 4일 오전에 관측한 자료를 분석하였다.

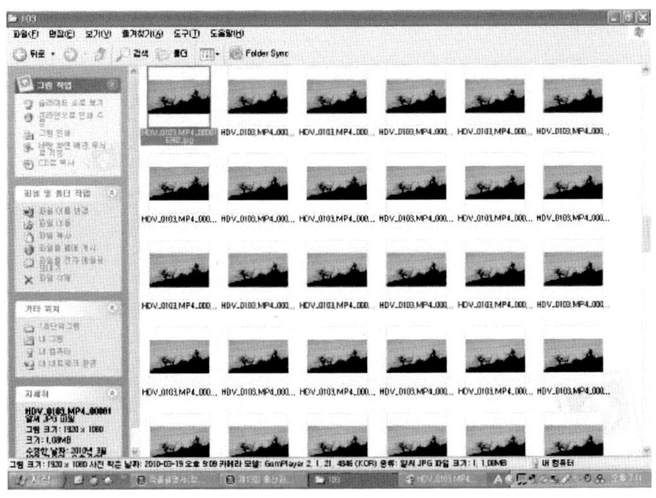

〈까마귀 캡처〉

2) 개체 수 산정 방법 비교

선정한 사례 일들 중 하나(2010년 4월 4일 동영상)를 골라 좀 더 과학적인 개체 수 산정 방법이 있는지에 대해 생각하고 이전의 방법과 비교하였다. 이전의 방법은 날아가는 새 무리에 그물같이 직사각형으로 바둑판과 유사한 모양을 만들어, 그 네모 칸 하나 안에 있는 새의 개수를 센 뒤, 네모의 개수를 곱하는 방법이다. 하지만 그 방법은 오차가 매우 크기 때문에, 우리는 오차가 작고 좀 더 과학적인 개체 수 산정 방법에 대한 연구를 한 결과 다음과 같은 3가지 방법을 만들어내었다.

가) 관측 값을 그대로 읽는 경우[10]

그래프에 있는 모든 y값들을 더하면 그 총 개체 수는 3,442마리이다.

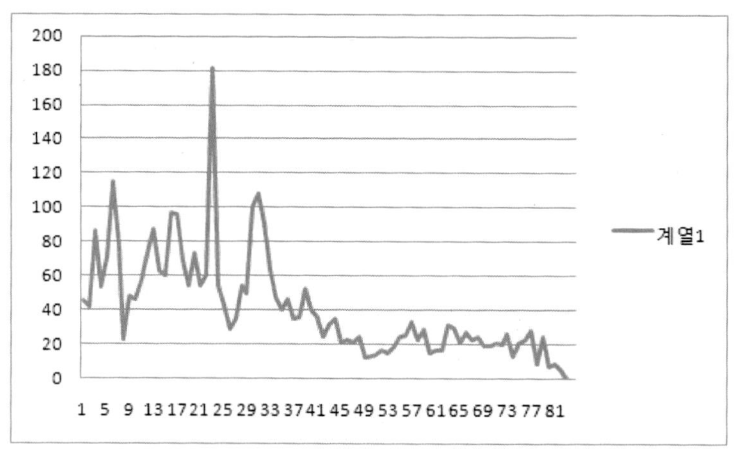

나) 직선으로 근사시킨 경우[11]

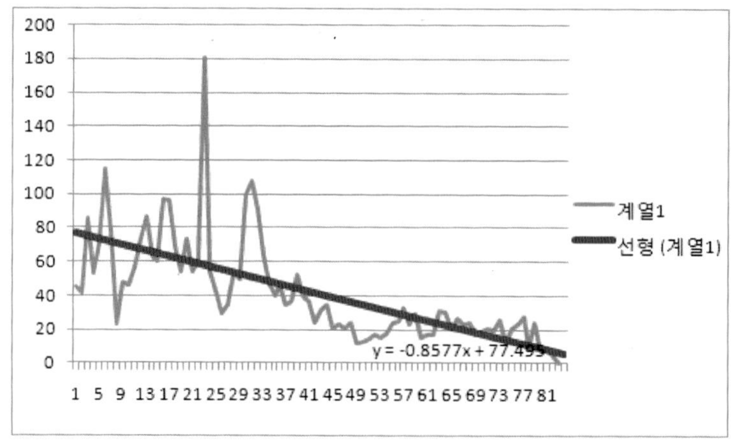

---

10) 엑셀(Excel)을 이용하여 그래프를 작성한 것이다. 그래프를 그릴 때는 전문적인 프로그램을 활용하는 것도 좋지만 Excel 정도만 활용해도 학생 수준의 그래프는 충분히 그릴 수 있다.

11) 일반적인 그래프에서 추세선이라는 추가 기능을 추가하여 작성한 그래프이다. 그래프의 품격을 높일 수 있는 방법이다.

엑셀을 이용해 본 그래프에 따른 추세선을 만들어서 일차함수식을 구하였다. 그래프를 분석해보면 비상 시작 후 평균적으로 6~7초 사이에 제일 많이 비상하므로 그때 화면을 캡처하여 세고, 마지막 까마귀에서 5~6초 전에 또 세어 그 숫자로 연결해 일차함수를 만든다. 그 일차함수식들의 Σ(시그마)를 이용해 y값을 모두 더하면 방법 가)보다 좀 더 과학적이고 오차가 적은 방법이다.

다) 1-2-1 smoothing으로 근사시킨 경우[12]

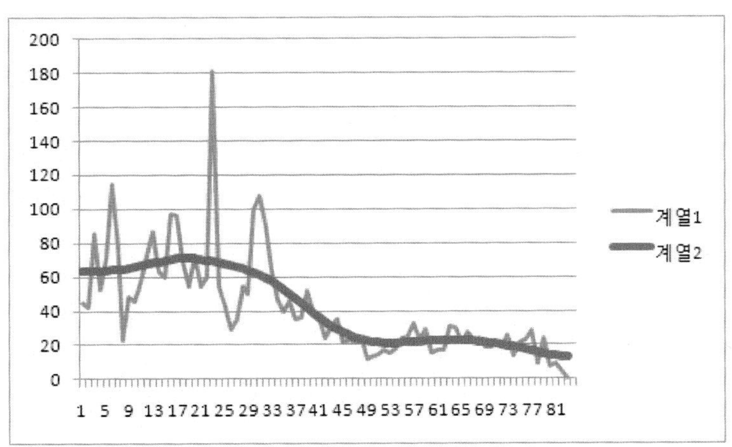

$\{(t-1)+2*(t)+(t+1)\}/4$와 같은 방법으로 데이터를 재분석해보았다. 여기서 t는 시간, $t-1$은 t보다 한 스텝 전의 값, t는 측정시간 값, $t+1$은 측정시간보다 한 스텝 후의 값이다. 이 과정을 여러 번 거치면, 그래프가 매끄럽게 값이 생성되고 그 값을 그래프로 그리면 위의 빨간 곡선과 같다. 이 방법이 오차가 가장 적고, 또 적분을 이용하여 총 개체 수를 산정할 수 있었기 때문에 3가지 방법 중 가장 과학적인 방법이었다.

위의 개체 수 산정 결과를 보면 가)는 3,442마리, 나)는 3,442.1428마리, 다)는 3,442.0247마리이다. 이 세 결과를 보면 소수점을 제외하면 모두 3,442마리로 일

---

12) 전문가의 조언을 받아 그래프르 변형시킨 것이다.

치한다. 나머지 두 개의 그래프 분석 결과 또한 이와 비슷하게 나왔다.

이 중 개체 수 산정에 있어서 소요 시간과 효율성을 따진다면 나) 방법이 매우 효과적이고 과학적인 방법이다.

2) 모니터링 결과

가) 2010년 1월 17일

다음은 시간에 따른 까마귀 개체 수 변화를 그린 그래프이다. 이날 까마귀가 삼호대숲에서 나와 화면에서 사라지는 데 걸린 시간(평균 간격)은 6초였다.

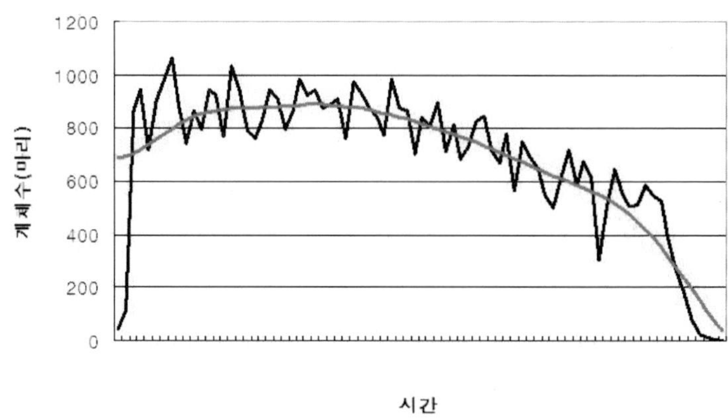

〈2010년 1월 17일 시간에 따른 까마귀 개체 수 변화〉

까마귀 총 개체 수는 55,410마리였고, 날아가는 시간은 7:01~7:09 사이였다.

나) 2010년 3월 14일

다음은 시간에 따른 까마귀 개체 수 변화를 그린 그래프이다. 이날 까마귀가 삼호대숲에서 나와 화면에서 사라지는 데 걸린 시간(평균 간격)은 20초였다.

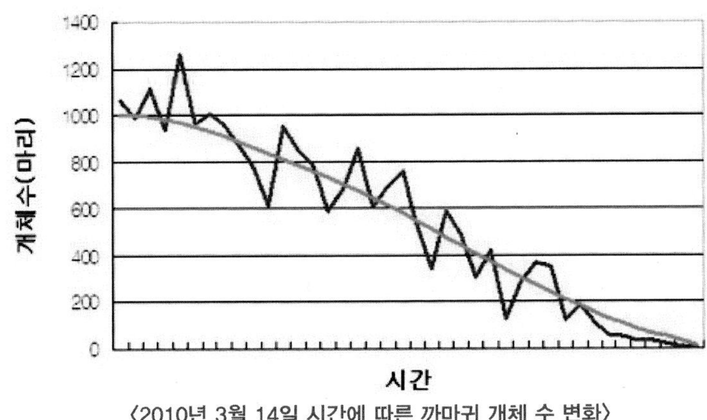

〈2010년 3월 14일 시간에 따른 까마귀 개체 수 변화〉

까마귀 총 개체 수는 21,752마리였고, 날아가는 시간은 7:03~7:16 사이였다.

다) 2010년 4월 4일

다음은 시간에 따른 까마귀 개체 수 변화를 그린 그래프이다. 이날 까마귀가 삼호대숲에서 나와 화면에서 사라지는 데 걸린 시간(평균 간격)은 8초였다.

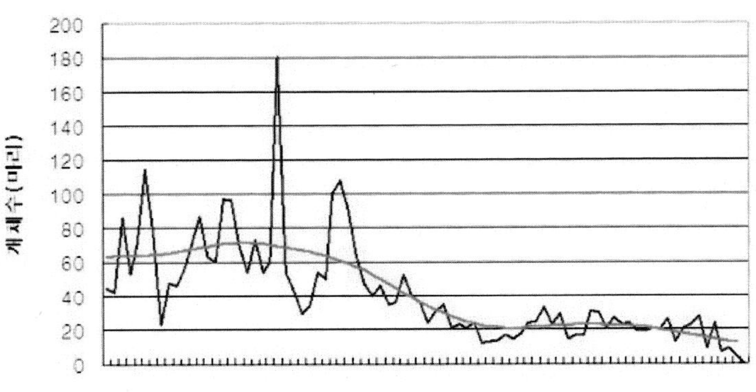

〈2010년 4월 4일 시간에 따른 까마귀 개체 수 변화〉

까마귀 총 개체 수는 3,442였고, 날아오는 데 걸린 시간은 5:36~5:47 사이였다.

위 세 그래프를 분석하면 대체로 까마귀가 처음에 많이 나오고 시간이 지날수록 그 수가 줄어드는 경향을 보였다.

다. 일주행동 조사

1) 일출과 일몰 시간에 따른 일주행동 비교

까마귀가 대숲에서 날아오르는 시간과 일출 시간을 비교한 결과는 다음과 같다. 일출 시간에 비례해서 첫 비상이 이루어지고 첫 비상 이후 5분에서 20분 이내에 모두 날아간다. 보통 일출 30분 전에 첫 비상이 이루어진다.

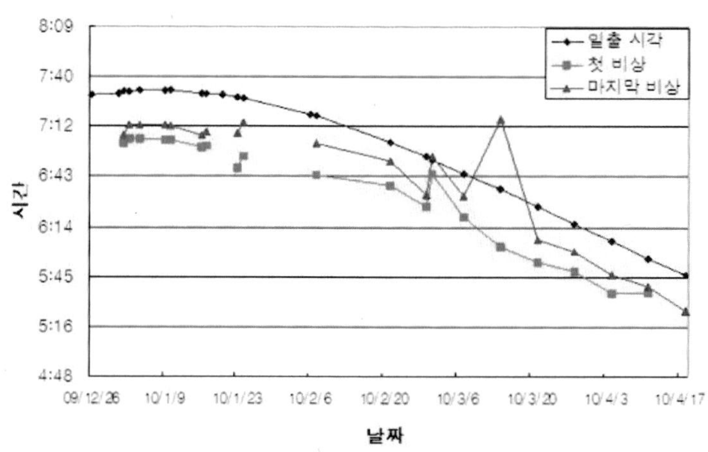

〈대숲에서 나오는 시간과 일출 시간 비교〉

　까마귀가 대숲에서 날아 들어가는 시간과 일몰 시간을 비교한 결과는 다음과 같다, 귀소도 역시 첫 비상과 마찬가지로 일몰 시간에 비례하는 것으로 나타났다. 첫 귀소는 일몰 후 10~20분 사이에 이루어져 일출 전에 비상하고 일몰 후에 귀소하는 것으로 나타났다. 첫 출현은 대개 일몰 전 한 시간 전에 출현하여 전선에 앉아 있다가 귀소하기 20~30분부터 군무를 펼치다가 대숲으로 날아 들어가는 것으로 나타났다. 따라서 까마귀의 군무를 관찰하려면 일몰 전 30분부터 일몰 후 10분간 관찰이 가능한 것을 알 수 있다.

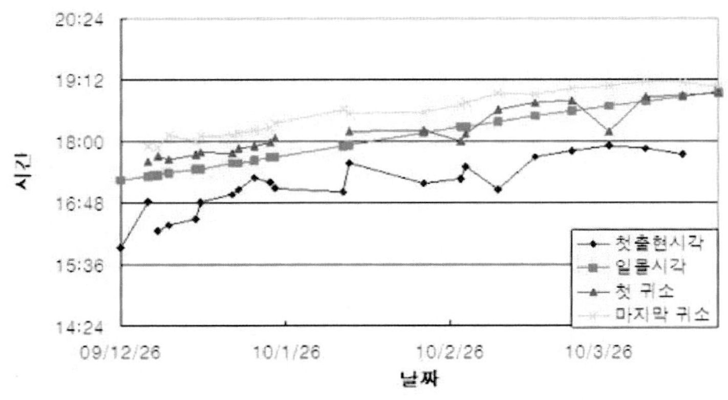

〈대숲으로 들어가는 시간과 일몰 시간 비교〉

2) 기온과 습도에 따른 일주행동 비교

까마귀가 대숲에서 날아오르는 시간을 기온과 습도로 비교한 결과는 다음과 같다.

(A) [13]

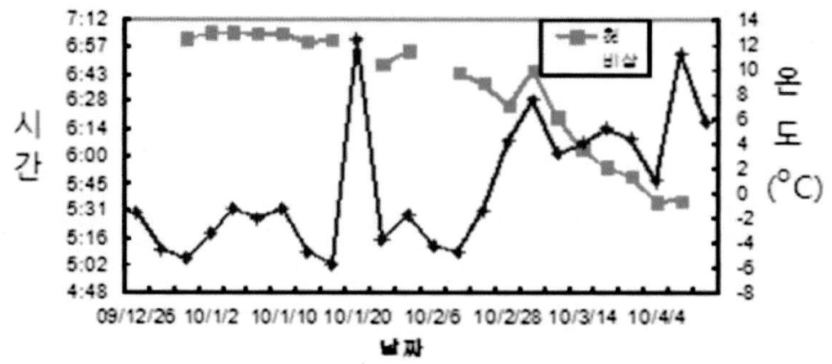

(B)

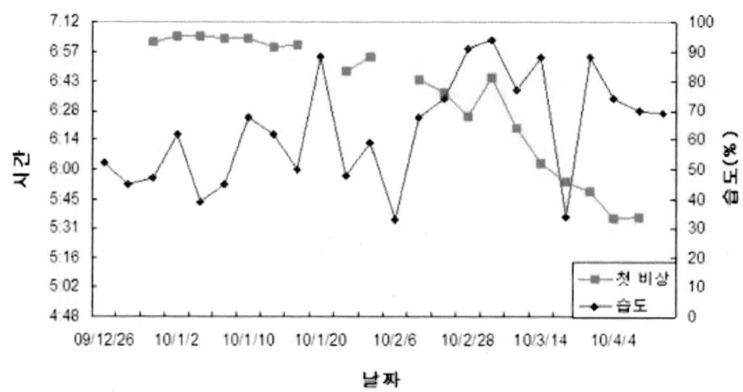

〈날아오르는 시간과 기온(A)과 습도(B) 비교〉

　　날아오르는 시간과 기온과 습도가 높을수록 빨라짐을 알 수 있었다. 기온이 떨어지면 까마귀가 날아오르는 시간도 좀 더 늦어지고 비가 오는 날도 날아오르는 시간이 늦어짐을 알 수 있었다.

---

13) 그래프는 학생 수준에 맞는 그래프를 사용한다. 초등학생의 경우 막대 그래프가 적합하고 고등학생 정도가 되면 어려운 프로그램을 활용한 그래프 사용까지 가능하다. 만약 초등학생이 어려운 그래프를 사용한다면 이는 자신이 작성한것처럼 보이지 않아 점수를 잃게 된다.

대숲으로 들어오는 시간을 기온과 습도로 비교한 결과는 다음과 같다.

(A)

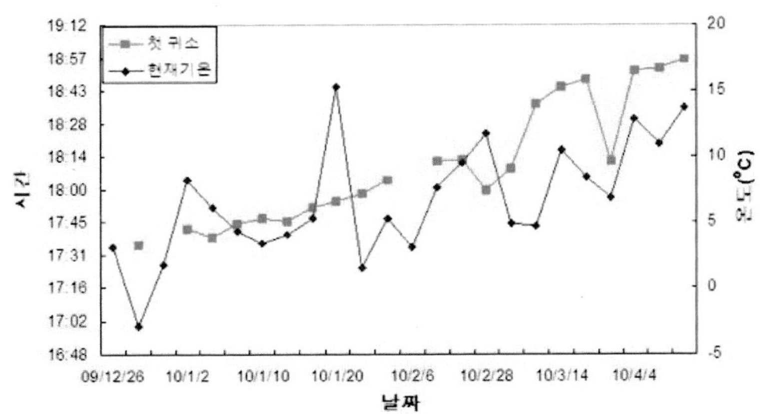

(B)

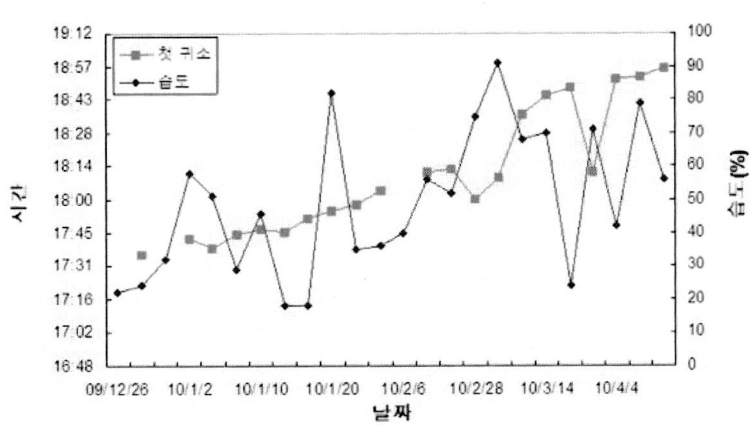

〈날아 들어오는 시간과 기온(A)과 습도(B) 비교〉

날아 들어오는 시간과 기온과 습도에 비례함을 알 수 있었다. 특히 비가 오는 날이나 기온이 급격하게 떨어지는 날은 첫 출현이 늦어지고 출현하자마자 대숲으로 날아 들어가는 것을 관찰할 수 있었다. 비가 오거나 기온이 급격하게 낮은 날은 까마귀의 군무를 관찰할 수 있는 시간이 짧아짐을 알 수 있다.

3) 요인들 간의 상관관계 분석

각 요인 간의 상관관계를 분석한 결과는 다음과 같다.

〈요인들 간의 상관관계 분석〉[14]

	일출 시각	첫 비상	마지막 비상	일출 기온	일출 습도	일몰 시각	첫 출현 시각	첫 귀소	마지막 귀소	일몰 기온	일몰 습도
일출 시각	1.	*	*	*	*	*	*	*	*	*	*
첫 비상	0.54	1.	*	*	*	*	*	*	*	*	*
마지막 비상	0.55	0.94	1.	*	*	*	*	*	*	*	*
기온	−0.11	−0.15	−0.07	1.	*	*	*	*	*	*	*
일출 습도	0.67	0.47	0.53	0.41	1.	*	*	*	*	*	*
일몰 시각	0.94	0.53	0.59	0.09	0.78	1.	*	*	*	*	*
첫 출현 시각	0.74	0.51	0.40	0.07	0.62	0.73	1.	*	*	*	*
첫 귀소	0.58	0.60	0.68	0.28	0.70	0.68	0.67	1.	*	*	*
마지막 귀소	0.67	0.50	0.56	0.21	0.67	0.76	0.76	0.89	1.	*	*
일출 기온	0.32	0.21	0.34	0.61	0.67	0.51	0.32	0.56	0.54	1.	*
일몰 습도	0.50	0.35	0.41	0.61	0.87	0.64	0.50	0.59	0.63	0.67	1.

14) 상관 분석은 Excel 프로그램의 고급 활동에 해당한다. SPSS나 SAS와 같은 통계 전문 프로그램도 있지만 학생 수준에서는 Excel 프로그램의 고급 기능만 활용해도 훌륭한 보고서를 만들 수 있다.

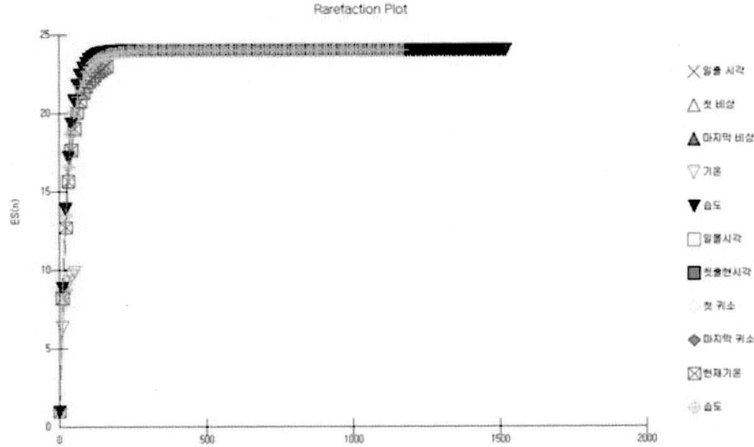

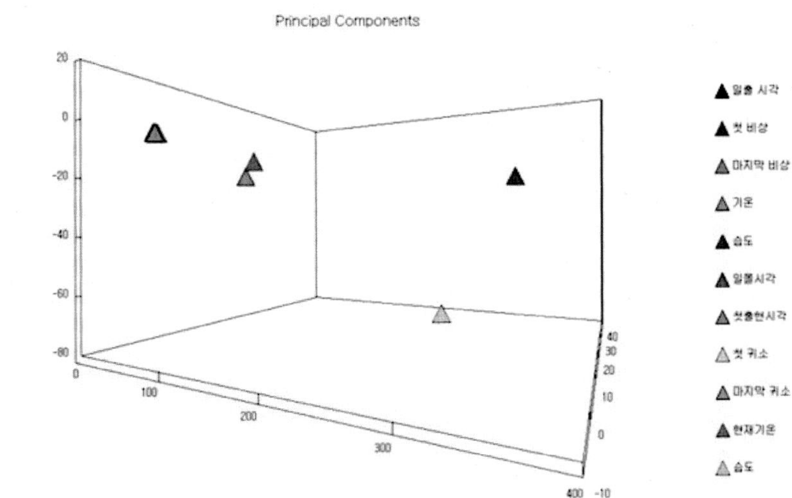

〈Rarefaction Plot(A)와 Principal Components(B) 결과〉

---

15) 대학교 전공자들이 사용하는 전문 프로그램을 활용한 그래프이다. 훨씬 연구내용을 고급스럽게 꾸며주는 역할을 한다.

라. 대숲 밀도 및 성장상태 조사

1) 대숲의 밀도와 성장상태 비교

대숲의 밀도 및 성장상태를 비교한 결과는 다음과 같다.

〈대숲의 밀도 및 성장상태 비교〉

	삼호대숲	문수고 뒤편 대숲	십리대밭
평균 개체 수	39	11	11
직경(cm)	3.59	4.16	6.17

각 대숲의 대나무 밀도는 삼호대숲이 높았고 십리대숲과 문수고 뒤편 대숲은 비슷하였다. 십리대밭과 문수대숲의 대나무 밀도는 비슷한 데 비해 삼호대숲의 밀도는 다른 조사지역의 2배가량 되었다.

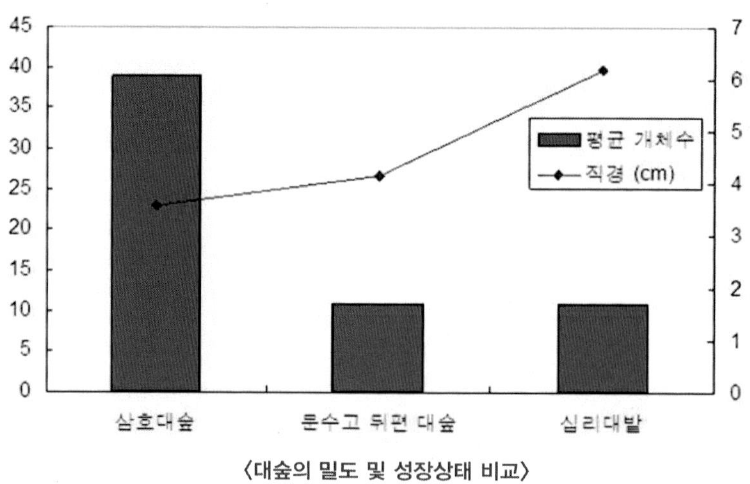

〈대숲의 밀도 및 성장상태 비교〉

반면 개체당 직경은 가장 낮아 까마귀 서식의 영향으로 대나무의 성장상태는 좋지 않은 것으로 나타났다. 까마귀가 서식하기 위해서는 대나무의 밀도가 높은 것이 좋고 인위적인 간벌이나 조경이 이루어진 곳에는 날아 들어오지 않는 것으로 나타

낯다. 따라서 앞으로 까마귀들이 지속적으로 날아오게 하기 위해서는 삼호대숲의
보존이 절대적으로 필요한 것으로 판단된다.

2) 대나무의 잎 상태 비교

〈각 대숲의 잎의 특징〉

	문수대숲	삼호대숲	십리대밭
잎 사진			
크기	약 8.4cm	약 12cm	약 16.5cm
색	짙은 초록, 끝으로 갈수록 연해짐.	연초록, 짙은 초록 고루 분포	초록
세부특징	부분마다 붉은 반점이 조금 있고 까맣게 변색된 것도 있음. 끝이 1cm 이상 마른 것이 소수	붉은 반점이 많고 하얀 먼지가 잎 위에 쌓여 있음. 새까맣게 썩은 것도 있음. 끝이 마르지 않은 잎이 소수	깨끗한 잎과 마른 잎이 고루 분포. 부분 부분 마른 잎이 많음.

조사결과, 문수대숲의 대나무 잎은 약간 마르고 크기가 다른 지역에 비해 작지
만 그나마 상태가 양호했다. 반면, 삼호대숲의 잎은 하얀 먼지가 쌓여 있고 썩은
잎도 발견되어 상태가 3지역 중 가장 나빴다. 십리대밭의 잎은 크기가 다른 지역에
비해 크고 대체로 건강한 모습이었지만 완전히 마른 잎도 관찰되었다.

마. 식생조사

까마귀 배설물에 영향을 받는 삼호대숲에 서식하는 식물상을 조사한 결과는 다
음과 같다. 일반 숲과는 달리 길가에 피거나 생명력이 강한 식물들이 많았다.

<삼호대숲에 서식하는 식물>

식물명(한국명)	학명[16]
갈퀴덩굴	*Galium spurium* L.
개구리자리	*Ranunculus sceleratus* L.
개망초	*Erigeron annuus* (L.)PERS.
개불알풀	*Veronica didyma var. lilacina(Hara)* Yamazaki
광대나물	*Lamiumamplexicaule* L.
괴불주머니 sp.	*Corydalis* sp.
기린초	*Sedum kamtschaticum*
꽃다지	*Draba nemorosa* L.
꽃마리	*Trigonotis peduncularis*
냉이	*Capsella bursa−pastoris*
는쟁이냉이	*Cardamine komarovi* NAKAI.
돌피	*Echinochlo acrusgalli var. frumentacea (Link)* W.Wight
두릅(나무)	*Aralia elata*
만년고령초	*Rhoeo* sp.
망초	*Erigeroncanadensis* L.
머위 sp	*Petasites japonicus (Siebold&Zucc.)* Maxim.
민들레	*Taraxacum mongolicum*
비름 sp	*Amaranthus mangostanus* L.
뽀리뱅이	*Youngia japonica*
사초sp	*Carex* sp.
살갈퀴	*Vicia angustifolia var.segetilis*
소리쟁이	*Rumex crispus*
쇠뜨기	*Equisetum arvense* L.
쇠별꽃	*Stellaria aquatica* SCOP.
쇠비름	*Portulaca oleracea* L.
쑥	*Artemisia princeps*
애기똥풀	*Chelidonium majus*
유채	*Brassi cacampe strissubsp. napusvar.nippo−oleifera* Makino

---

16) 학명 표기법은 고등학교 정규 교육과정에서 다루는 내용이기 때문에 정확하게 기재해 주어야 한다.

제비꽃	*Viola mandshurica* W.Becker
제비꽃 sp	*Viola* sp.
주름잎	*Mazus japonicus (Thunb.)* Kuntze
지칭개	*Hemistepa lyrata*
토끼풀	*Trifolium repens* L.
포아풀	*Poa sphondylodes*
환삼덩굴	*Humulus japonicus* Sieboid&Zucc.
황새냉이	*Cardamine flexuosa* With.

바. 토양조사

1) 토양공극률 및 부식물 조사 결과

토양공극률 및 부식물량과 종류를 조사한 결과는 아래 표와 같다.

〈각 대숲의 토양 환경〉

		문수고 뒤편 대숲 (9시)	삼호대숲 (11시)	십리대숲 (1시)
pH		7	약 6.8	7
지온(평균)		13.7℃	14.3℃	17.5℃
공극률		5분 3초	4.3초	29초
부식물	부식물량 (높이 평균)	3.6cm 높이	6.5cm 높이	1cm 높이
	종류	대나무 잎 잔가지	대나무 잎 대나무 줄기	대나무 잎 다른 식물의 잎
토양 알갱이 모양				

세 지역의 토양은 큰 차이를 보였다. 문수고 뒤편 대숲의 토양은 알갱이가 작고 빽빽해 같은 양의 물이 스며드는 데 5분 이상이 걸렸다. 반면, 삼호대숲의 토양은 알갱이가 커 약 4초 만에 물이 스며들고 부식물이 매우 많았다. 십리대숲의 토양은 공극률이 중간 수준이었고 부식물의 양이 작았다. pH는 문수대숲과 십리대밭은 비슷하고 삼호대숲이 약간 낮은 결과가 나왔다.

5. 결론[17]

우리나라뿐만 아니라 아시아에서 가장 큰 서식지라고 알려진 우리 고장 울산에 월동하는 까마귀의 생태에 대해 알아보았다. 본 연구를 통해 알아낸 결론은 다음과 같다.

- 까마귀의 종류는 떼까마귀였으며, 11월쯤부터 날아와서 4월이 되면 날아가는 것을 알 수 있었다.
- 까마귀가 대숲으로 날아 들어오는 시간은 일몰 시간에 비례하고 기온과 습도와도 상관관계가 있다. 까마귀가 날아 들어오는 시간은 일몰 후 10분 정도이다. 또한 까마귀의 군무를 관찰하기 위해서는 일몰 전 30분부터 일몰 후 10분까지 약 40분 정도가 가장 적당하다.
- 까마귀가 대숲에서 날아오르는 시간은 일출 시간에 비례하고 기온과 습도와도 상관관계가 있다. 기온이 낮을수록 늦게 날아오르고 기온이 높으면 빨리 첫 비상이 이루어짐을 알 수 있었다.
- 울산에 1월과 2월에 월동하는 까마귀의 개체 수는 최대가 55,000마리 정도이며 정확한 개체 수를 산정하기 위해서는 아침에 캠코더를 촬영한 후 화면을 6초 단위로 캡처해서 산정하는 것이 가장 정확하다. 저녁에 까마귀 군무 시 까마귀 개체 수를 산정하는 것은 오차가 많고 정확한 산정이 어렵다.

---

17) 결론은 연구 결과를 종합해서 한 두 문장으로 요약해서 작성한다.

- 개체 수 산정 방법에 있어서 관측 값을 그대로 읽는 방법, 직선으로 근사시키는 방법, 1-2-1 smoothing으로 근사시키는 방법으로 해보았다. 이 중 소요 시간과 효율성으로는 직선으로 근사시키는 방법이 가장 효과적이고 과학적이다.
- 까마귀의 서식처로 적당한 대숲은 대나무의 밀도가 높아야 한다. 반면, 까마귀의 배설물과 같은 영향으로 대나무의 성장상태는 나쁘고 주변의 식물들 또한 종 다양성이 떨어짐을 알 수 있었다.
- 삼호대숲 주변 식물은 일반 숲과는 달리 길가에 피거나 생명력이 강한 식물들이 많았다.
- 토양은 PH 측정, 부식물의 양과 종류, 치환성무기양이온, 유기물 함량을 분석해보았다. 이 외 다른 항목들을 분석 기관에 의뢰하였으나 환경 관련법으로 하여 불가능하였다. 좀 더 많은 항목들을 조사하여 더 정확한 분석을 할 것이다.

6. 활용 및 전망[18]

울산은 우리나라 최대의 산업도시이다. 예전의 공해도시에서 최근에는 생태도시로 바꾸기 위해 노력하고 있다. 울산이 산업도시의 이미지뿐만 아니라 생태도시로 거듭나기 위해서는 다양한 노력이 필요하다. 울산에서 대표적인 생태자원으로는 까마귀의 군무와 고래가 있다. 고래는 최근 울산연안에서 개체 수가 증가하고 있지만 항상 볼 수 있는 것은 아니다. 반면, 까마귀는 해마다 비슷한 시기에 월동을 위해 날아오고 매일 일주행동을 보이기 때문에 울산의 관광자원으로서 충분한 가치가 있다. 따라서 까마귀의 군무를 관광자원화하기 위해서는 까마귀의 생태나 언제 관찰하기에 가장 좋은지를 알아내는 것이 중요하다. 까마귀의 군무를 관찰할 수 있는 시기와 시간을 정확하게 예측할 수 있다면 그 시간에 맞추어 생태 프로그램을 운영하면 서해나 남해의 갯벌체험보다 더 좋은 생태 체험프로그램이 될 수 있다.

---

18) 연구의 결과를 어디에 활용할 수 있는지에 대해 기록한다. 최근에 융합인재교육(STEAM)에서도 강조되고 있지만 실생활에 어떻게 활용이 가능한지는 중요한 문제이다. 활용 및 전망에 보고서를 쓰면서 아쉬웠던 점이나 반성할 점을 기록해도 좋다.

우리의 연구방법으로 까마귀의 개체 수를 산정한다면 해마다 월동하는 정확한 까마귀의 숫자를 파악할 수 있을 것으로 생각된다. 정확한 까마귀의 숫자 파악을 통해 과학적인 관리를 할 수 있을 것으로 판단된다. 또한 수많은 서식지 중에서 삼호대숲이 까마귀가 서식하기에 어떤 점에서 좋은지를 알아내서 보존한다면 앞으로도 우리 고장 울산에서 까마귀의 '군무'를 지속적으로 볼 수 있을 것이다. 또한 삼호대숲과 비슷한 환경을 조성해준다면 다른 지역에서도 까마귀의 군무를 관찰할 수 있을 것으로 판단된다.

7. 참고문헌[19]

http://news.nate.com/view/20090119n17149

http://news.nate.com/view/20091104n08770

http://news.nate.com/view/20091104n08770

http://www.hankyung.com/news/app/newsview.php?aid=200911031490h

http://news.naver.com/main/read.nhn?mode=LSD&mid=sec&sid1=102&oid
　　=001&aid=0002461956

팸플릿. 태화강삼호대숲 도심 속 철새도래지. 울산광역시

팸플릿. 삼호대숲의 반가운 겨울손님. 떼까마귀. 울산광역시 푸른울산 21환경위원회

이기섭. 태화강 삼호대숲의 조류(떼까마귀, 백로류 등)가 삼호대숲에 미치는 영향
　　및 효율적인 관리방안 연구

이기섭. 태화강 삼호대숲의 조류(떼까마귀 등)와 서식환경 및 생태적 가치연구

---

19) 보통 일반적인 논문에서는 인터넷 주소나 포털 사이트 검샘 주소는 기록하지 않지만 학생들 보고서에서는 오히려 신뢰를 높일 수 있기 때문에 보고서를 쓰면서 참고했더 내용은 모두 기록하도록 한다.
　참고문헌 기록은 학술지 논문에서 참고문헌 기재 요령을 따르는 것이 좋다.

울산 공단별 대기오염이 생태계에 미치는 영향

- 목 차 -

1. 연구동기 및 목적
  가. 연구동기
  나. 연구목적
2. 연구방법
  가. 기상요인분석
  나. 공단별 대기오염현황
  다. 강우의 pH측정

  라. 미생물에 의한 석조문화재의 풍화작용 연구
  마. 대기오염 방지 방안에 대한 연구
3. 연구결과
  가. 연구장소
  나. 실험결과
4. 활용 및 제언
5. 참고문헌

1. 연구동기 및 목적

가. 연구동기

우리 고장 울산은 산업시설이나 자동차, 아파트단지 등 대기오염 주요 배출원은 계속 증가하고 있으며, 특히 소각로나 각종 산업시설에서 알 수도 없는 유해물질이 대기로 배출되어 시민의 건강을 담보하고 있다. 특히 산업수도라 불리는 우리 고장 울산의 공업단지에서는 대형 매연차량에 의한 질소산화물 농도가 환경기준을 2~3배나 웃도는 수치가 나타나고, 공단지역에서 배출되는 매연이 우리나라에서 가장 높게 나타나는 등 우리 고장의 대기는 기체상 물질의 쓰레기장으로 변하고 있다. 대기오염은 아토피나 천식 환자의 증가 등 인간에게 많은 영향을 주고 있을 뿐만 아니라, 지구의 온난화에 의한 생태계의 변화 등 다양한 영향을 미치고 있다. 이에 울산광역시에서도 생태도시를 표방하며 많은 노력을 기울인 결과 악취 민원 발생이 가장 적은 도시, 대기환경 개선 7대 도시 중 2위로 바뀌어가는 등 변화가 생기고 있다. 하지만 매스컴에서 발표하는 수치와는 달리 아직까지 우리 고장 주민들이 느끼는 대기질 향상은 미흡한 실정이다. 대기오염은 토양 및 하천오염을 유발할 뿐만 아니라 인간 건강 및 문화재 훼손 등 다양한 방면에 영향을 미친다. 최근에는 대기오염으로 인한 지구온난화가 전 지구적인 문제로 발전하고 있다. 따라서 대기오염의 원인을 조사하고, 대기오염이 생태계 전반에 어떠한 영향을 미치는지를 알아봄으로써 대기오염을 줄일 수 있는 방법을 연구하는 데 기본이라 생각하여 본 연구를 시작하기로 하였다.

나. 연구목적

지구온난화 규제 및 방지의 국제협약인 기후변화협약의 구체적 이행 방안으로, 1997년 12월 일본 교토에서 개최된 기후변화협약 제3차 당사국총회에서 채택된 교토의정서는 선진국의 온실가스 감축 목표치를 규정하였다. 2013~2017년 의무대상국이 개발도상국에 집중되기 때문에 5월부터 개최되는 대상국 확대협의에서 한국도 동참을 요구받을 것으로 예상된다. 2002년 IEA(국제에너지기구)의 통계에 따르면 한국의 연간 이산화탄소 배출량은 2000년을 기준으로 했을 때 4억 3,400만 톤으로 세계 9위이며, 세계 전체 배출량의 1.8%를 차지한 것으로 나타났다. 더욱이 1990년 이후 배출량 증가가 85.4%로 나타나 세계 최고의 증가세를 기록하고 있기 때문에 의무대상국으로 분류될 가능성이 높다. 교토의정서에 의한 감축 대상가스는 이산화탄소(CO_2), 메탄(CH_4), 아산화질소(N_2O), 불화탄소(PFC), 수소화불화탄소(HFC), 불화유황(SF6) 등의 여섯 가지이다. 당사국은 온실가스 감축을 위한 정책과 조치를 취해야 하며, 그 분야는 에너지효율향상, 온실가스의 흡수원 및 저장원 보호, 신·재생에너지 개발·연구 등도 포함된다. 이에 우리나라 중에서도 가장 많은 이산화탄소를 배출하는 석유화학공단이 있는 울산지역에서 대기오염 정도를 알아보고, 이들 대기오염을 원인 및 지구온난화의 원인을 규명한다. 또한 원인별로 울산의 생태계에 어떠한 영향을 미쳤는지 산성비로 인한 토양과 농업, 물환경, 문화재 훼손, 인간 질병 유발 등 다방면으로 조사한다. 이 조사결과를 바탕으로 우리가 실천할 수 있는 대기오염을 줄이는 방안에 대해 연구하고 이를 실천하는 데 목적이 있다.

2. 연구방법

가. 기상요인 분석

기상청 홈페이지(http://www.kma.go.kr)에서 홈페이지에 제공된 자료가 수록된 61 이후부터 현재까지의 기상청 자료를 활용하여 최근 47년간의 연평균 강수량, 연평균기온, 연평균 최저기온, 연평균 최고기온을 분석하였다.

나. 공단별 대기오염 현황

울산환경보건원의 협조를 구해 울산지역 공단과 도심지를 중심으로 15곳에서 대기질 측정을 실시하여 공단별 대기오염 현황을 조사한다.

다. 강우의 pH 측정

우리 고장의 강우 pH를 측정하기 위해 공단별로 강우를 채집하여 산성도를 측정한다. 이때 토양의 pH도 함께 측정하여 강우가 토양의 pH에도 어떤 영향을 미쳤는지 알아본다.

1) 강우 pH

가) 시료채취

시료채취한 지역에서 내리는 비의 pH가 미생물이 자라는 데 어떠한 영향을 주는지 알아보기 위해서 각 지역에 깔때기를 설치한 코니컬 튜브를 설치한 후 비가 온

다음 날 채취하였다.

나) 시료 보관

코니컬 튜브 속의 미생물이 번식하여 pH 변화에 영향을 주는 것을 막기 위해서 저온실에서 보관하였다.

다) 실험방법

pH meter의 전극 봉을 pH 표준용액에 넣고 6.86으로 보정하였다. 그런 후 전극 봉을 다시 증류수로 씻어내고 시료가 들어있는 코니컬 튜브에 담근 후 pH meter의 숫자가 고정되면 그 값을 읽는다. pH를 다 재고 난 후에는 pH meter의 전극 봉이 마르는 것을 방지하기 위해서 pH 보충액(염화칼륨)에 잠시 담근 후 반복 실험한다. 실험은 모두 두 번씩 반복한 후 평균값을 사용한다.

2) 토양의 pH 및 수분함량

가) 시료채취

각 지역에 위치하고 있는 석조문화재의 동서남북으로 30cm 떨어진 곳의 4지역 흙을 채취하였다. 채취 방법은 표토에 섞여 있는 나뭇잎과 유기물을 제거한 후 꽃삽으로 채취하였다. 채취한 흙이 대표성을 가지기 위해 4지역의 흙을 골고루 섞은 것을 시료로 사용했다.

나) 시료 보관

채취한 시료는 비닐 팩 속에 보관하여 운반하였고 미생물에 의한 변화를 막기 위해서 저온실에 보관하였다.

다) 실험방법

(1) 토양의 pH 측정

시료에 섞여 있는 나뭇잎이나 큰 돌을 제거한 후 10mm 채로 채질한 시료를 사용하였다. 시료의 10g을 미량저울로 측정하여 코니컬 튜브에 담고 25ml의 증류수를 넣어서 충분히 진탕한 후, 30분 동안 방치한다. pH meter의 전극 봉을 pH 표준용액에 넣고 6.86으로 보정하였다. 그런 후 전극 봉을 다시 증류수로 씻어내고 시료가 들어 있는 코니컬 튜브에 담근 후 pH meter의 숫자가 고정되면 그 값을 읽는다. 두 번 반복 실험 후 나온 결과의 평균값을 사용한다.

(2) 토양의 수분함량 측정

수분함량 측정에 사용할 도가니 접시를 깨끗이 씻은 후 150℃ 건조기에 넣어 1시간 동안 건조 시킨다. 전처리를 한 시료를 건조한 도가니에 담아 10g이 될 때까지 담는다. 150℃ 건조기에 넣어 4시간 동안 건조시킨 후 황산데시케이터에서 방냉한다. 방냉한 후 미량저울에서 무게를 측정한다.

※ 수분함량 계산: (건조 전 무게−건조 후 무게)×100(%)

라. 미생물에 의한 석조문화재의 풍화작용 연구

1) 시료채취

가) 시료의 채취 정점

본 연구에 선정된 문화재는 어물동마애석불(울산 북구 어물동 산122. 울산유형문화재 제6호. 통일신라시대의 불상), 개운포성지(울산광역시 남구 성암동에 있는 조선 전기의 석축 성터), 태화사지십이지상부도[울산시 중구 학성동(鶴城洞)에 있는 통일신라시대의 화강석제 부도], 청송사지삼층석탑(울산시 울주군 청량면 율리 청송사에 있는 통일신라시대의 화강석제 3층 석탑), 망해사지석조부도[울산광역시 울주군 청량면(靑良面) 율리(栗里)에 있는 통일신라시대의 화강석제 부도], 천전리 각석(1970년 12월 25일 울산광역시 울주군 두동면 천전리에서 발견된 신석기시대의 암각화), 운흥사지부도(울산광역시 울주군 웅촌면 고연리에 있는 조선시대의 부도) 총 7지역이다. 시료채취 정점은 다음과 같다.

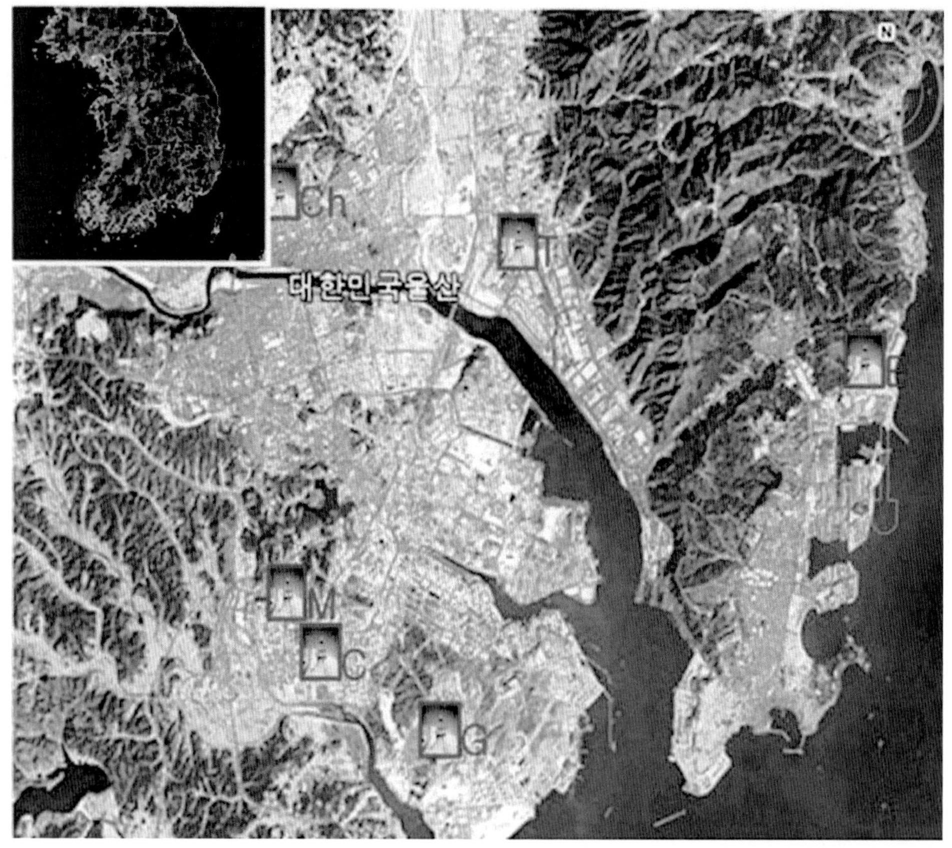

〈연구조사 정점〉

E: 어물동마애석불, G: 개운포성지, T: 태화사지 십이지상부도, C: 청송사지 삼층석탑, M: 망해사지 석조부도, Ch: 천전리 각석, U: 운흥사지 석조부도

〈시료채취 문화재의 제작연도와 재질〉

장소		제작연도	재질
E	어물동마애석불	통일신라시대	사력암
G	개운포성지	조선 전기	화강석제
T	태화사지 십이지상부도	통일신라시대	화강석제
C	청송사지 삼층석탑	통일신라시대	화강석제
M	망해사지 석조부도	통일신라시대	화강석제
Ch	천전리 각석	신석기시대	수성암
U	운흥사지 석조부도	조선시대	화강석제

〈시료채취 문화재 사진〉

나) 시료의 채취 방법

실험에 선정된 석조문화재 어물동마애석불, 개운포성지, 태화사지십이지상부도, 청송사지삼층석탑, 망해사지석조부도, 천전리 각석, 운흥사지부도에서 시료를 재취하였다. 시료는 각각의 문화재에서 3군데를 선정하여서 채취하였다. 3군데 장소는 가장 빛이 많이 드는 부분, 그늘진 부분, 그늘지면서 습기가 많은 부분을 선택하였다. 문화재에 손상을 주지 않기 위하여, 일반적으로 사용하는 날카로운 칼로 긁어내는 방법 대신에 멸균된 $2 \times 2cm$ 거즈를 이용하여 문화재를 닦아내었다. 거즈는 미생물 채취를 더 원활하게 하고, 채취 후 미생물의 성장을 억제하기 위해서 0.18% 인산염 완충용액에 적셔서 사용하였다. 이때 닦아내는 면적은 $10 \times 10cm$로 동일하게 하였다.

〈망해사지석조부도와 천천리 각석에서 시료채취하는 모습〉

2) 미생물 배양

가) 배지제조

(1) 고체배지(plate count agar) 제조

미생물의 수를 카운트와 순수배양을 하기 위해 고체배지(plate count agar, Peptone 15g, Yeast extraction 5g, Dextrose 1.25g, Agar 15g/ℓ)를 제조하였다. 제조한 고체배지를 120℃, 1.5기압에서 20분 동안 고압 증기 멸균하였다. 멸균한 고체배지가 어느 정도 식으면 pate에 일정량을 붓고 바람이 불지 않는 평평한 곳에서 굳힌다. 배지가 굳고 나면, 배지에 있는 클린벤치에서 수분을 제거하기 위

〈고체 배지 제조하는 모습〉

해 건조시킨다.

(2) 액체배지(LB broth) 제조

미생물을 농화배양하기 위해 액체배지(LB broth, Tryptone 10g, Yeast extraction 5g, Sodium chloride 10g/ℓ)를 제조하였다. 제조한 고체배지를 120℃, 1.5기압에서 20분 동안 고압 증기 멸균하였다. 액체배지가 식으면, 15ml 코니컬 튜브에 담아서 저온실에서 보관 후 사용한다.

나) 시료 희석

채취한 시료들을 멸균한 3차 증류수를 이용하여 10, 100, 1000, 그리고 10000 배로 희석시켰다. 희석방법은 시료가 담긴 코니컬 튜브(conical tuve)를 교반기(vortex)를 이용하여 충분히 섞어준 후 1ml를 9ml의 멸균한 3차 증류수가 담긴 코니컬 튜브에 넣고 또다시 섞는다. 이 과정을 희석배수에 맞을 때까지 반복한다.

다) 도말하기(loading)

고체배지에 희석시킨 접종액을 100㎕ 넣고 로더로 접종액이 다 스며들 때까지 문질러준다. 접종한 배지는 37℃ 배양기에 넣고 48시간 배양한다. 일반적으로 미생물을 배양 시 24시간을 배양하지만, 우리가 실험한 시료는 환경 시료이기에 미

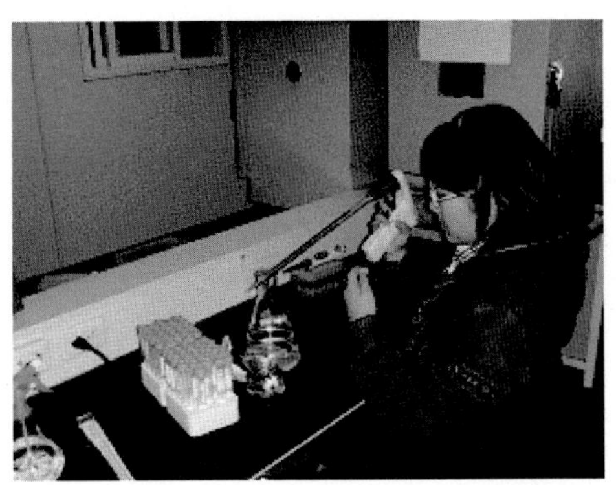

〈시료를 희석하는 모습〉

〈미생물 접종하는 모습과 배양하는 사진〉

생물이 새로운 환경에 적응하는 데 필요한 유도기가 필요하다. 그래서 48시간을 배양하였다.

라) 미생물 수 측정

배지에 생성된 콜로니의 수를 세는 것으로 미생물 수를 측정한다. 30~300개 정도의 콜로니가 생성된 것이 신뢰성이 있다. 희석배수를 다양하게 하는 것은 환경에서 미생물이 얼마나 존재하는지 알 수가 없기에 다양한 희석배수를 통해 신뢰성 있는 데이터를 얻고자 한다.

마) 순수배양

순수배양이란 고체 배지에서 생성된 콜로니들 중에서 한 종류의 미생물만 순수하게 배양하기 위해 새로운 배지에 옮기는 것을 말한다. 생성된 콜로니가 많은 시료 같은 경우는 모든 콜로니를 새로운 배지에 옮길 수 없기에 사등분 또는 팔등분을 해서 배지의 일부분의 콜로니만 순수 배양하였다. 화염 멸균한 백금이로 여러 번 스트리킹을 하면 미생물의 수가 점차 희석되어 스트리킹의 끝부분에서는 단일 콜로니를 얻을 수가 있다.

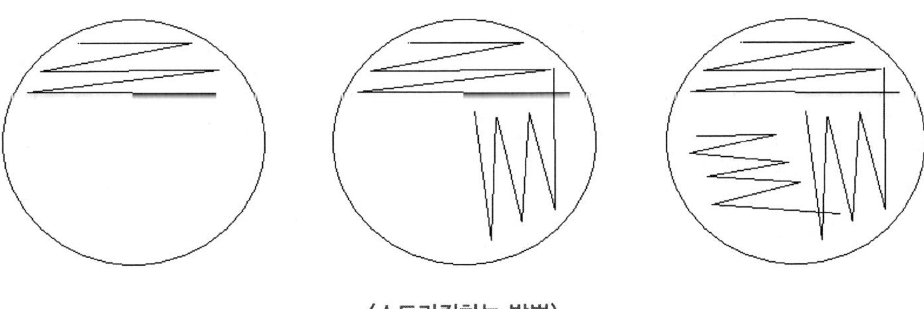

〈스트리킹하는 방법〉

바) 미생물 특성 및 형태 관찰

(1) 콜로니 상태의 형태 관찰

미생물의 염색 및 형태 관찰을 하기 전 우선적으로 배지상태에서 생성된 콜로니를 관찰하였다. 순수 배양한 배지에서 하나의 미생물이 아니라 다른 미생물에 의한 오염과 transfer가 제대로 되었는지를 확인하였다. 또한 콜로니의 모양, 색 그리고 형태를 관찰하였다. 이러한 관찰결과들이 후에 있을 미생물의 형태관찰의 검증 방법이 되었다.

(2) Oxidase test와 Catalase test

화염 멸균한 백금이를 사용하여 순수 배양한 배지에서 단일 콜로니를 얻는다. 콜로니를 여과지 혹은 슬라이드 글라스에 올려둔 후 oxidase test 시약을 떨어트린 후 색의 변화가 있는지 관찰한다. 보라색으로 색이 변화하면 oxidase test가 양성으로 판단한다. 색의 변화가 없으면 음성이다.

Catalase test는 과산화수소수를 사용하여 확인한다. 위의 실험 방법과 같이 진행하여 거품이 발생하면 과산화수소를 분해하는 효소가 있기에 양성으로 판단하고, 아무런 변화가 없으면 음성으로 판단한다.

(3) 그람염색

박테리아는 세포벽의 성분에 따라 분류가 되는데, 그람염색이라는 방법을 통해서 그람 양성균과 그람 음성균으로 분류할 수 있다. 그람 양성균은 세포벽에 펩티도글리칸이라는 층이 여러 겹으로 되어 있어서 크리스탈 바이올렛과 아이오다인의 복합체가 결합될 수 있다. 하지만 그람 음성균은 세포벽에 펩티도글리칸이 단일 층으로 되어 있어서 탈색제인 에탄올로 씻어내면 염색이 탈색된다. 대응 염색시약인 사프라닌으로 염색을 하여 관찰할 수가 있다.

※ 그람염색 방법

① 슬라이드 글라스에 물을 한 방울 올린 뒤 미생물을 골고루 현탁한다.

② 알코올램프로 열 고정한다.

③ 크리스탈 바이올렛으로 1분간 염색 후 씻어낸다.

④ 아이오다인으로 1분간 염색 후 씻어낸다.

⑤ 에탄올로 탈색

⑥ 사프라닌으로 30초간 염색 후 씻어낸다.

⑦ 커버 글라스를 덮은 후 현미경으로 관찰한다.

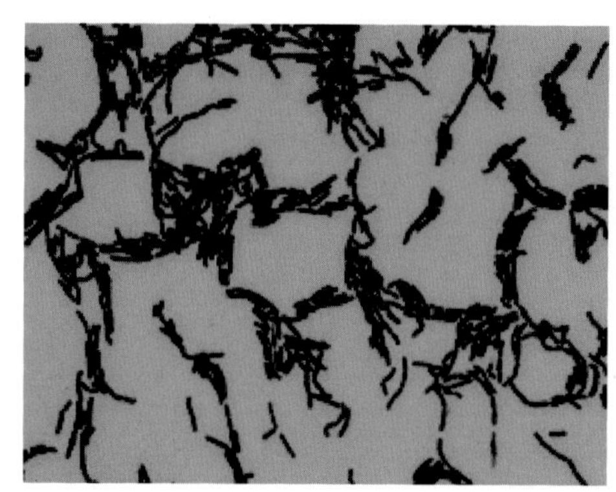
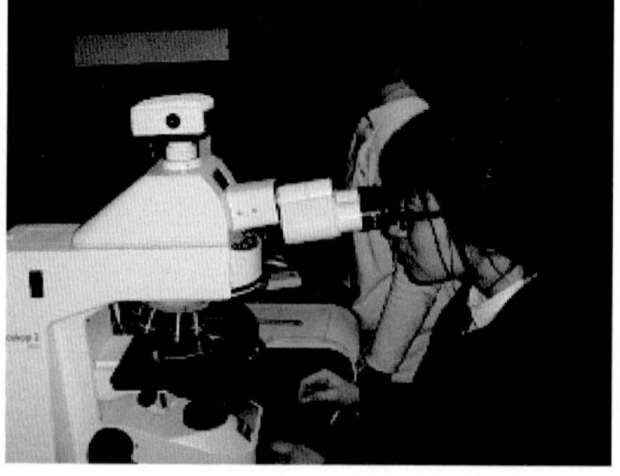

〈천전리 각석에서 채집해온 미생물의 현미경 관찰 사진과 현미경을 보고 있는 사진〉

3) 미생물 동정

가) API kit

각 지역에 위치하고 있는 석조문화재에는 어떠한 미생물이 분포하고 있는지를 확인하고자 미생물 동정 실험을 하였다. 최근 들어서 미생물을 동정하는 실험방법들이 많이 개발되었다. 미생물 동정의 방법들로는 미생물의 생리적 특성에 따라 동정을 하는 API kit(BIOMERIUX, France), 미생물 지방산 조성을 분석하여 동정하는 시스템, 미생물의 분자적 분석(16s rRNA sequencing)을 통한 동정 등이 있다. 우리는 그중에서 신속하고 간단히 확인할 수 있는 API kit을 사용하여 미생물을 동정하였다.

(1) API kit STAPH

API kit STAPH 스트립은 건조된 기질을 함유하고 있으며, 이 테스트 튜브들에 세균부유액을 접종하고 배양시키면 배양 시간 동안 생성된 반응 산물들에 의해 색이 변화되거나 보조시약의 첨가로 색이 변화되며 이를 통해 결과를 판단한다. 그람염색 결과로 그람 양성이 나온 미생물들을 동정하기 위해 API kit STAPH를 사용하였다.

API kit STAPH의 사용법은 다음과 같다.

(가) 스트립의 준비

① 증류수를 tray에 부어서 수분을 유지시킬 수 있도록 한다.

② tray 끝에 균주의 정보를 기록한다.

③ 스트립을 tray 위에 올려놓는다.

(나) 접종액의 준비

① 혈액배지에서 균주를 35~37℃, 18~24시간 배양한다.

② 집락모양과 그람염색, Catalase 시험으로 Micrococcaceae family를 구분

하고 순수하게 분리 배양한다.

③ 앰플에 순수분리하고 접종하는데 혼탁도가 0.5McFarland로 준비한다.

(다) 스트립의 접종

① 접종할 API STAPH Medium은 멸균 피펫을 이용하여 기포가 생기지 않게 조심스럽게 튜브까지만 채운다.

② ADH, URE는 혐기적인 조건을 만들어주기 위해 광유(mineral oil)로 큐플을 채운다.

③ 호기적인 상태에서 35~37℃, 18~24시간 배양한다.

(라) 스트립의 리딩

① 다음의 테스트에 각각의 시약을 한 방울씩 첨가한다.

② VP test: VP1과 VP2시약을 한 방울씩 첨가하고 10분이 지난 후 분홍색이나 보라색을 띠면 양성이다.

③ NIT test: NIT1와 NIT2시약은 한 방울 첨가하고 10분이 지난 후 빨간색이면 양성이다.

④ PAL test: ZYM A와 ZYM B시약을 한 방울 첨가하고 10분 기다린 후 보라색이면 양성이다.

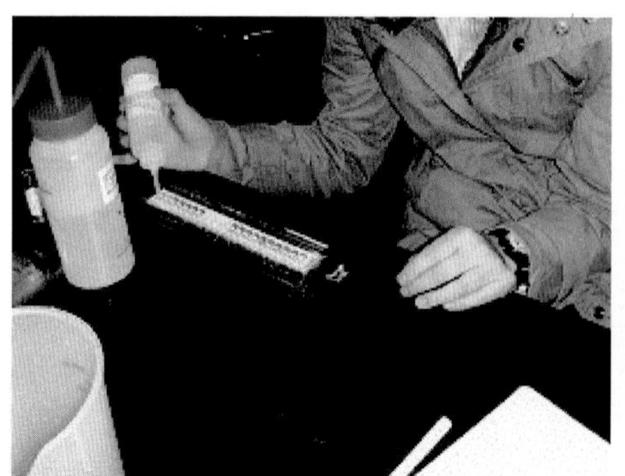
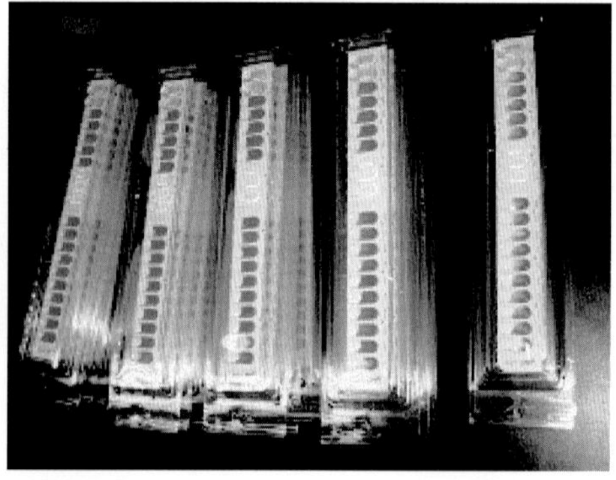

〈API kit STAPH 사진〉

⑤ 결과지에 발생한 모든 결과를 기록한다.

⑥ 18~24시간 배양 후 판독표를 참조하여 결과를 읽는다.

(2) API kit 20NE

API kit 20NE는 미생물 대사와 생화학적 반응을 이용하여 색깔을 판정하는 것
이다. API는 각종 미생물의 동정, 미생물 대사와 생화학적 시험방법을 이용한 것
으로 미생물에 대한 표준 방법 중의 하나로 사용되고 있다. 그람 음성으로 나타난
미생물 동정에 사용되었다. API kit의 사용법은 다음과 같다.

(가) 스트립의 준비

① 증류수를 tray에 부어서 수분을 유지시킬 수 있도록 한다.

② tray 끝에 균주의 정보를 기록한다.

③ 스트립을 tray 위에 올려놓는다.

(나) 접종액의 준비

① NaCl 0.85% medium(2ml)의 앰플을 열고 하나의 집락을 취한 후 골고루
부유되도록 한다.

② 파스퇴르 파이펫이나 wood stick applicator로 배지에서 1~4개의 동일한
집락을 선택한 후 혼탁도를 0.5McFarland로 준비한다.

(다) 스트립의 접종

① NO3에서 PNPG까지 생리식염수 세균부유액을 기포가 생기지 않게 튜브까
지 채운다.

② AUX Medium을 개봉하고 생리식염수 세균부유액에 남아 있는 200ml를
앰플에 분주한다.

③ GLU에서 PAC까지는 큐플과 튜브에 균액을 가득 채운다.

④ GLU, ADH, URE는 혐기적인 조건을 만들어주기 위해 광유로 큐플을 채운다.

⑤ 스트립 위에 뚜껑을 덮는다.

⑥ 호기적인 상태에서 30℃, 24시간 동안 배양한다.

(라) 스트립의 리딩

① 30℃, 24시간 배양 후 판독표를 참조하여 결과를 읽는다. 결과지에 발생한 모든 결과를 기록한다.

② NO3 test: NO3 큐플에 NIT1과 NIT2시약을 한 방울씩 떨어뜨린 후 5분 후에 빨간색은 양성이고 노란색은 음성이다. 음성반응은 nitrogen으로의 환원에 의할 수도 있다. 음성일 경우에 Zn을 2, 3mg 떨어뜨리고 5분 후에 무색으로 남아 있으면 양성이 된다.

③ TRP test: JAMES 시약을 한 방울 첨가하고 반응은 즉시 일어나는데 분홍색이면 양성이다.

④ Assimilation test: 불투명한 큐플은 양성반응을 나타내고 이 경우에 결과는 +-로 기록한다.

⑤ 'IDENTIFICATION NOT VALID BEFORE 48HR INCUBATION'일 경우에는 NIT1, NIT2와 JAMES 시약을 제거하고 NO3와 TRP에 광유를 넣는다.

⑥ 그리고 30℃에 24시간 동안 재배양하고 NO3와 TRP, GLU를 제외하고 다시 판독한다.

〈API kit 20NE 사진〉

나) 미생물의 동정

(1) 얻어진 반응을 numerical profile로 코드화한다.

(2) 결과지 위에 테스트를 3개씩 묶어서 양성일 경우에 차례대로 1, 2, 4의 값
으로 계산하여 7자리의 숫자로 만든 후 API LAB PLUS 프로그램에 입력
하여 결과를 얻는다.

(3) 결과에서 동정률이 80% 이상이면 미생물의 종류를 추측이 가능하다는 의
미이고 90% 이상이면 미생물의 종류가 거의 정확하다고 해석할 수 있다.

(4) 80% 미만으로 나온 결과는 API kit 종류를 바꾸어서 다시 동정한다.

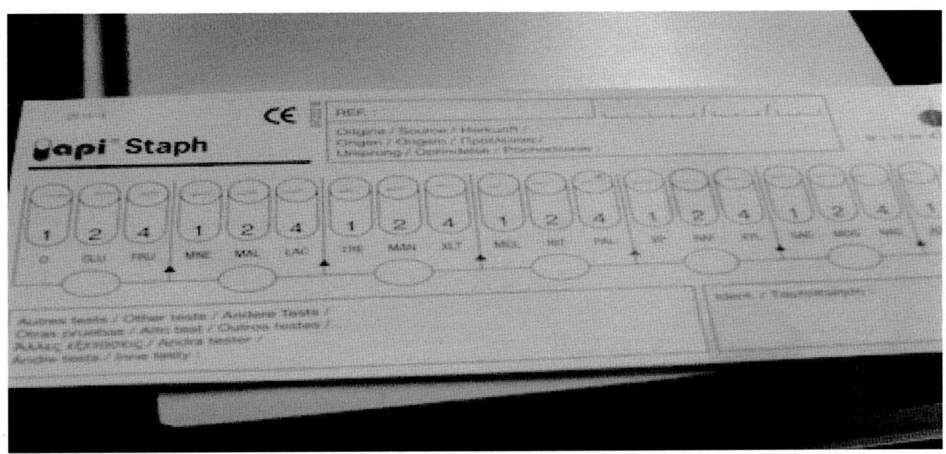

〈API 판독표〉

마. 대기오염 방지 방안에 대한 연구

여러 가지 대기오염의 원인과 결과를 조사하여 우리들이 할 수 있는 대기오염 방
지를 위한 여러 가지 방안들에 대해 연구하고 이를 실천한다.

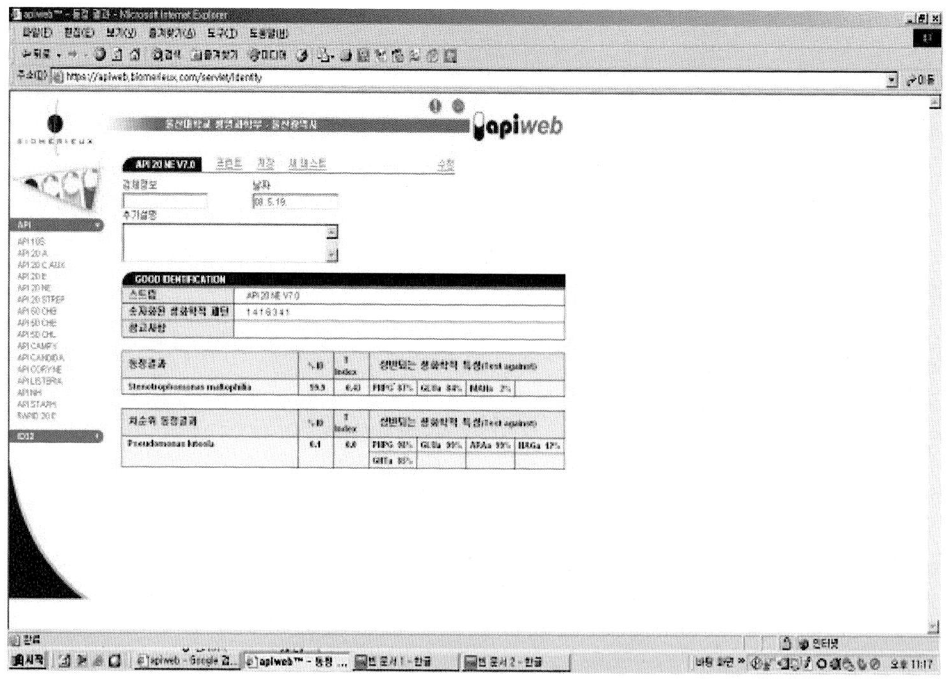

〈API web〉

3. 연구결과

가. 연구장소

울산광역시에는 국가에서 관리하는 미포국가공업단지 및 온산국가공업단지와 울산시에서 관리하는 농공단지 등 기타 공업지역이 있다. 온산국가공업단지는 구리·납·알루미늄 등 비철금속과 석유화학 제품의 자급도를 높이기 위하여 조성된 대단위 임해중화학공업단지로서, 비철금속단지·석유화학단지·화학단지로 나뉘어 있으며, 그 밖에 주거지 및 공공용지 240만 평이 포함되어 있다. 미포국가공업단지는 총 부지 46.16㎢로 그 규모가 방대하여 공단조성 개발과정 및 계열공장의 집적과정, 업종의 특성에 따라 울산석유화학공업단지, 여천지구, 매암지구, 용연지구, 효문지구, 미포지구 등 6개 지구로 중점적으로 육성할 목적으로 개발되어 정유, 제지, 석유화학 등의 업종이 입지하고 있다. 상북·두서·두동·달천 등의 농

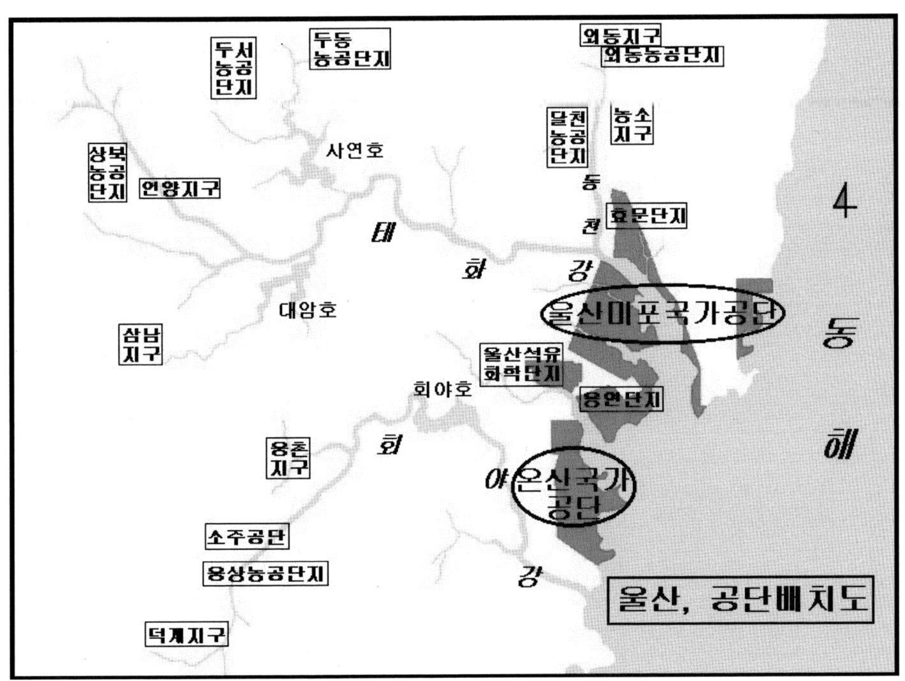

〈울산지역의 공단배치도〉

공단지는 총 조성면적 596.8㎢에 약 100여 개 업체가 입주해 있다. 가행 중인 16개 광산에서는 납석 · 수정 · 철광석 · 규사 등이 채굴된다.

나. 실험결과

1) 기상요인 분석

가) 울산의 48년간 연평균 기상자료 분석

기상청 홈페이지(http://www.kma.go.kr)에서 홈페이지에 제공된 자료가 수록된 61 이후부터 현재까지의 기상청 자료를 활용하여 최근 47년간의 연평균 강수량, 연평균기온, 연평균 최저기온, 연평균 최고기온을 분석하였다.

추세 선의 양상이 거의 직선에 가까운 것을 보아 연평균 강수량은 크게 변하지 않은 것으로 보인다. 그러나 평균 강수량을 보면 90년 전과 후를 기준으로 90년 전

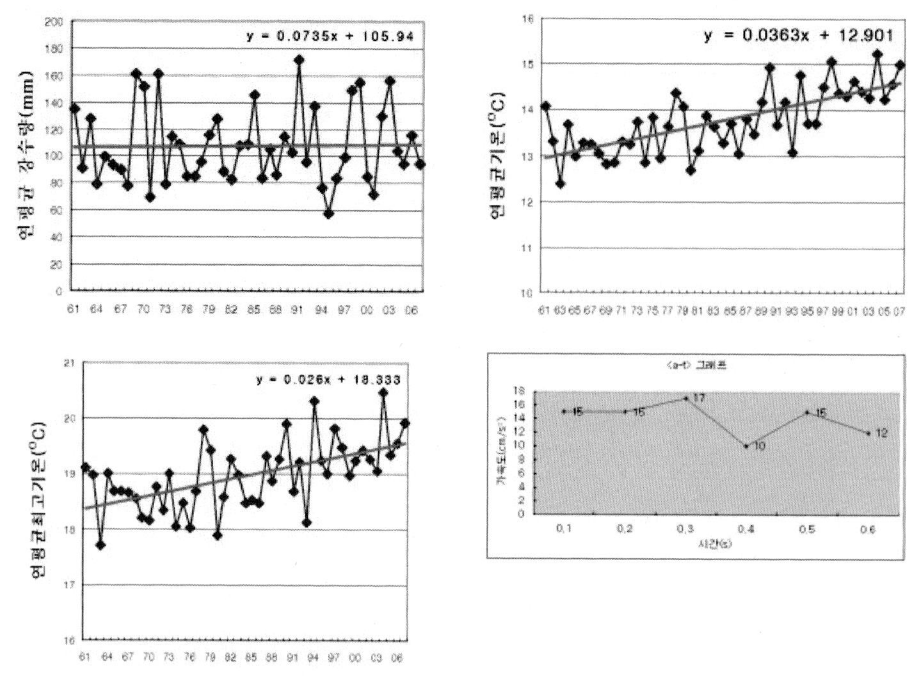

〈울산의 48년간 연평균 기상자료 분석 결과〉

의 최고 강수량은 160mm정도이며, 최저 강수량은 70mm 정도이다. 90년 후를 보면 최고 강수량은 170mm, 최저 강수량은 55mm 정도 된다. 이를 비교하면 90년 전의 최저 강수량과 최고 강수량의 차는 90mm 정도 되지만, 90년 후의 강수량 차는 115 정도로 90년 전보다 90년 후가 25mm 정도 더 많은 결과가 나타났다. 이는 비가 자주 오지는 않지만 한 번 올 때 그 양이 많음을 의미한다. 그 결과 강수의 집중도가 높아지고 강수량의 변화 폭이 커지는 결과로 나타나게 되었다.

이는 지구온난화로 인해 온도가 높아지면서 샤를의 법칙에 의해 공기의 부피가 커지고 그 결과 공기 중에 많은 양의 수증기가 포함될 수 있어 포화수증기압이 커지게 되었다고 할 수 있다. 그로 인해 한 번에 많은 양의 수증기가 모였다가 비를 내림으로써 강수의 집중도가 높아진 양상을 띠고 있다.

추세 선의 양상으로 볼 때 해가 지남에 따라 연평균기온이 꾸준히 상승하고 있음을 알 수 있다. 60년대에 비해 2000년대에 평년기온이 2℃가량 상승했음을 알 수 있다. 따라서 울산 또한 지구온난화의 영향을 받고 있음을 알 수 있다.

추세 선의 양상으로 볼 때 해가 지남에 따라 연평균 최고기온이 꾸준히 상승하고 있음을 알 수 있다. 60년대에 비해 2000년대에 평균 최고기온이 1℃가량 상승했음을 알 수 있다. 따라서 울산 또한 지구온난화의 영향을 받고 있음을 알 수 있다.

추세 선의 양상으로 볼 때 해가 지남에 따라 연평균 최저기온이 꾸준히 상승하고 있음을 알 수 있다. 60년대에 비해 2000년대에 평균 최저기온이 2℃가량 상승했음을 알 수 있다. 따라서 울산 또한 지구온난화의 영향을 받고 있음을 알 수 있다. 또 다른 두드러진 특징은 연평균 최고기온과 비교해볼 때 연평균 최저기온의 추세 선의 기울기가 약 2배 정도 가파른 것으로 보아 최저기온이 지구온난화의 영향을 더 많이 받고 있음을 알 수 있다.

나) 울산의 47년간 월평균 기상자료 분석

(1) 강수량

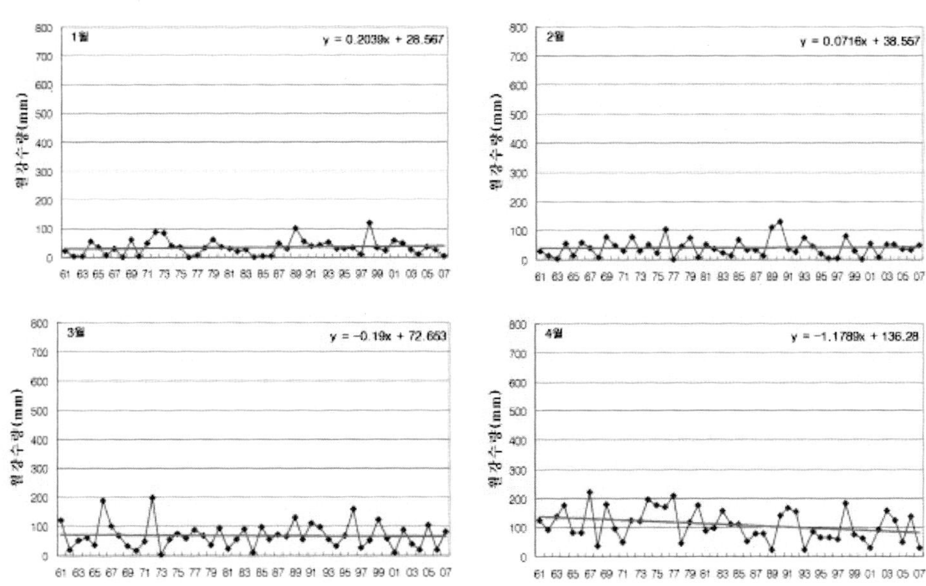

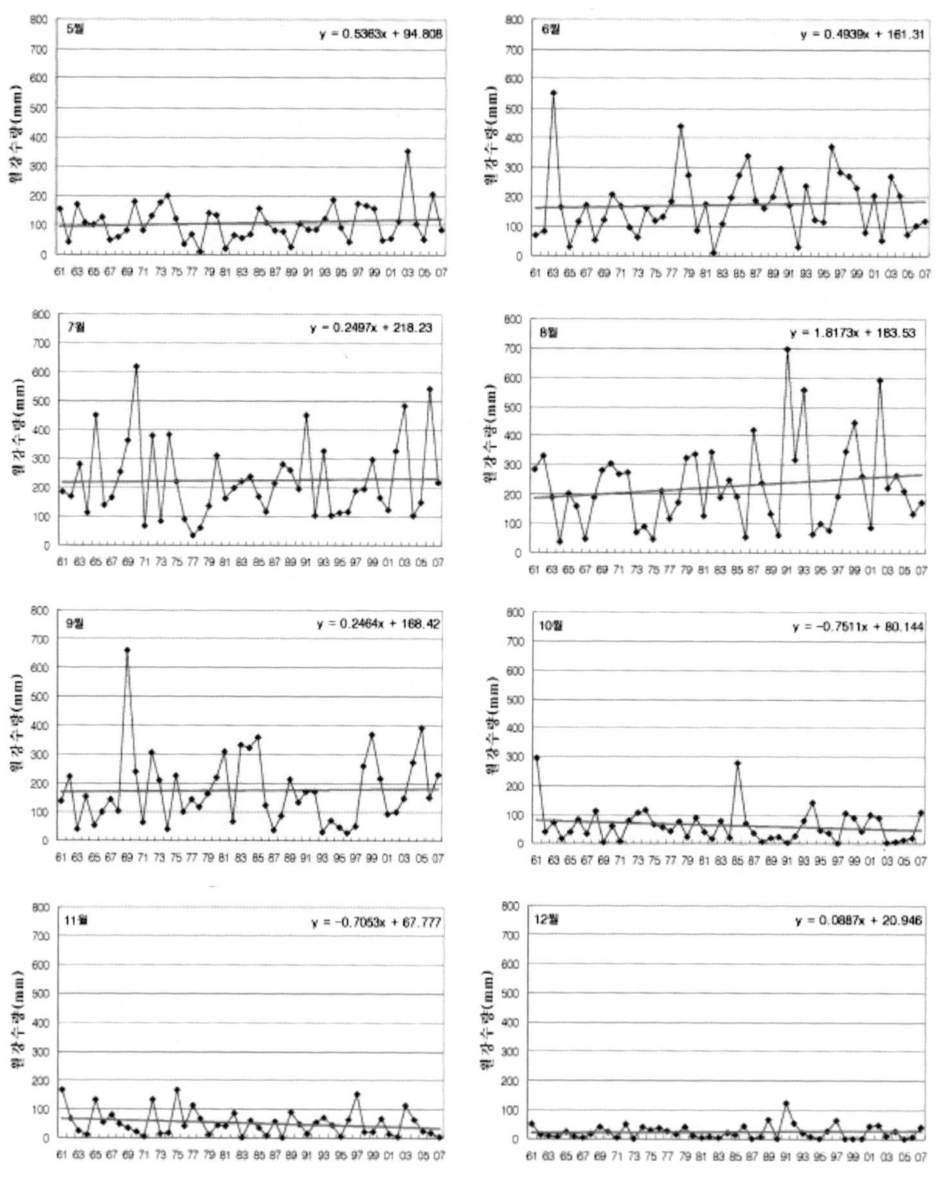

〈최근 48년간 월 강수량 변화〉

울산의 지난 47년간 월 강수량 자료를 분석해보면 추세 선의 양상으로 보아 전반적으로 강수량이 1961년도부터 2007년도까지 증가하였음을 알 수 있다.

(2) 평균기온

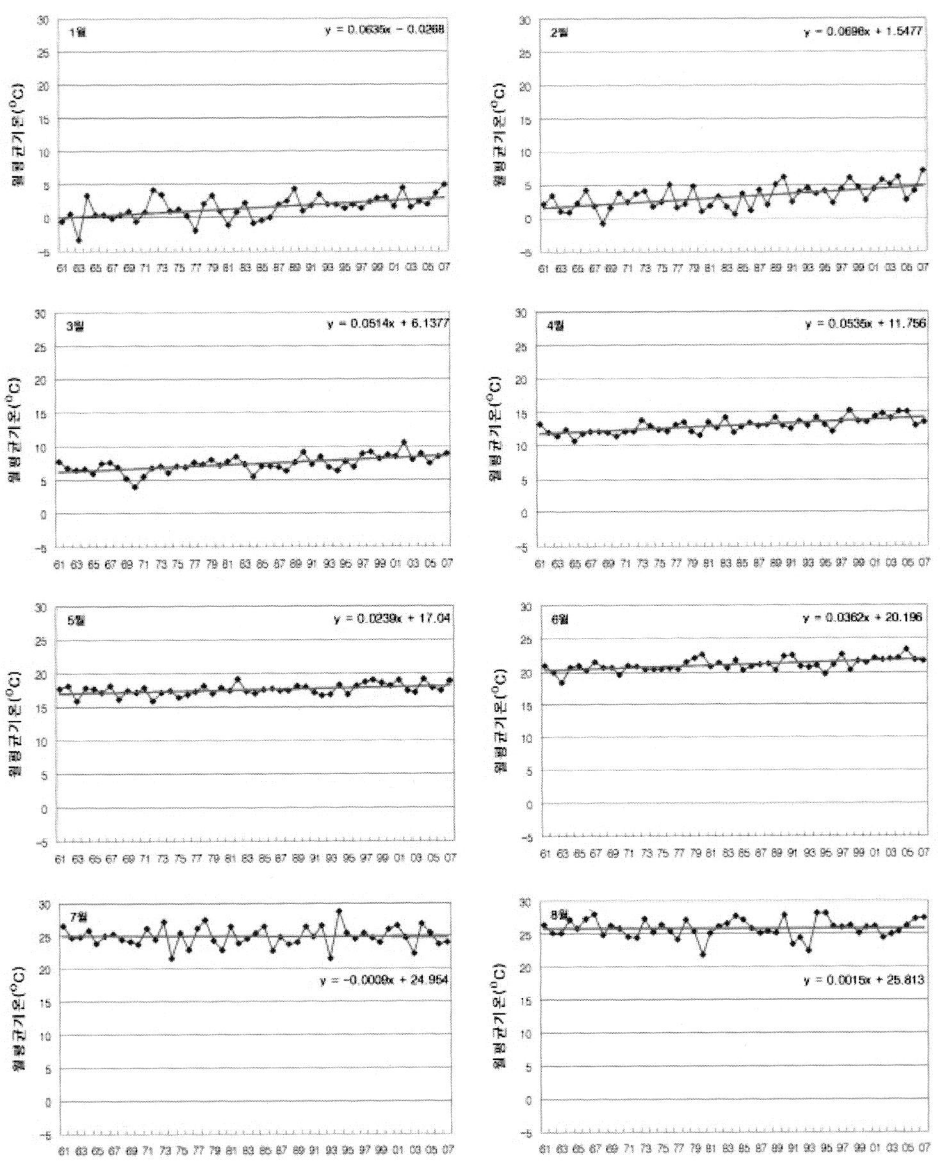

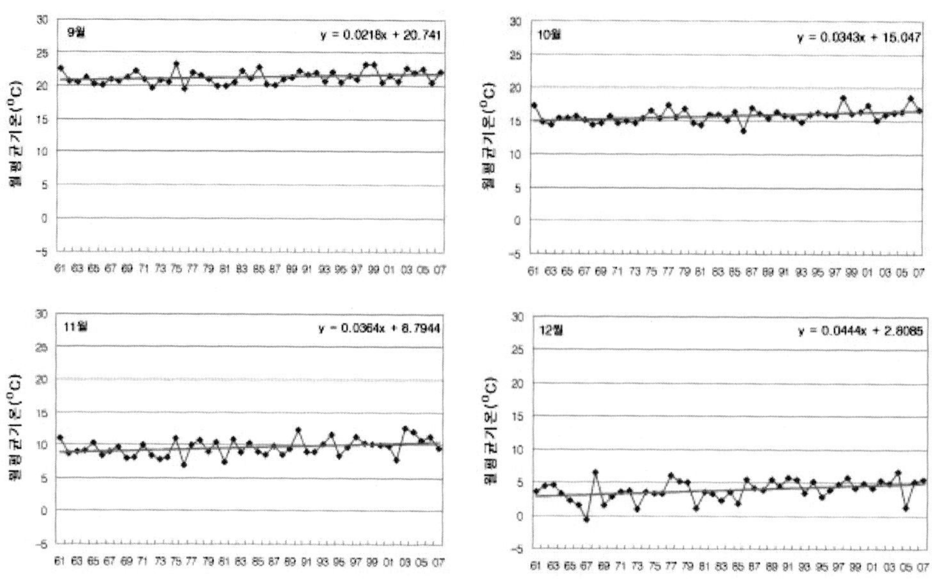

〈최근 47년간 월평균기온의 변화〉

　　울산의 지난 47년간 월평균기온 자료를 분석해보면 추세 선의 양상으로 보아 전반적으로 평균기온이 1961년도부터 2007년도까지 증가하였음을 알 수 있다.

(3) 최고기온

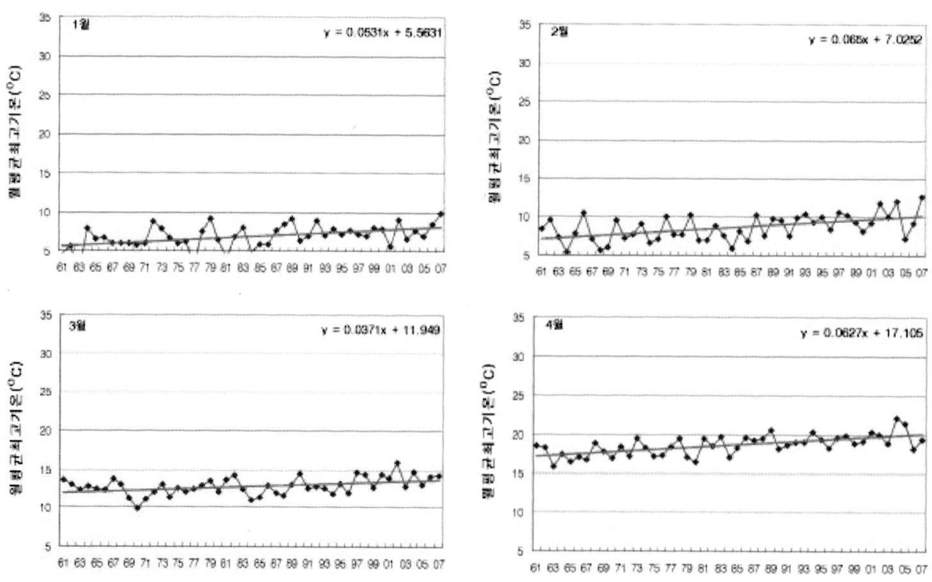

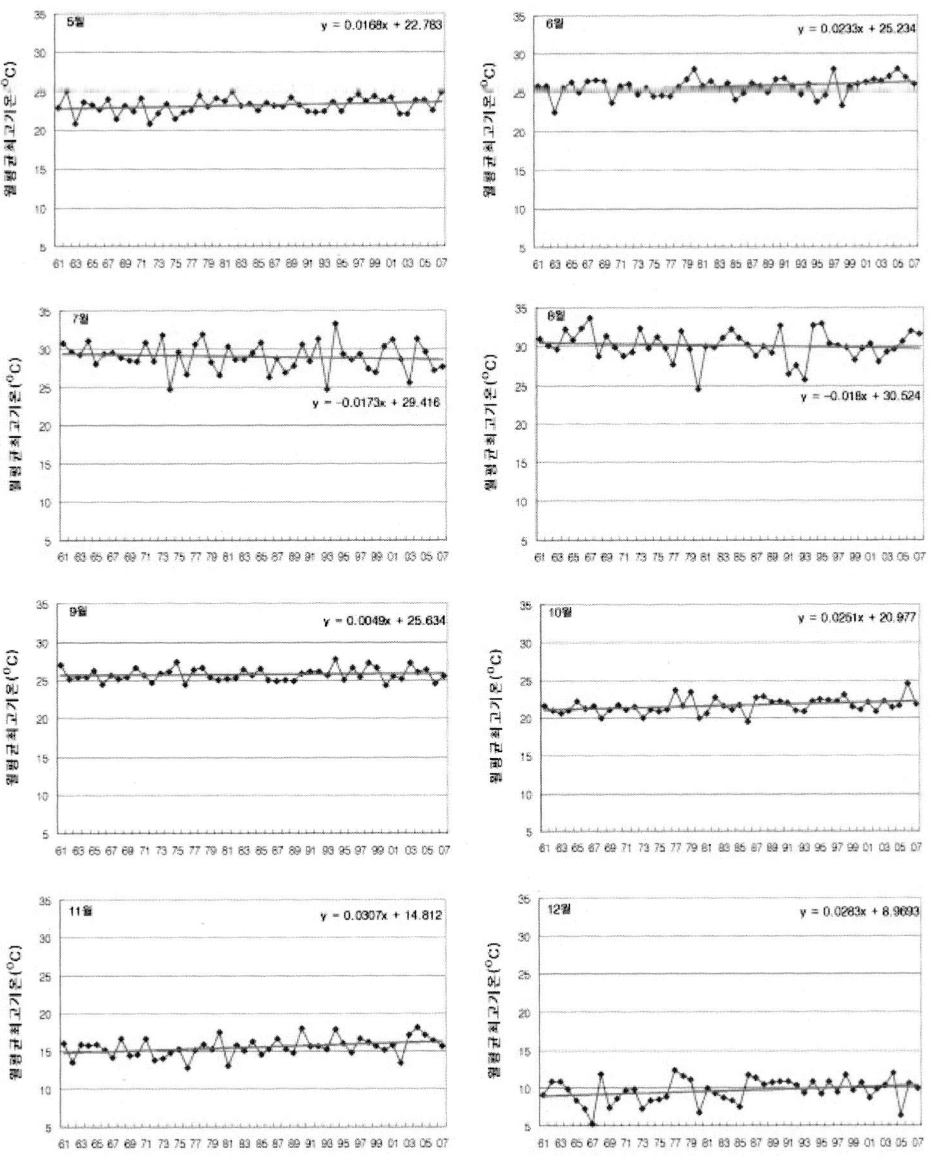

〈최근 47년간 월평균 최고기온의 변화〉

울산의 지난 47년간 월평균 최고기온 자료를 분석해보면 추세 선의 양상으로 보아 전반적으로 최고기온이 1961년도부터 2007년도까지 증가하였음을 알 수 있다.

(4) 최저기온

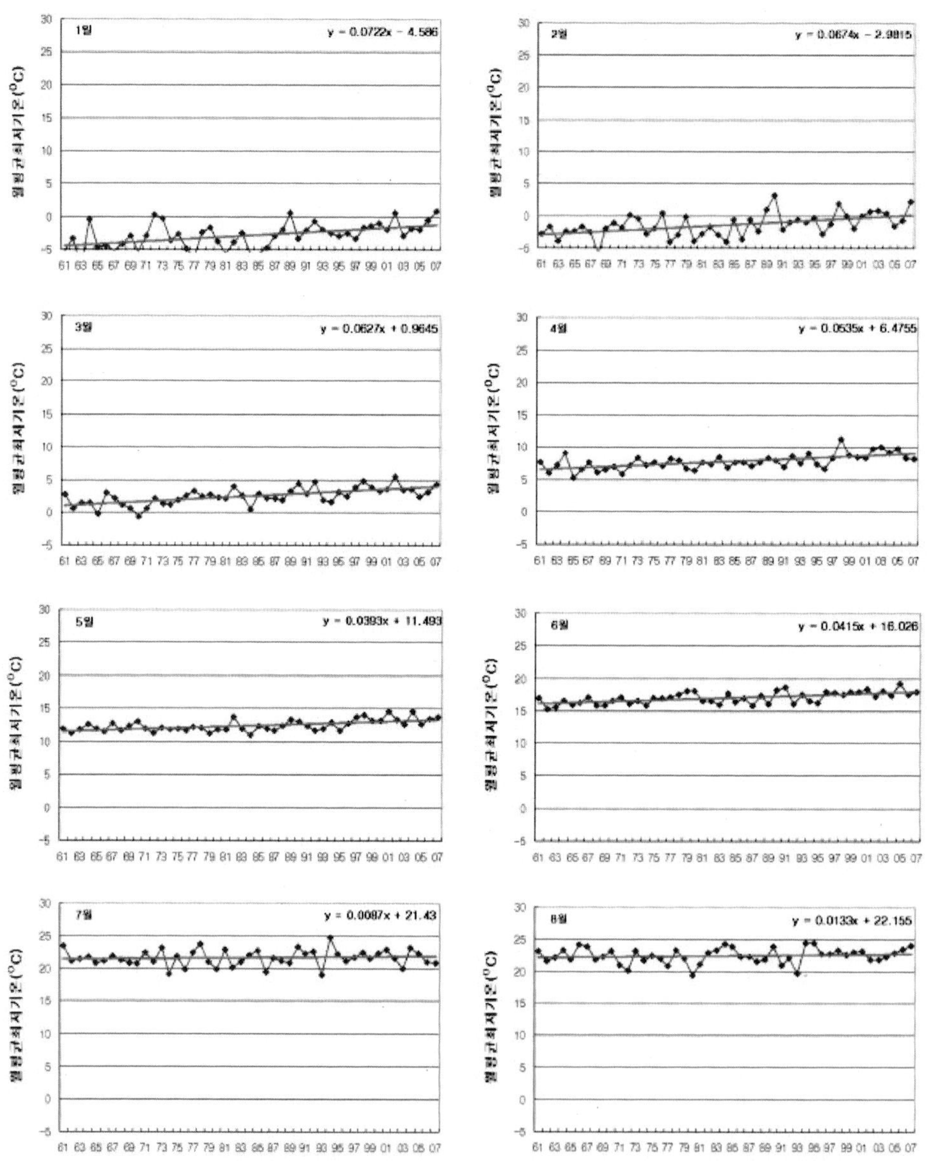

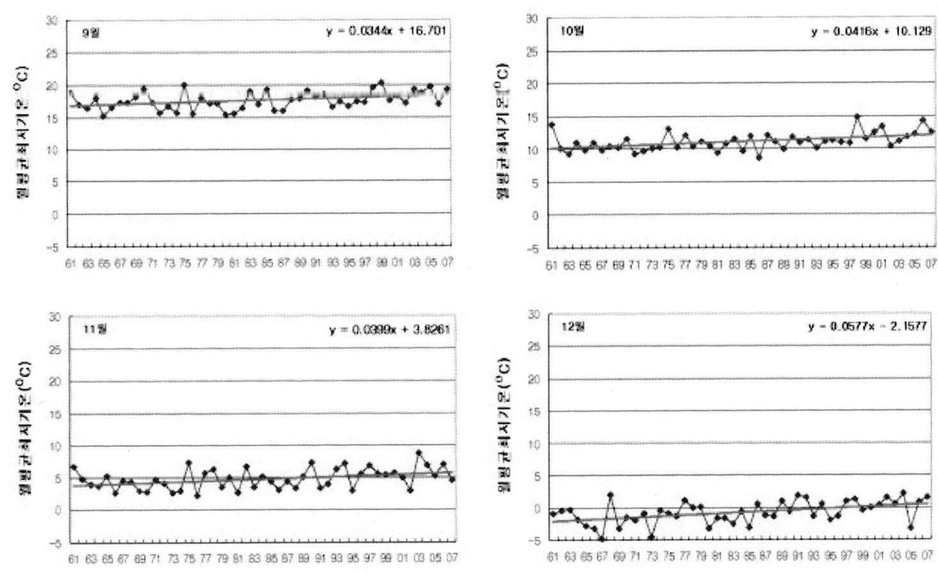

〈최근 47년간 월평균 최저기온의 변화〉

울산의 지난 47년간 월평균 최저기온 자료를 분석해보면 추세 선의 양상으로 보아 전반적으로 최저기온이 1961년도부터 2007년도까지 증가하였음을 알 수 있다.

2) 공단별의 대기오염도 조사 결과

울산환경보건원의 협조를 구해 울산지역 공단 중 울산시 울주군 덕신리(온산공단부근), 남구 부곡동(석유화학단지부근), 북구 효문동(효문공업단지부근), 남구 여천동(여천지구부근), 네 곳에서 SO_2, NO_2, O_3, PM10, CO의 시간대별 농도를 조사하여 데이터 분석을 하였다.

	spring	summer	fall	winter
year	2008	2008	2008	2008
month	4	7	9	1
day	12	12	18	12

가) 봄철 대기 중 오염물질 농도

〈네 지점의 봄철 시간대별 오염물질 농도〉

측정소명	측정시간	SO$_2$	NO$_2$	O$_3$	PM10	CO
덕신리	6시	0.003	0.016	0.016	42	0.3
	12시	0.005	0.023	0.012	23	0.2
	18시	0.005	0.023	0.012	23	0.2
	24시	0.003	0.015	0.027	21	0.2
부곡동	6시	0.01	0.008	0.022	69	0.8
	12시	0.085	0.026	0.012	78	1.4
	18시	0.011	0.011	0.031	68	1
	24시	0.009	0.008	0.036	49	1.4
효문동	6시	0.002	0.04	0.001	55	0.4
	12시	0.001	0.005	0.045	17	0.2
	18시	0.002	0.012	0.046	37	0.3
	24시	0.001	0.008	0.045	17	0.2
여천동	6시	0.006	0.026	0.02	64	0.8
	12시	0.022	0.026	0.034	55	0.7
	18시	0.006	0.016	0.046	46	0.7
	24시	0.007	0.023	0.037	43	0.7

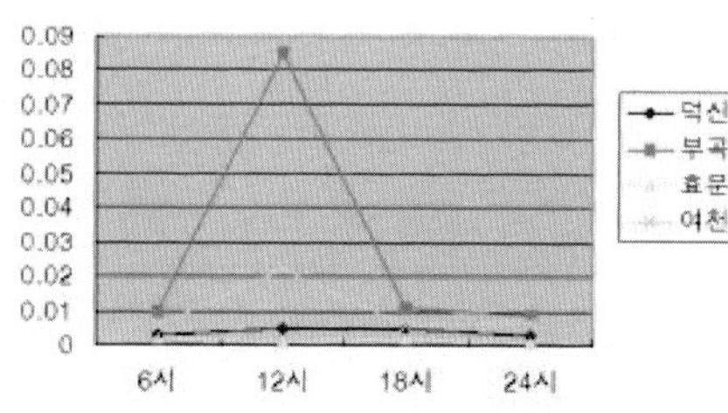

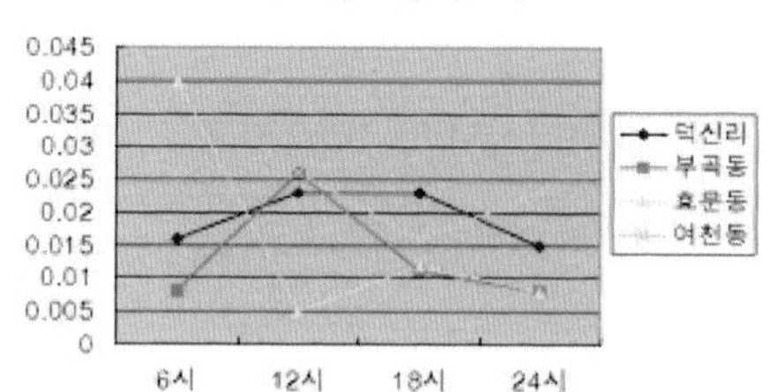

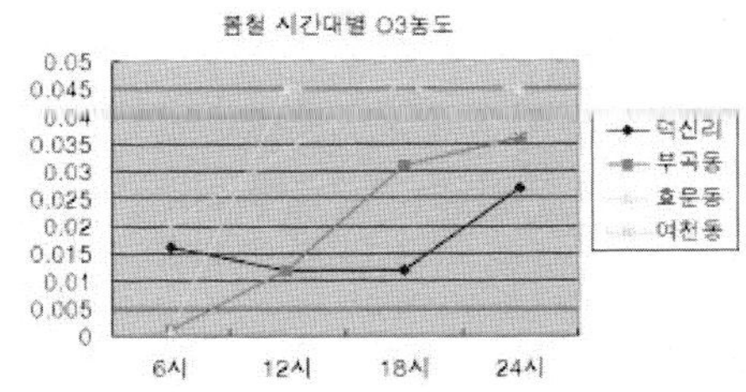

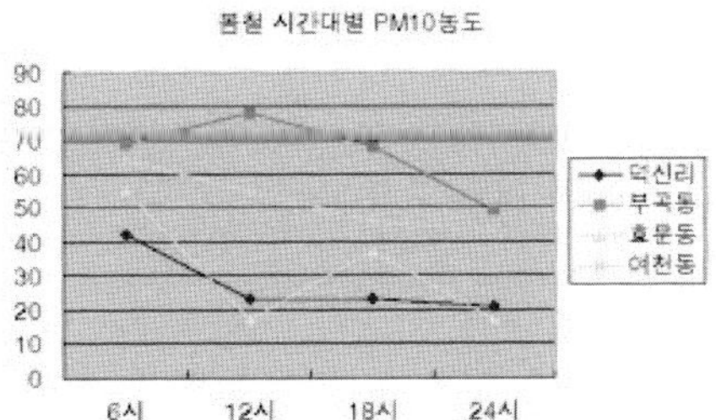

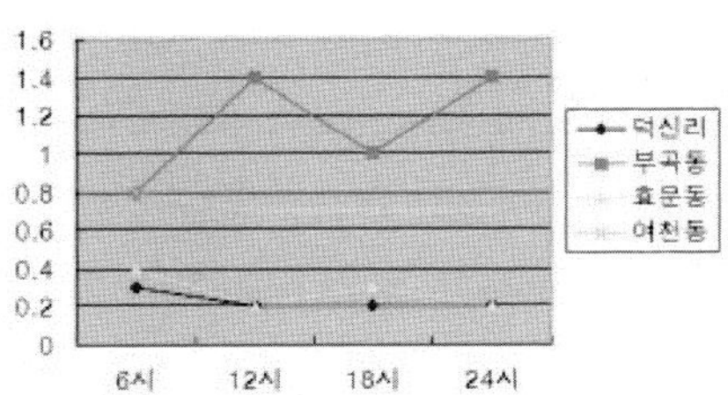

〈봄철 시간대별 대기오염물질 농도〉

나) 여름철 대기 중 오염물질 농도

〈네 지점의 여름철 시간대별 오염물질 농도〉

측정소명	측정일자	SO_2	NO_2	O_3	PM10	CO
덕신리	6시	0.002	0.023	0.004	45	0.8
덕신리	12시	0.005	0.018	0.011	37	0.5
덕신리	18시	0.004	0.017	0.018	42	0.6
덕신리	24시	0.002	0.019	0.009	23	0.7
부곡동	6시	0.007	0.015	0.009	118	0.7
부곡동	12시	0.014	0.02	0.008	85	0.6
부곡동	18시	0.015	0.017	0.009	95	0.6
부곡동	24시	0.004	0.014	0.013	76	0.7
효문동	6시	0.013	0.028	0.003	59	0.4
효문동	12시	0.035	0.035	0.006	49	0.3
효문동	18시	0.036	0.034	0.006	39	0.2
효문동	24시	0.017	0.026	0.001	47	0.4

여천동	6시	0.073	0.038	0.002	104	1.1
여천동	12시	0.048	0.037	0.007	79	0
여천동	18시	0.029	0.033	0.005	74	0
여천동	24시	0.047	0.039	0.003	51	0

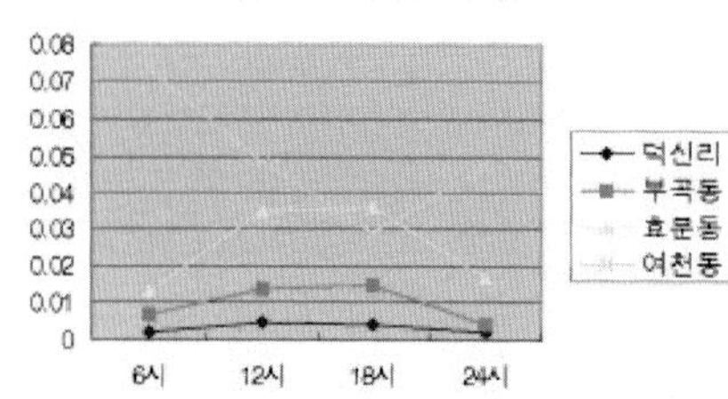

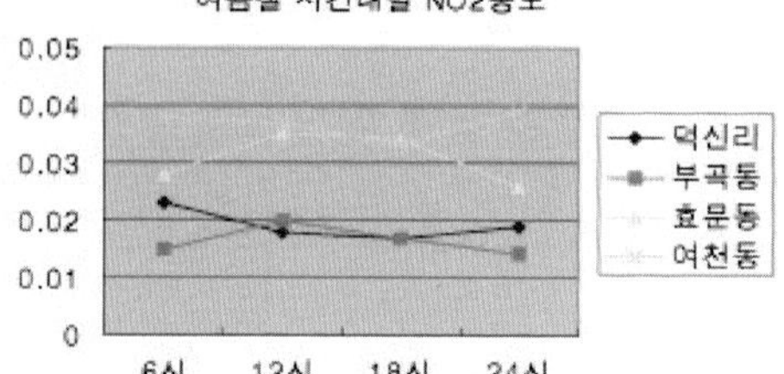

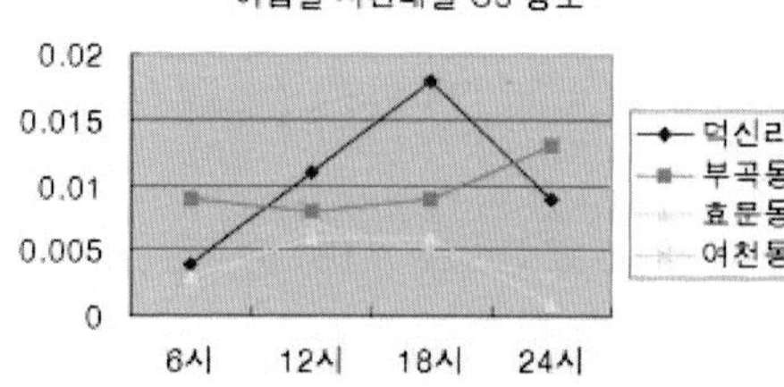

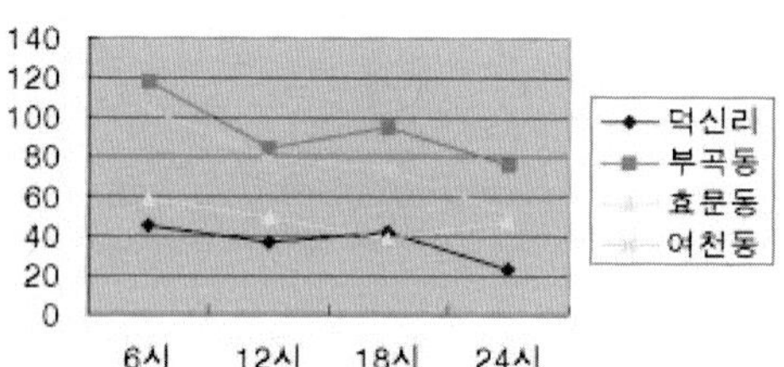

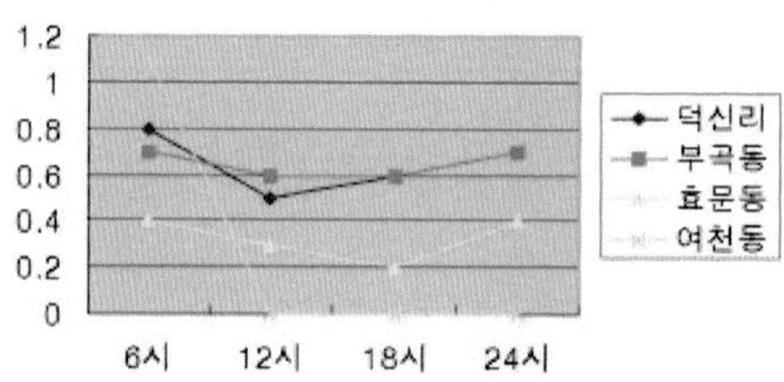

〈여름철 시간대별 대기오염물질 농도〉

다) 가을철 대기 중 오염물질 농도

〈네 지점의 가을철 시간대별 오염물질 농도〉

측정소명	측정시간	SO$_2$	NO$_2$	O$_3$	PM10	CO
덕신리	6시	0.001	0.011	0.008	33	0.3
	12시	0.009	0.022	0.026	19	0.2
	18시	0.025	0.028	0.018	42	0.3
	24시	0.004	0.016	0.015	27	0.2
부곡동	6시	0.004	0.022	0.021	9	0.5
	12시	0.007	0.031	0.02	28	0.5
	18시	0.01	0.033	0.02	33	0.6
	24시	0.005	0.022	0.032	12	0.5
효문동	6시	0.004	0.013	0.01	43	0.2
	12시	0.004	0.009	0.039	32	0.1
	18시	0.005	0.009	0.04	35	0.1
	24시	0.005	0.02	0.015	37	0.1
여천동	6시	0.005	0.019	0.012	41	0.8
	12시	0.028	0.021	0.033	41	0.7
	18시	0.025	0.017	0.04	47	0.6
	24시	0.005	0.021	0.029	39	1

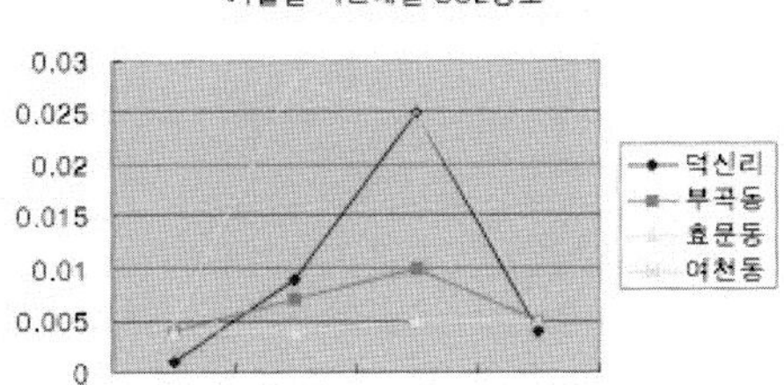

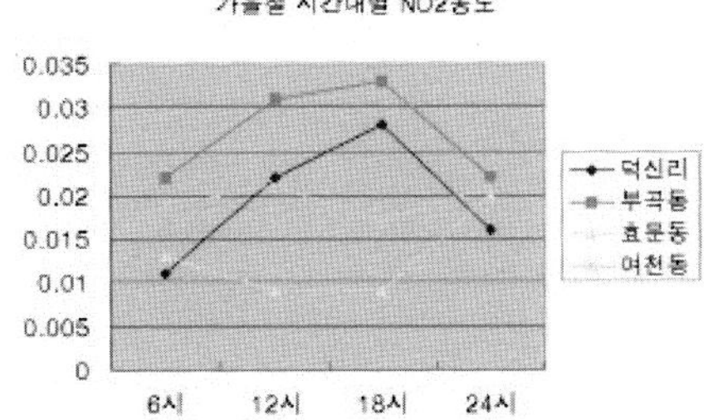

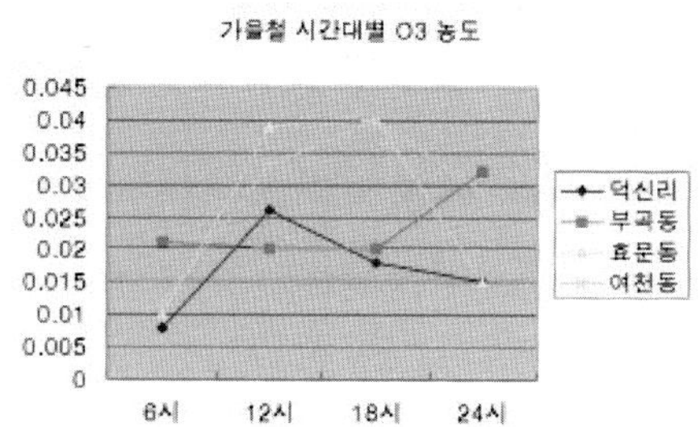

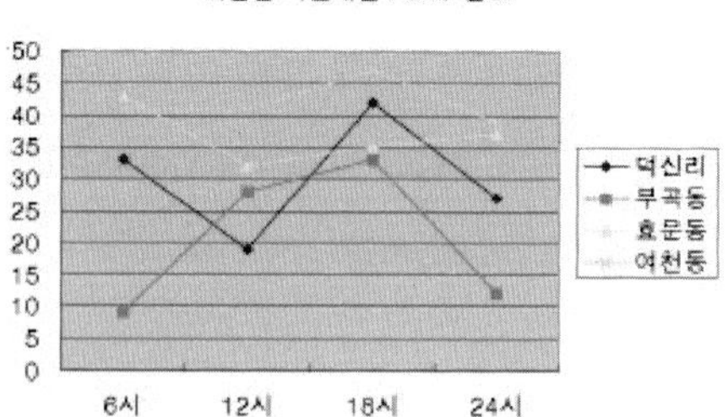

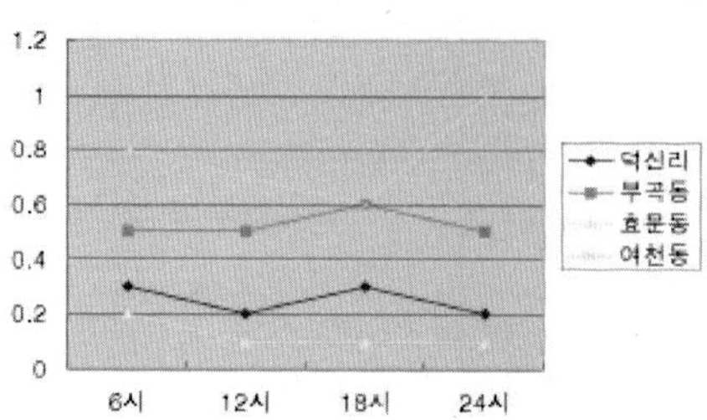

〈가을철 시간대별 대기오염물질 농도〉

라) 겨울철 대기 중 오염물질 농도

〈네 지점의 겨울철 시간대별 오염물질 농도〉

측정소명	측정시간	SO₂	NO₂	O₃	PM10	CO
덕신리	6시	0.004	0.009	0.033	4	0.2
	12시	0.006	0.017	0.028	13	0.2
	18시	0.003	0.014	0.026	7	0.1
	24시	0.004	0.018	0.028	7	0.2
부곡동	06시	0.003	0.008	0.022	49	0.6
	12시	0.006	0.01	0.015	46	0.5
	18시	0.005	0.01	0.015	13	0.6
	24시	0.004	0.006	0.017	67	0.6
효문동	6시	0.002	0.014	0.02	7	0.6
	12시	0.002	0.004	0.033	7	0.4
	18시	0.002	0.027	0.01	7	0.6
	24시	0.001	0.026	0.006	7	0.5

	6시	0.004	0.02	0.016	6	1.5
어친동	12시	0.005	0.02	0.019	8	0.1
	18시	0.005	0.02	0.017	9	0.4
	24시	0.005	0.021	0.013	6	0.3

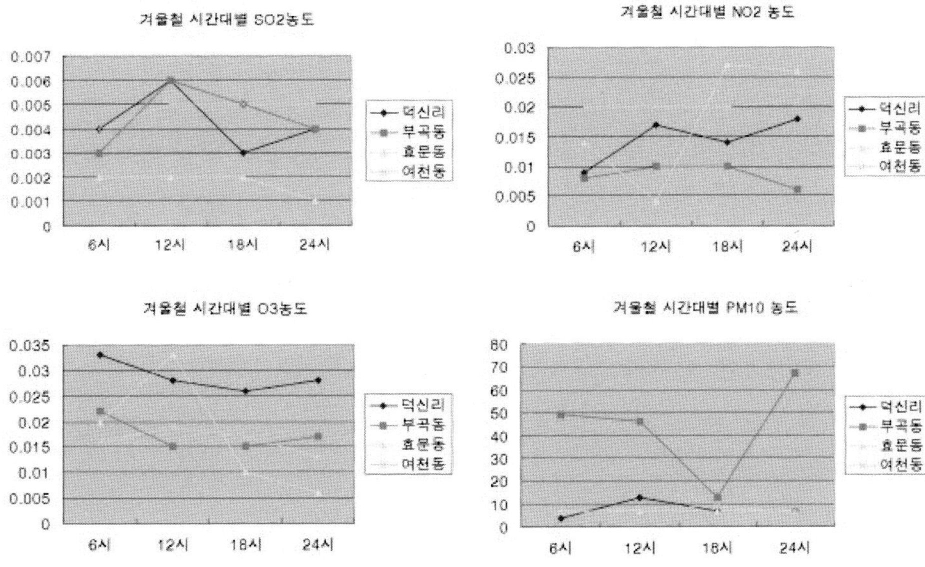

〈겨울철 시간대별 대기오염물질 농도〉

3) 강우의 pH 측정

가) 강수 pH 측정결과

강수 pH를 측정한 결과 전체 조사정점에서 6.87-7.90의 범위를 나타내었다. 어물동 마애석불(E) 7.19, 개운포성지(G) 7.90, 태화사지 십이지상 부도(T) 7.59, 청송사지 삼층석탑(C) 6.87, 망해사지 석조부도(M) 7.55, 천전리각석(Ch) 7.60, 운흥사지 석조부도(U) 7.45이다. 정점별로 강수 pH의 차이가 뚜렷이 나타날 것으로 예상하였으나, 정점별로 뚜렷한 차이가 없었다. 석유화학공단 내에 위치하고 있어서 가장 오염이 심할 것으로 예상된 개운포 성지에서 오히려 pH가 가장 높게 나타났다. 또한 모든 정점에서 산성비의 정의인 pH 5.6보다 높게 나타나고 있어서 산성비에 의한 화학적인 풍화에는 영향을 미치지 않는 것으로 나타났다. 아래는 결과를 그래프로 정리한 것이다.

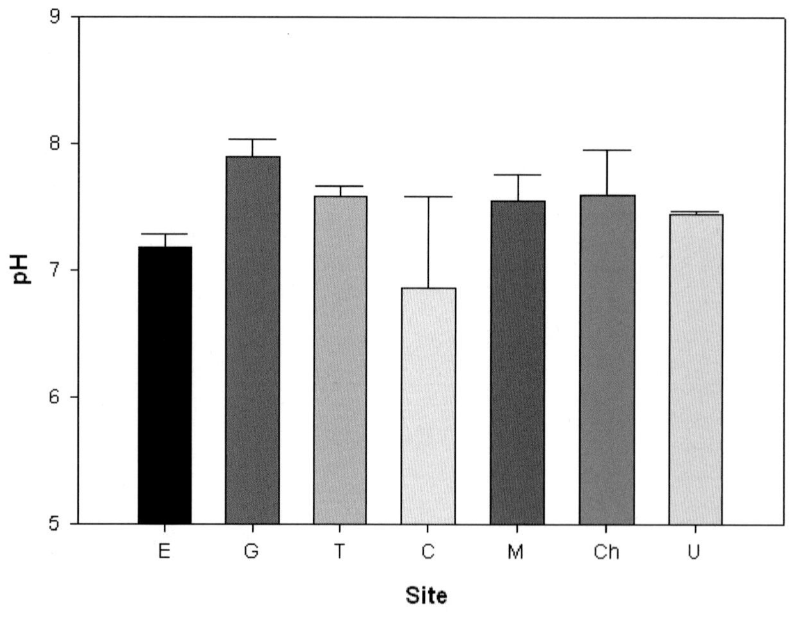

〈강수 pH 결과〉

나) 토양 pH 측정결과

　토양 pH를 측정한 결과 어물동 마애석불(E) 7.13, 개운포성지(G) 6.82, 태화사지 십이지상 부도(T) 7.29, 청송사지 삼층석탑(C) 7.05, 망해사지 석조부도(M) 7.09, 천전리각석(Ch) 7.18, 운흥사지 석조부도(U) 7.22이다. 아래는 결과를 그래프로 정리한 것이다. 토양 pH의 경우 개운포성지가 가장 낮게 나타나 강우 pH와는 다른 결과가 나타났다. 토양 pH의 경우 강우 pH와 뚜렷한 경향성을 나타내지는 않았다.

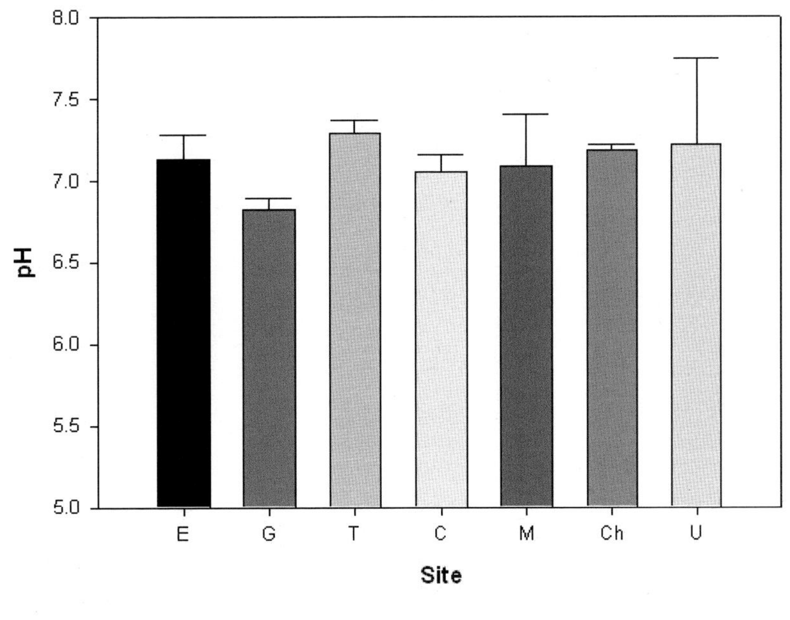

〈2토양 pH 결과〉

다) 토양 수분함량 측정결과

　토양 수분합량을 측정한 결과 어물동 마애석불(E) 5.8(%), 개운포성지(G) 18.8(%), 태화사지 십이지상 부도(T) 16.2(%), 청송사지 삼층석탑(C) 16.9(%), 망해사지 석조부도(M) 7.4(%), 천전리각석(Ch) 1.4(%), 운흥사지 석조부도(U) 11.2(%)이다. 아래는 결과를 그래프로 정리한 것이다.

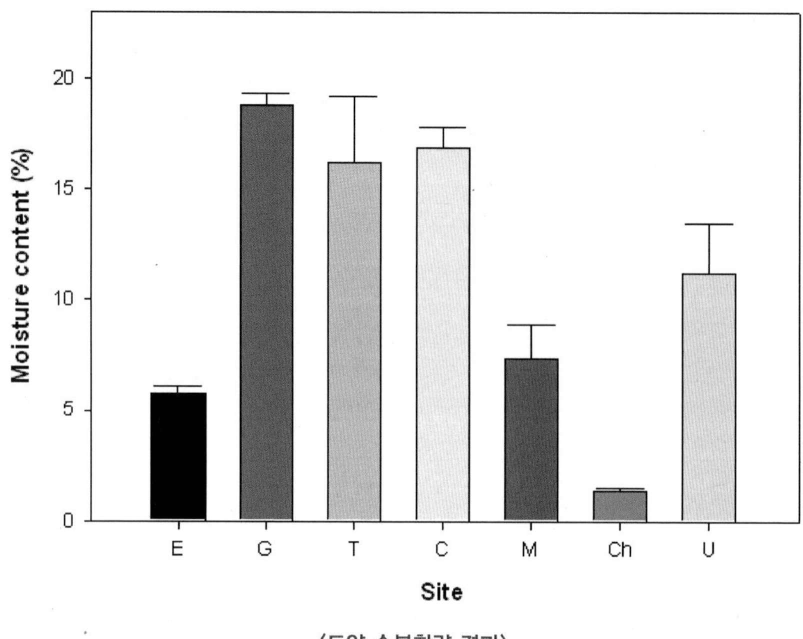

〈토양 수분함량 결과〉

4) 미생물에 의한 석조문화재의 풍화작용 연구

가) 석조문화재에 존재하는 미생물의 분석 결과

(1) 지역별 미생물 count 결과

〈지역별 미생물 배양 결과(CFUs/ml)〉

	×10		×100		×1000		×10000	
	A	B	A	B	A	B	A	B
E—1	262	230	16	21	2	3	0	0
E—2	7	9	0	0	0	0	0	0
E—3	62	66	7	9	0	0	0	0
G—1	4	4	1	0	0	0	0	0
G—2	Uncountable	Uncountable	201	243	30	26	0	0
G—3	80	86	6	9	1	0	0	0

T–1	19	23	4	0	0	1	0	0
T–2	21	25	3	1	0	1	0	0
T–3	Uncountable	Uncountable	191	199	21	11	0	1
C–1	0	0	0	0	0	0	0	0
C–2	16	20	5	8	0	0	0	0
C–3	10	10	0	1	0	0	0	0
M–1	0	1	1	0	0	0	0	0
M–2	30	32	2	3	0	0	0	0
M–3	10	6	0	2	0	0	0	0
Ch–1	10	10	2	4	0	0	0	0
Ch–2	249	265	28	31	0	0	0	0
Ch–3	18	20	1	5	0	0	0	0
U–1	0	0	0	0	0	0	0	0
U–2	200	182	24	21	4	5	0	0
U–3	157	167	16	17	2	3	0	0

(2) 그람염색, oxidase, catalase 결과

어물동 마애석불의 시료에서 배양된 미생물을 무작위로 선정하여 Gram 염색, Oxidase test, Catlase test를 하였다. 그 결과 어물동 마애석불의 미생물을 Gram 염색의 결과로 분류하면 양성 21개, 음성 4개이다. 모양으로 분류하면 간균 24개와 구균 1개이다. Oxidase test에서 양성은 7개 음성은 18개이다. 그리고 Catlase test에서는 모두 양성으로 나타났다.

〈어물동마애석불 미생물의 생물학적 특성 결과〉

# Number	Gram stain	Shape	Oxidase test	Catlase test
E–1–1	+	Bacillus	−	+
E–1–4	+	Bacillus	−	+
E–1–5	+	Bacillus	−	+
E–1–6	+	Bacillus	−	+
E–1–7	+	Bacillus	−	+

E–1–8	+	Bacillus	−	+
E–1–9	+	Bacillus	−	+
E–1–10	+	Bacillus	−	+
E–1–11	+	Bacillus	−	+
E–2–1	+	Bacillus	−	+
E–2–2	+	Bacillus	−	+
E–2–4	−	Bacillus	+	+
E–2–6	−	Bacillus	+	+
E–2–7	+	Bacillus	+	+
E–2–8	+	Bacillus	+	+
E–3–1	−	Bacillus	+	+
E–3–2	+	Coccus	−	+
E–3–3	+	Bacillus	−	+
E–3–4	+	Bacillus	+	+
E–3–5	+	Bacillus	+	+
E–3–6	+	Bacillus	−	+
E–3–7	+	Bacillus	−	+
E–3–8	+	Bacillus	−	+
E–3–9	+	Bacillus	−	+
E–3–10	−	Bacillus	−	+

E: 어물동마애석불
E–1: 햇빛에 노출되어 있는 지역
E–2: 햇빛이 들지 않는 지역
E–3: 햇빛이 들지 않고, 습기가 많은 지역

개운포성지에서 배양된 미생물을 무작위로 선정하여 Gram 염색, Oxidase test, Catlase test를 하였다. 그 결과 개운포성지의 미생물을 Gram 염색의 결과로 분류하면 양성 9개, 음성 8개이다. 모양으로 분류하면 간균 16개와 구균 1개이다. Oxidase test에서 양성은 6개 음성은 11개이다. 그리고 Catlase test에서는 모두 양성을 나타냈다.

# Number	Gram stain	Shape	Oxidase test	Catlase test
G–1–1	–	Bacillus	–	+
G–1–2	–	Bacillus	–	+
G–1–3	–	Bacillus	–	+
G–1–4	–	Bacillus	–	+
G–2–1	–	Coccus	–	+
G–2–2	+	Bacillus	–	+
G–2–3	–	Bacillus	–	+
G–2–4	+	Bacillus	–	+
G–2–5	+	Bacillus	–	+
G–2–6	+	Bacillus	–	+
G–2–8	–	Bacillus	+	+
G–2–9	+	Bacillus	+	+
G–3–1	–	Bacillus	+	+
G–3–2	+	Bacillus	+	+
G–3–3	+	Bacillus	+	+
G–3–4	+	Bacillus	+	+
G–3–5	+	Bacillus	–	+

G: 개운포성지
G–1: 햇빛에 노출되어 있는 지역
G–2: 햇빛이 들지 않는 지역
G–3: 햇빛이 들지 않고, 습기가 많은 지역

　태화사지 십이지상부도의 시료에서 배양된 미생물을 무작위로 선정하여 Gram 염색, Oxidase test, Catlase test를 하였다. 그 결과 태화사지 십이지상부도의 미생물을 Gram 염색의 결과로 분류하면 양성 10개, 음성 0개이다. 모양으로 분류하면 간균 8개와 구균 2개이다. Oxidase test에서 양성은 0개 음성은 10개이다. 그리고 Catlase test에서는 모두 양성을 나타냈다.

〈태화사지 십이지상부도 미생물의 생물학적 특성 결과〉

# Number	Gram stain	Shape	Oxidase test	Catlase test
T–3–1	+	Bacillus	−	+
T–3–2	+	Coccus	−	+
T–3–3	+	Coccus	−	+
T–3–4	+	Bacillus	−	+
T–3–5	+	Bacillus	−	+
T–3–6	+	Bacillus	−	+
T–3–7	+	Bacillus	−	+
T–3–9	+	Bacillus	−	+
T–3–10	+	Bacillus	−	+
T–3–11	+	Bacillus	−	+

T: 태화사지 십이지상 부도
T–3: 햇빛이 들지 않고, 습기가 많은 지역

청송사지 3층 석탑의 시료에서 배양된 미생물을 무작위로 선정하여 Gram 염색, Oxidase test, Catlase test를 하였다. 그 결과 청송사지 3층 석탑의 미생물을 Gram 염색의 결과로 분류하면 양성 6개, 음성 3개이다. 모양으로 분류하면 간균 7개와 구균 2개이다. Oxidase test에서 양성은 3개 음성은 6개이다. 그리고 Catlase test에서는 모두 양성을 나타냈다.

〈청송사지 3층 석탑 미생물의 생물학적 특성 결과〉

# Number	Gram stain	Shape	Oxidase test	Catlase test
C–2–1	+	Bacillus	−	+
C–2–2	+	Bacillus	−	+
C–2–3	+	Bacillus	−	+
C–2–4	−	Bacillus	−	+
C–2–5	−	Bacillus	+	+
C–2–6	−	Bacillus	−	+
C–2–7	+	Coccus	+	+
C–2–8	+	Bacillus	−	+
C–2–9	+	Coccus	+	+

C: 청송사지 3층 석탑
C–2: 햇빛이 들지 않는 지역

망해사지 석조부도의 시료에서 배양된 미생물을 무작위로 선정하여 Gram 염색, Oxidase test, Catlase test를 하였다. 그 결과 망해사지 석조부도의 미생물을 Gram 염색의 결과로 분류하면 양성 5개, 음성 0개이다. 모양으로 분류하면 간균 5개와 구균 0개이다. Oxidase test에서는 모두 음성이고 Catlase test에서는 모두 양성을 나타냈다.

<망해사지 석조부도 미생물의 생물학적 특성 결과>

# Number	Gram stain	Shape	Oxidase test	Catlase test
M−3−1	+	Bacillus	−	+
M−3−3	+	Bacillus	−	+
M−3−5	+	Bacillus	−	+
M−3−6	+	Bacillus	−	+
M−3−7	+	Bacillus	−	+

M: 망해사지 석조부도
M−3: 햇빛이 들지 않고, 습기가 많은 지역

천전리 각석의 시료에서 배양된 미생물을 무작위로 선정하여 Gram 염색, Oxidase test, Catlase test를 하였다. 그 결과 천전리 각석의 미생물을 Gram 염색의 결과로 분류하면 양성 6개, 음성 2개이다. 모양으로 분류하면 간균 8개와 구균 0개이다. Oxidase test에서 양성은 1개 음성은 7개이다. 그리고 Catlase test에서는 모두 양성을 나타났다.

<천전리 각석 미생물의 생물학적 특성 결과>

# Number	Gram stain	Shape	Oxidase test	Catlase test
Ch−2−1	+	Bacillus	+	+
Ch−2−3	−	Bacillus	−	+
Ch−2−5	−	Bacillus	−	+
Ch−2−6	+	Bacillus	−	+
Ch−2−10	+	Bacillus	−	+
Ch−2−11	+	Bacillus	−	+
Ch−2−12	+	Bacillus	−	+
Ch−2−13	+	Bacillus	−	+

Ch: 천전리 각석
Ch−2: 햇빛이 들지 않는 지역

(3) 지역별 미생물 동정 결과

Gram 염색, Oxidase test, Catalase test를 통해 얻은 결과를 분석하여 어물동 마애석불의 시료에서 동정할 미생물을 선정하였다. 미생물의 동정은 그람 양성균은 API kit STAPH로, 그람 음성균은 API kit 20NE를 사용하였다. 그 결과로 어물동 마애석불에서 채취한 시료에서 동정된 미생물은 Sphingomonas paucimobilis 3종, Micrococcus spp 3종, Unidentification 1종이다.

〈API kit에 의한 미생물 특성 결과〉

Isolated	Organism	Identification(%)
E–1–1	*Sphingomonas paucimobilis*	99.7
E–2–1	*Micrococcus spp.*	99.9
E–2–4	*Sphingomonas paucimobilis*	95.9
E–3–2	Unidentification	–
E–3–3	*Micrococcus spp.*	99.7
E–3–5	*Micrococcus spp.*	99.5
E–3–10	*Sphingomonas paucimobilis*	90.9

E: 어물동마애석불
E–1: 햇빛에 노출되어 있는 지역
E–2: 햇빛이 들지 않는 지역
E–3: 햇빛이 들지 않고, 습기가 많은 지역

Gram 염색, Oxidase test, Catalase test를 통해 얻은 결과를 분석하여 개운 포성지의 시료에서 동정할 미생물을 선정하였다. 미생물의 동정은 그람 양성균은 API kit STAPH로, 그람 음성균은 API kit 20NE를 사용하였다. 그 결과로 개운포 성지에서 동정된 미생물은 Sphingomonas paucimobilis 2종, Micrococcus spp 1 종, Pseudomonas luteola 3종, Stenotrophmonas maltophilia 1종, Rhizobiym radiobacter 1종, Pasteurella thehalosi 2종, Unidentification 3종이다.

〈API kit에 의한 미생물 특성 결과〉

Isolated	Organism	Identification(%)
G–1–1	Unidentification	–
G–1–2	*Stenotrophomonas maltophilia*	99.9
G–1–3	*Sphingomonas paucimobilis*	97.1
G–1–4	*Pseudomonas luteola*	95.4
G–2–1	Unidentification	–
G–2–2	*Pseudomonas luteola*	80.0
G–2–3	*Pasteurella trehalosi*	94.5
G–2–5	*Pseudomonas luteola*	93.9
G–2–6	*Micrococcus spp.*	99.9
G–2–8	*Sphingomonas paucimobilis*	99.4
G–2–9	Unidentification	–
G–3–1	*Rhizobium radiobacter*	99.0
G–3–3	*Pasteurella trehalosi*	94.5

G: 개운포성지
G–1: 햇빛에 노출되어 있는 지역
G–2: 햇빛이 들지 않는 지역
G–3: 햇빛이 들지 않고, 습기가 많은 지역

Gram 염색, Oxidase test, Catalase test를 통해 얻은 결과를 분석하여 태화사지 십이지상 부도의 시료에서 동정할 미생물을 선정하였다. 미생물의 동정은 그람 양성균은 API kit STAPH로, 그람 음성균은 API kit 20NE를 사용하였다. 그 결과로 태화사지 십이지상 부도에서 동정된 미생물은 Micrococcus spp 1개, Unidentification 1개이다.

〈API kit에 의한 미생물 특성 결과〉

Isolated	Organism	Identification(%)
T–3–1	Unidentification	–
T–3–9	*Micrococcus spp.*	99.7

T: 태화사지 십이지상 부도
T–3: 햇빛이 들지 않고, 습기가 많은 지역

Gram 염색, Oxidase test, Catalase test를 통해 얻은 결과를 분석하여 청송사지 삼층석탑의 시료에서 동정할 미생물을 선정하였다. 미생물의 동정은 그람 양성균은 API kit STAPH로, 그람 음성균은 API kit 20NE를 사용하였다. 그 결과로 청송사지 삼층석탑에서 동정된 미생물은 Micrococcus spp 1개, Pseudomonas luteola 1개, Pasteurella trehalosi 1개, Weeksella virosa 1개이다.

〈API kit에 의한 미생물 특성 결과〉

Isolated	Organism	Identification(%)
C–2–1	*Weeksella virosa/Empe dobacter brevis*	87.6
C–2–2	*Micrococcus spp.*	99.9
C–2–6	*pseudomonas luteola*	99.6
C–2–8	*Pasteurella trehalosi*	94.5

C: 청송사지 삼층석탑
C–2: 햇빛이 들지 않는 지역

Gram 염색, Oxidase test, Catalase test를 통해 얻은 결과를 분석하여 망해사지 석조부도의 시료에서 동정할 미생물을 선정하였다. 미생물의 동정은 그람 양성균은 API kit STAPH로, 그람 음성균은 API kit 20NE를 사용하였다. 그 결과로 망해사지 석조부도에서 동정된 미생물은 Sphingomonas paucimobilis 3개이다.

〈API kit에 의한 미생물 특성 결과〉

Isolated	Organism	Identification(%)
M–3–1	*Sphingomonas paucimobilis*	96.0
M–3–5	*Sphingomonas paucimobilis*	92.5
M–3–7	*Sphingomonas paucimobilis*	99.0

M: 망해사지 석조부도
M–3: 햇빛이 들지 않고, 습기가 많은 지역

Gram 염색, Oxidase test, Catalase test를 통해 얻은 결과를 분석하여 천전리각석의 시료에서 동정할 미생물을 선정하였다. 미생물의 동정은 그람 양성균은 API kit STAPH로, 그람 음성균은 API kit 20NE를 사용하였다. 그 결과로 천전

리각석에서 동정된 미생물은 Micrococcus spp 1개, Staphyloccus lentus 1개,
Unidentification 2개이다.

〈API kit에 의한 미생물 특성 결과〉

Isolated	Organism	Identification(%)
Ch–2–1	*Staphyloccus lentus*	99.7
Ch–2–10	Unidentification	–
Ch–2–11	Unidentification	–
Ch–2–13	*Micrococcus spp.*	99.9

Ch: 천전리각석
Ch–2: 햇빛이 들지 않는 지역

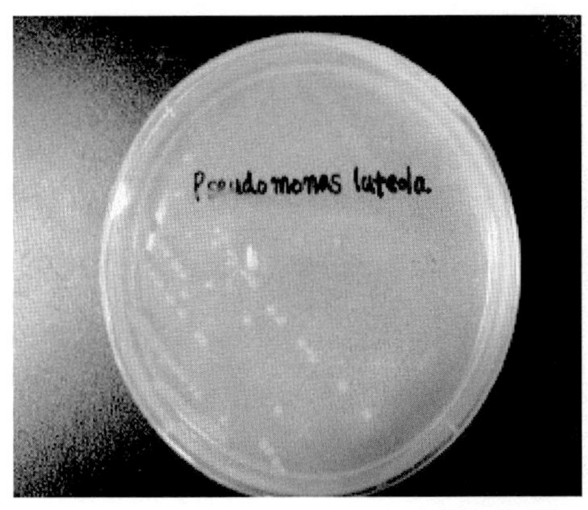

Pseudomonas luteola

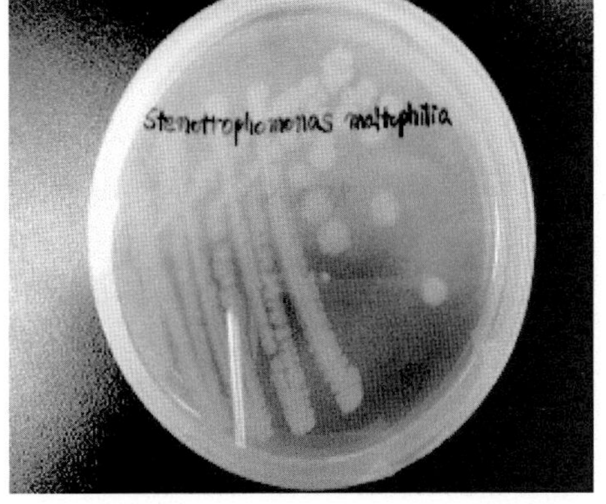

Stenotrophmonas maltophilia

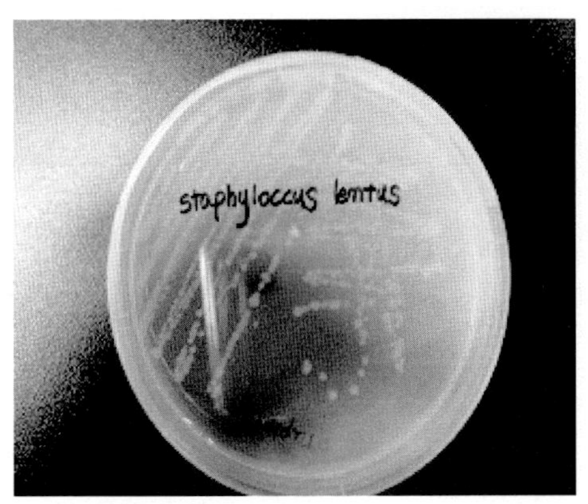

Staphyloccus lentus

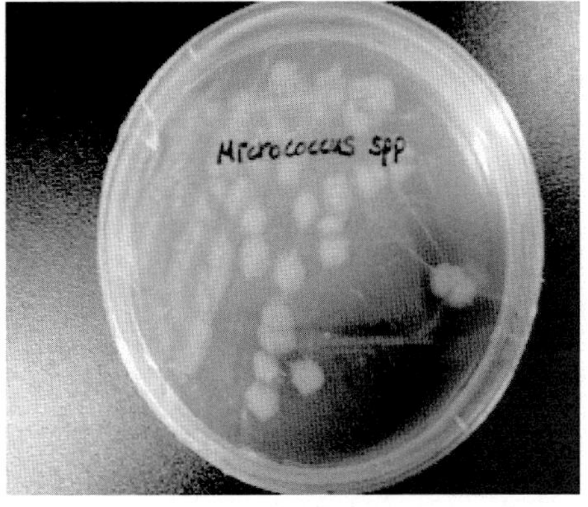

Micrococcus spp

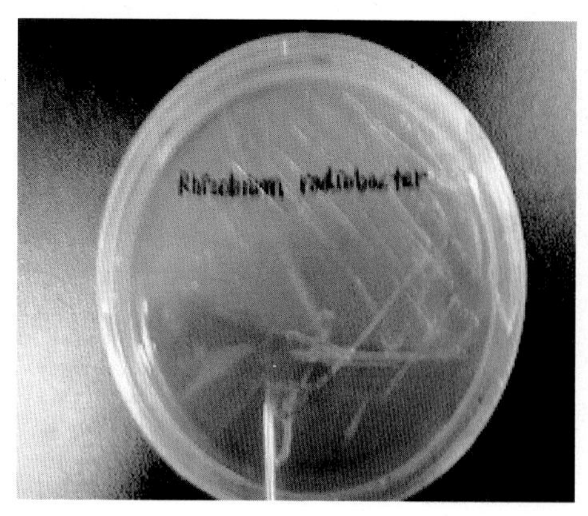
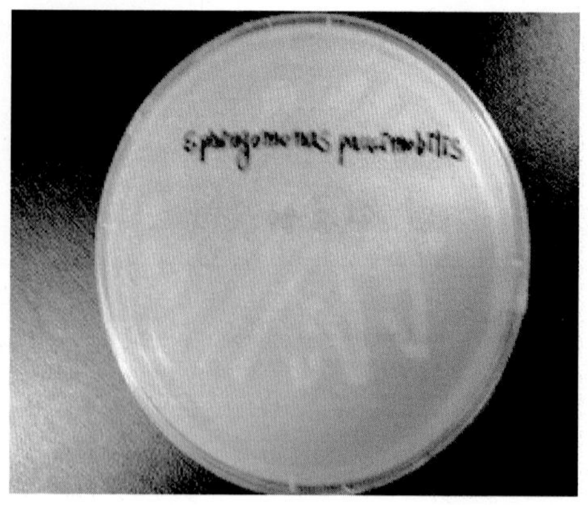

Rhizobiym radiobacter   Sphingomonas paucimobilis

〈동정된 미생물〉

4. 활용 및 제언

이번 연구를 통해 산업수도라고 일컬어지는 우리 고장 울산의 대기환경에 대해 더 잘 이해할 수 있게 되었다. 공단별로 대기오염이나 환경오염 유형이 다르게 나타난다.

우리나라의 문화재는 대부분은 장기간 견딜 수 있는 석재를 많이 사용하여 왔으나, 이렇게 견고한 석조문화재도 물리적, 화학적, 생물학적 등의 요인에 의하여 풍화가 진행된다. 석조문화재의 풍화 중에서 생물학적인 풍화는 문화재를 이루는 석재의 외부는 물론 내부까지 풍화를 일으키는 요인이 된다고 알려져 있다. 따라서 석재의 강도 변화와 표면의 변색 등을 일으키는 가장 심각한 풍화의 요인이므로 세밀하고 철저한 조사를 통하여 풍화가 진행되는 과정을 확실하게 규명하고, 규명된 과정을 통하여 풍화의 방지 대책을 세울 필요가 있음을 알 수 있었다.

본 연구에서는 공단별로 분포하는 미생물과 생물학적 풍화에 차이가 있을 것으로 예상을 하고 실험을 진행하였으나, 우리가 예상했던 것과는 달리 공단별로 큰 차이는 나타나지 않음을 알 수 있었다.

또한 공단에서 발생하는 대기오염 물질뿐만 아니라, 공단이 위치하지 않은 도심의 차량 매연에 의한 영향도 많이 나타남을 알 수 있었다.

5. 참고문헌

울산 역사 교사 모임. 1995. 다 같이 돌자 울산 한 바퀴

유정영. 2003. 석조문화재 서식 세균의 분리 및 특성 연구

김영주. 2003. 석조문화재 서식 곰팡이의 분리 및 특성 연구

유백민, 서재필. 2002. 서부지역에 분포한 문화재인 석탑과 비석류의 훼손원인과 보존에 관한 연구, 제48회 전국 과학전람회

정종현, 손병현, 정민호, 임헌호, 김경원, 김현규. 2007. 해수와 대기오염물질이 석조문화재에 미치는 영향: 감은사지 삼층석탑을 중심으로

송홍규. 2004. 환경미생물학

민경희. 1985. 석조문화재의 생물학적 훼손 기작. 문화재 관리국 문화재 연구소

민경희. 1993. 미생물이 문화재에 미치는 영향. 문화재 과학적 보존. 문화재 보존과학 연수 교재. pp.249~262. 문화재 연구소

장희진. 2001. 석조문화재 훼손 곰팡이의 분리 및 특성 연구. 숙명여자대학교 교육대학원 석사 학위 논문

한성희. 1992. 문화재의 미생물 피해와 방제대책. 문화재 과학적 보존. 문화재 보존과학 연수 교재. pp.171~187. 문화재 연구소

BIOMERUX. France. API kit manual

정가진. 2005. 미생물 도감 Ⅰ, Ⅱ, Ⅲ

명문대가 뽑아주는

독서활동,
활동보고서

초판인쇄 2016년 2월 5일
초판발행 2016년 2월 5일

지은이 박종석 · 민재식
펴낸이 채종준
펴낸곳 한국학술정보(주)
주소 경기도 파주시 회동길 230 (문발동 513-5)
전화 031) 908-3181(대표)
팩스 031) 908-3189
홈페이지 http://ebook.kstudy.com
전자우편 출판사업부 publish@kstudy.com
등록 제일산-115호(2000. 6. 19)

ISBN 978-89-268-7136-2 13370